"十二五"國家重點圖書出版規劃項目

關學文庫 總主編 劉學智 方光華

學術研究系列

張載年譜

張 波 撰

西北大學出版社

圖書在版編目(CIP)數據

張載年譜/張波撰. —西安：西北大學出版社，2014.10

（關學文庫/劉學智，方光華主編）

ISBN 978-7-5604-3513-8

Ⅰ.①張… Ⅱ.①張… Ⅲ.①張載（1020～1077）—年譜 Ⅳ.①B244.4

中國版本圖書館CIP數據核字(2014)第241834號

出 品 人　徐　曄　馬　來
篆　　刻　路毓賢
出版統籌　張　萍　何惠昂

張載年譜　張　波　撰

責任編輯　馬　平　　　裝幀設計　澤　海
版式統籌　劉　爭
出版發行　西北大學出版社
地　　址　西安市太白北路229號　　　郵　編　710069
網　　址　http://nwupress.nwu.edu.cn　　E－mail　xdpress@nwu.edu.cn
電　　話　029-88303593　88302590
經　　銷　全國新華書店
印　　裝　陝西向陽印務有限公司
開　　本　720毫米×1020毫米　1/16
印　　張　14
字　　數　220千字
版　　次　2015年1月第1版　2021年3月第2次印刷
書　　號　ISBN 978-7-5604-3513-8
定　　價　28.00圓

《關學文庫》編輯出版委員會

主　　　任　張豈之
副　主　任　趙馥潔　薛保勤
執行副主任　徐　曄　馬　來
總　主　編　劉學智　方光華
編　　　委　（以姓氏筆畫為序）

　　　　　　王美鳳　方光華　米文科　李似珍　李穎科
　　　　　　何惠昂　林樂昌　郝潤華　袁志偉　馬　來
　　　　　　徐　曄　高彥平　郭文鎬　陳戰峰　孫學功
　　　　　　曹樹明　許　寧　張　波　張　萍　張　雄
　　　　　　張世民　張豈之　楊建輝　路毓賢　趙瑞民
　　　　　　趙馥潔　劉學智　薛保勤　韓　星　魏　冬

總　序

張載(一〇二〇——一〇七七),字子厚,宋鳳翔府郿縣(今陝西眉縣)人,祖籍大梁,宋仁宗嘉祐二年(一〇五七)進士。張載出身於官宦之家。祖父張復在宋真宗時官至給事中、集賢院學士,死後贈司空。父親張迪在宋仁宗時官至殿中丞、知涪州事,贈尚書都官郎中。張迪死後,張載與全家遂僑居於鳳翔府郿縣橫渠鎮之南。因他曾在此聚徒講學,世稱橫渠先生。他的學術思想在學術史上被稱爲橫渠之學,他所代表的學派被後人稱爲"關學"。張載與程顥、程頤同爲北宋理學的創始人。可以說,關學是由張載創立并于宋元明清時期,一直在關中地區傳衍的地域性理學學派,亦稱關中理學。

關學基本文獻整理與相關研究不僅是中國思想學術史的重要課題,也是體現中國思想文化傳承與創新的重要舉措。關學文庫以繼承、弘揚和創新中華文化爲宗旨,以文獻整理的系統性、學術研究的開拓性爲特點,是我國第一部對上起於北宋、下迄於清末民初,綿延八百餘年的關中理學的基本文獻資料進行整理與研究的大型叢書。這項重點文化工程的完成,對於完整呈現關學的歷史面貌、發展脈絡和鮮明特色,彰顯關學精神,推動傳統文化創造性轉化、創新性發展無疑具有重要意義。在關學文庫即將出版發行之際,我僅就關學、關學與程朱理學的關係、關學的思想特質、關學文庫的整體構成等談幾點意見,以供讀者參考。

一、作爲理學重要構成部分的關學

衆所周知,宋明理學是中國儒學發展的新形態與新階段,一般被稱爲新儒學。但在新儒學中,構成較爲複雜。比較典型的則是程朱理學與陸王心學。南宋學者呂本中較早提到"關學"這一概念。南宋朱熹、呂祖謙編選的近思錄較早地梳理了北宋理學發展的統緒,關學是作爲理學的重要一支來作介紹的。朱熹在伊洛淵源錄中,將張載的"關學"與周敦頤的"濂學"、二程(程顥、程頤)的"洛學"並列加以考察。明初宋濂、王褘等人纂修元史,將宋代理學概括爲"濂洛關閩"四大派別,其中雖有地域文化的特色,但它們的思想內涵及其影響並不限於某個地域,而成爲中華思想文化史上重要的一頁,即宋代理學。

根據洛學代表人物程顥、程頤以及閩學代表人物朱熹對記載關學思想的理解、評價和吸收,張載創始的關學本質上當是理學,而且是影響全國的思想文化學派。過去,我們在編寫中國思想通史第四卷、宋明理學史上册的時候,在關學學術旨歸和歷史作用上曾作過探討,但是也不能不顧及古代學術史考鏡源流的基本看法。

需要注意的是,張載後學,如藍田呂氏等,在張載去世後多歸二程門下,如果拘泥門戶之見,似乎張載關學發展有所中斷,但學術思想的傳承往往較學者的理解和判斷複雜得多。關學,如同其他學術形態一樣,也是一個源遠流長、不斷推陳出新的形態。關學沒有中斷過,它不斷與程朱理學、陸王心學融合。明清時期,關學的學術基本是朱子學、陽明學的傳入及與張載關學的融會過程。因此,由宋至清的關學,實際是中國理學的重要組成部分,它是一個動態的且具有包容性和創新性的概念,它開啟了清初王船山學術的先河。

關學文庫所遴選的作品與人物,結合學術史已有研究成果,如宋元學案、明儒學案、關學編及關學續編、關學宗傳等,均是關中理學的典型代表,上起北宋張載,下至晚清的劉光蕡、民國時期的牛兆濂,能夠反映關中理學的發展源流及其學術內容的豐富性、深刻性。與歷史上的關中叢書相比,這套文庫更加豐富醇純,是對前賢整理文獻思想與實踐的進一步繼承與發展,其學術意義不言而喻。

二、張載關學與程朱理學的關係

佛教傳入中土後,有所謂"三教合一"說,主張儒、道、釋融合滲透,或稱三教"會通"。唐朝初期可以看到三教並舉的文化現象。當歷史演進到北宋時期,由於書院建立,學術思想有了更多自由交流的場所,從而促進了學人的獨立思考,使他們對儒家經學箋注主義提出了懷疑,呼喚新思想的出現,於是理學應時而生。理學主體是儒學,兼采佛、道思想,研究如何將它們融合爲一個整體,這是一個重要的課題。從理學產生時起,不同時代有不同的理學學派。比如,在"三教融合"過程中,如何理解"氣"與"理"(理的問題是迴避不開的,華嚴宗的"事理說"早在唐代就有很大影響）的關系？理學如何捍衛儒學早期關於人性善惡的基本觀點，又不致只在"善"與"惡"的對立中打圈子？如何理解宇宙？宇宙與社會及個人有何關系？君子、士大夫怎麼做才能維護自身的價值和尊嚴，又能堅持修齊治平的準則？這些都是中國思想史中宇宙觀與人生觀的大問題。對這些問題的研究和認識，不可能一開始就有一個統一的看法，需要在思想文化演進的歷史進程中逐步加以解決。宋代理學的產生及不同學派的存在，就是上述思想文化發展歷史的寫照，因而理學在實質上是中國思想文化的傳承創新，具有重要的歷史意義。

張載關學、二程洛學、南宋時朱熹閩學各有自己的特色。作爲理學的創建者之一，張載胸懷"爲天地立心，爲生民立命，爲往聖繼絶學，爲萬世開太平"的學術抱負，在對儒學學說進行傳承發展中做出了重要的理論貢獻。北宋時期，學者們重視對易的研究。易富於哲理性，他通過對易的解說，闡述對宇宙和人生的見解，積極發揮四書義理，並融合佛、道，將儒家的思想提升到一個新的高度。

張載與洛學的代表人物程顥、程頤等人曾有過密切的學術交往，彼此或多或少在學術思想上相互產生過一定的影響。宋仁宗嘉祐元年（一〇五六），張載來到京師汴京，講授易學，曾與程顥一起終日切磋學術，探討學問（參見二程集河南程氏遺書卷二上）。張載是二程之父程珦的表弟，爲二程表叔，二程對張載的人品和學術非常敬重。通過與二程的切磋與交流，張載對自成一家之言的學術思想充滿自信："吾道自足，何事旁求！"（吕大臨横渠先生行狀）

因爲張載與程顥、程頤之間爲親屬關系，在學術上有密切的交往，關學後傳不拘門户，如吕氏三兄弟吕大忠、吕大鈞、吕大臨、蘇昞、范育、薛昌朝以及种師道、游師雄、潘拯、李復、田腴、邵彦明、張舜民等，在張載去世後一些人投到二程門下，繼續研究學術，也因此關學的學術地位在學術史上常常有意無意地受到貶低甚至質疑（包括程門弟子的貶低和質疑）。事實上，在理學發展史上，張載以其關學卓然成家，具有鮮明的特點和理論建樹，這是不能否定的。反過來，張載的一些觀點和思想也影響了二程的思想體系，對後來的程朱學說及閩學的形成也有重要的啓迪意義，這也是客觀的事實。

張載依據易建立自己的思想體系，但是，在基本點上和易的原有內容並不完全相同。他提出"太虛即氣"的觀點，認爲沒有超越"氣"之上的"太極"

或"理"世界,換言之,"氣"不是被人創造出的產物。又由此推論出天下萬物由"氣"聚而成;物毀氣散,復歸於虛空(或"太虛")。在氣聚、氣散即物成物毀的運行過程中,才顯示出事物的條理性。張載說:"太虛不能無氣,氣不能不聚而爲萬物,萬物不能不散而爲太虛,循是出入,是皆不得已而然也。"(正蒙卷一)他用這個觀點去看萬物的成毀。這些觀點極大地影響了清初大思想家王船山。

張載在西銘中說:"乾稱父,坤稱母。予兹藐焉,乃混然中處。故天地之塞,吾其體;天地之帥,吾其性。民,吾同胞;物,吾與也。"天地是萬物和人的父母,人是天地間藐小的一物。天、地、人三者共處於宇宙之中。由於三者都是氣聚之物,天地之性就是人之性,所以人類是我的同胞,萬物是我的朋友,歸根到底,萬物與人類的本性是一致的。進而認爲,人們"尊高年,所以長其長;慈孤弱,所以幼其幼。聖,其合德;賢,其秀也。凡天下疲癃殘疾、煢獨鰥寡,皆吾兄弟之顛連而無告者也"。這裏所表述的是一種高尚的人道主義精神境界。

二程思想與張載有別,他們通過對張載氣本論的取捨和改造,又吸收佛教的有關思想,建構了"萬理歸於一理"的理論體系。在人性論方面,二程在張載人性論的基礎上進一步深化了孟子的性善論。二程贊同張載將人性分爲"天地之性"和"氣質之性"。但二程認爲"天地之性"是天理在人性中的體現,未受任何損害和扭曲,因而是至善無瑕的;"氣質之性"是氣化而生的,也叫"才",它由氣禀決定,禀清氣則爲善,禀濁氣則爲惡,正因爲氣質之性不可避免地受到了"氣"的侵蝕而出現"氣之偏",因而具有惡的因素。在二程看來,善與惡的對立,實際上是"天理"與"人欲"的對立。

朱熹將張載氣本論進行改造,把有關"氣"的學說納入他的天理論體系中。朱熹接受"氣"生萬物的思想,但與張載的氣本論不同,朱熹不再將"理"看成是"氣"的屬性,而是"氣"的本原。天理與萬事萬物是一種怎樣的關係?朱熹關於"理一分殊"的理論回答了這一問題。他認爲:"太極只是個極好至善的道理。人人有一太極,物物有一太極。"又說:"太極非是別爲一物,即陰陽而在陰陽,即五行而在五行,即萬物而在萬物,只是一個理而已。"(朱子語類卷九四)"理一分殊"理論包括一理攝萬理與萬理歸一理兩個方面,這與張載思想有別。

總之,宋明理學反映出儒、道、釋三者融合所達到的理論高度。這一思想的融合完成于兩宋時期。張載開創的關學爲此做出了重要的學術貢獻。正如清初思想家王船山所說："張子之學,上承孔孟之志,下救來茲之失,如皎日麗天,無幽不燭,聖人復起,未有能易焉者也。"(張子正蒙注序論)船山之學繼承發揚了張載學說,又有新的創造。

三、關學的特色

關學既有深邃的理論,又重視實用。這可以概括爲以下幾個方面:

首先,學風篤實,注重踐履。黃宗羲指出:"關學世有淵源,皆以躬行禮教爲本。"(明儒學案師說)躬行禮教,學風樸質是關學的顯著特徵。受張載的影響,其弟子藍田"三呂"也"務爲實踐之學,取古禮,繹其義,陳其數,而力行之"(宋元學案呂范諸儒學案),特別是呂大臨。明代呂柟其行亦"一準之以禮"(關學編)。即使清代的關學學者王心敬、李元春、賀瑞麟等人,依然守禮不輟。

其次,崇尚氣節,敦善厚行。關學學者大都注意砥礪操行,敦厚士風,具有不阿權貴、不苟於世的特點。張載曾兩次被薦入京,但當發現政治理想難以實現時,毅然辭官,回歸鄉里,教授弟子。明代楊爵、呂柟、馮從吾等均敢於仗義執言,即使觸犯龍顏,被判入獄,依舊不改初衷,體現了大義凜然的獨立人格和卓異的精神風貌。清代關學大儒李顒,在皇權面前錚錚鐵骨,操志高潔。這些關學學者"窮則獨善其身,達則兼善天下",體現出"富貴不能淫,貧賤不能移,威武不能屈"的"大丈夫"氣節。

最後,求真求實,開放會通。關學學者大多不主一家,具有比較寬廣的學術胸懷。張載善於吸收新的自然科學成果,不斷充實豐富自己的儒學理論。他注意對物理、氣象、生物等自然現象做客觀的觀察和合理的解釋,具有科學精神。後世關學學者韓邦奇、王徵等都重視自然科學。三原學派的代表人物王恕以治易入仕,晚年精研儒家經典,強調用心求學,求其"放心",用心考證,求疏通之解,形成了有獨立主見的治國理政觀念。關學學者堅持傳統,但並不拘泥傳統,能夠因時而化,不斷地融合會通學術思想,具有鮮明的開放性和包容性特徵。由張載到"三呂"、呂柟、馮從吾、李顒等,這種融會貫通的學術精神得到不斷承傳和弘揚。

四、關學文庫的整體構成

關學文獻遺存豐厚,但是長期以來沒有得到應有的保護和整理,除少量著作如正蒙、涇野先生五經說、少墟集、元儒考略等在清代收入四庫全書之外，大量的著作仍散存於陝西、北京、上海等地的圖書館或民間，其中有的在大陸已成孤本（如韓邦奇的禹貢詳略、李因篤的受祺堂文集家藏抄本），有的已殘缺不全（如南大吉集收入的瑞泉集殘本，現重慶圖書館存有原書，國家圖書館僅存膠片；收入的南大吉詩文，搜自西北大學圖書館藏周雅續）。即使晚近的劉光蕡、牛兆濂等人的著述，其流傳亦稀世罕見。民國時期曾有宋聯奎主持編纂關中叢書（邵力子題書名），但該叢書所收書籍涉及關中歷史、地理、文學、藝術等諸多方面，內容駁雜，基本上不能算作是關學學術視野的文獻整理。二十世紀七十年代以來，中華書局將張載集、藍田呂氏遺著輯校、關學編（附續編）、涇野子內篇、二曲集等收入理學叢書陸續出版，這些僅是關學文獻的很少一部分。全方位系統梳理關學學術文獻仍系空白。

關學典籍的收集與整理，是關學學術研究的重要基礎，文獻整理的嚴重滯後，直接影響到關學研究的深入和關學精神的弘揚，影響到對歷史文化的傳承和中國文化精神的發掘。

現在將要出版的關學文庫由兩部分內容組成，共四十種，四十七冊，約二千三百餘萬字。

一是文獻整理類，即對關學史上重要文獻進行搜集、搶救和整理（標點、校勘），其中涉及關學重要學人二十九人，編訂文獻二十六部。這些文獻分別是：張子全書、藍田呂氏集、李復集、元代關學三家集、王恕集、薛敬之張舜典集、馬理集、呂柟集涇野經學文集、呂柟集涇野子內篇、呂柟集涇野先生文集、韓邦奇集、南大吉集、楊爵集、馮從吾集、王徵集、王建常集、王弘撰集、李顒集、李柏集、李因篤集、王心敬集、李元春集、賀瑞麟集、劉光蕡集、牛兆濂集以及關學史文獻輯校。

二是學術研究類，其中一些以"評傳"或年譜的形式，對關學重要學人進行個案研究，主要涉及鄠縣張載、藍田呂大臨、高陵呂柟、長安馮從吾、朝邑韓邦奇、盩厔李顒、鄠縣李柏、富平李因篤、鄠縣王心敬、咸陽劉光蕡等學人，共十一部。它們分別是：張載思想研究、張載年譜、呂大臨評傳、呂柟評傳、韓邦奇評傳、馮從吾評傳、李顒評傳、李柏評傳、李因篤評傳、王心敬評傳、劉光蕡評傳等。此外，針對關學的主要理論問題與思想學術演變歷程進行研究，共三部。這些著作分別是關學精神論、關學思想史、關學學術編年等。

在這兩部分內容中，文獻整理是文庫的重點內容和主體部分。

關學文庫係"十二五"國家重點圖書出版規劃項目,國家出版基金項目、陝西出版資金資助項目,得到了中共陝西省委、陝西省人民政府和國家新聞出版廣電總局的大力支持。文庫的組織、編輯、審定和出版工作在編輯出版委員會領導下進行,日常工作由陝西省人民政府參事室(陝西省文史研究館)和西北大學出版社負責。本文庫歷時五年編撰完成,凝結著全體參與者的智慧和心血。總主編劉學智、方光華教授,項目總負責徐曄、馬來同志統籌全書,精心組織,西北大學、陝西師範大學、中國人民大學、華東師範大學、鄭州大學等十餘所院校的數十位專家學者協力攻關,精益求精,體現出深沉厚重的歷史使命感和復興民族文化的責任感;他們孜孜矻矻,持之以恒,任勞任怨,樂於奉獻,以古人爲己之學相互勉勵,在整理研究古代文獻的同時,不斷錘煉學識,砥礪德行,努力追求樸實的學風和嚴謹的學術品格。出版社組織專業編輯、外審專家通力合作,希望盡最大可能提高該文庫的學術品質。我謹向大家卓有成效的工作表示衷心的感謝。由於時間緊迫、經驗不足等原因,文庫書稿中的疏漏差錯難以完全避免。希望讀者朋友們在閱讀使用時加以批評指正,以便日後進一步修訂,努力使該文庫更加完善。

張豈之

二〇一五年一月八日

于西北大學中國思想文化研究所

自　序

　　張載舊有年譜，史載宋張同然橫渠先生張獻公年譜、清武澄張子年譜、歸曾祁橫渠先生年譜、楊耀榮張子年譜等。然惜張氏譜未傳於世，其餘諸譜失之太簡，且其間訛漏雜見，鮮有學者從而正之。茲編以諸譜爲基礎，詳徵張子全書及他書諸種裒輯而成，非欲逞踰前賢，實爲遙契先哲，期冀信實。然張載生平、著述多無歲月可考，故本譜之撰寫雖歷經數年，但未可謂完本善作，猶待於後補，以釋歉心。

　　在本譜撰寫、修訂、出版過程中，馬平先生、劉學智先生、方光華先生、張世敏先生、姚軍博士多所幫助，並此誌謝！

張　波
二〇一三年三月五日

　　本譜出版後，陸續發現一些相關資料，又獲贈匯溪張氏支譜、南嘉兩銘堂貞一家乘等，尤其是拜閱了十余種前期未見的張氏宗譜或家譜，並就其中涉及本譜的材料與張載後裔張世敏先生、張聲保先生、張浩先生等多位友朋進行探討。本次修訂吸收了他們的寶貴建議，謹致謝忱。

張　波　又記
二〇二一年二月八日

凡 例

一、本譜依循武氏譜例，以張載及其胞弟張戩爲譜主，兼及與張載相關的政治、學術事件；又增附部分同時期學者的生平或學術活動，以觀政治、學術環境。

一、本譜於每年之下，首敘譜文，次徵史料，繼作考證，末爲同年紀事。

一、本譜逐條引註，广徵文獻，詳列交遊，期以詳審。若因文獻之不足，無可考者從闕，暫不可繫年者存疑。

一、本譜及附錄徵引的古代文獻，涉及俗字多徑直改爲正字，不作註明。

目 录

自 序 …………………………………………… (1)
凡 例 …………………………………………… (1)
張載年譜 ……………………………………… (1)
　譜前 ………………………………………… (1)
　年譜 ………………………………………… (6)
　譜後 ………………………………………… (102)
附錄一　張載年譜二種 ……………………… (117)
附錄二　張載著述考略 ……………………… (140)
附錄三　張載學侶、同調、門人史傳 ………… (148)
徵引書目 ……………………………………… (197)

張載年譜

譜　前

橫渠先生行狀①

呂大臨

先生諱載，字子厚，世大梁人。曾祖某，生唐末，歷五代不仕，以子貴贈禮部侍郎。祖復，仕眞宗朝，爲給事中、集賢院學士，贈司空。父迪，仕仁宗朝，終於殿中丞、知涪州事，贈尚書都官郎中。涪州卒於西官，諸孤皆幼，不克歸，僑寓於鳳翔郿縣橫渠鎭之南大振谷口，因徙而家焉。

先生嘉祐二年登進士第，始仕祁州司法參軍，遷丹州雲巖縣令，又遷著作佐郎，簽書渭州軍事判官公事。熙寧二年冬被召入對，除崇文院校書。明年移疾。十年春，復召還舘，同知太常禮院。是年冬，謁告西歸。十有二月乙亥，行次臨潼，卒於舘舍，享年五十有八。是月以其喪歸殯於家，卜以元豐元年八月癸酉葬於涪州墓南之兆。先生娶南陽郭氏，有子曰因，尚幼。

先生始就外傅，志氣不羣，知虔奉父命，守不可奪，涪州器之。少孤自立，無所不學。與邠人焦寅遊，寅喜談兵，先生說其言。當康定用兵時，年十八，慨然以功名自許，上書謁范文正公。公一見知其遠器，欲成就之，乃責之曰："儒者自有名教，何事於兵！"因勸讀中庸。先生讀其書，雖愛之，猶未以爲足也，於是又訪諸釋老之書，累年盡究其說，知無所得，反而求之六經。嘉祐初，見洛陽程伯淳、正叔昆弟於京師，共語道學之要，先生涣然自信曰："吾道自足，何事旁求！"乃盡棄異學，淳如也。閒起從仕，日益久，學益明。

方未第時，文潞公以故相判長安，聞先生名行之美，聘以束帛，延之學宮，異其禮際，士子矜式焉。其在雲巖，政事大抵以敦本善俗爲先，每以月吉具酒

---

① 録自明徐必達萬曆三十四年輯刻合刻周張全書之張子全書附録，原標題作"行狀"。

食,召鄉人高年會於縣庭,親爲勸酬,使人知養老事長之義,因問民疾苦及告所以訓戒子弟之意。有所告教,常患文檄之出不能盡達於民,每召鄉長於庭,諄諄口諭,使往告其閭里。間有民因事至庭或行遇於道,必問"某時命某告某事聞否",聞即已,否則罪其受命者。故一言之出,雖愚夫孺子無不預聞知。京兆王公樂道嘗延致郡學,先生多教人以德,從容語學者曰:"孰能少置意科舉,相從於堯舜之域否?"學者聞法語,亦多有從之者。在渭,渭帥蔡公子正特所尊禮,軍府之政,小大諮之,先生夙夜從事,所以贊助之力爲多。並塞之民常苦乏食而貸於官,帑不能足,又屬霜旱。先生力言於府,取軍儲數十萬以救之。又言戍兵徒往來,不可爲用,不若損數以募土人爲便。

上嗣位之二年,登用大臣,思有變更,御史中丞呂晦叔薦先生於朝曰:"張載學有本原,四方之學者皆宗之,可以召對訪問。"上即命召。既入見,上問治道,皆以漸復三代爲對。上悅之,曰:"卿宜日見二府議事,朕且將大用卿。"先生謝曰:"臣自外官赴召,未測朝廷新政所安,願徐觀旬月,繼有所獻。"上然之。他日見執政,執政嘗語曰:"新政之更,懼不能任事,求助於子何如?"先生對曰:"朝廷將大有爲,天下之士願與下風。若與人爲善,則孰敢不盡!如教玉人追琢,則人亦故有不能。"執政默然,所語多不合,寖不悅。既命校書崇文,先生辭,未得謝,復命案獄浙東。或有爲之言曰:"張載以道德進,不宜使之治獄。"執政曰:"淑問如皋陶,猶且獻囚,此庸何傷!"獄成,還朝。會弟天祺以言得罪,先生益不安,乃謁告西歸,居於橫渠故居,遂移疾不起。

橫渠至僻陋,有田數百畝以供歲計,約而不足,人不堪其憂,而先生處之益安。終日危坐一室,左右簡編,俯而讀,仰而思,有得則識之,或中夜起坐,取燭以書,其志道精思,未始須臾息,亦未嘗須臾忘也。學者有問,多告以知禮成性變化氣質之道,學必如聖人而後已,聞者莫不動心有進。又以爲教之必能養之然後信,故雖貧不能自給,苟門人之無貨者,雖糲蔬亦共之。其自得之者,窮神化,一天人,立大本,斥異學,自孟子以來未之有也。嘗謂門人曰:"吾學既得於心,則修其辭命,辭無差,然後斷事,斷事無失,吾乃沛然。精義入神者,豫而已矣。"

近世喪祭無法,喪惟致隆三年,自期以下,未始有衰麻之變;祭先之禮,一用流俗節序,燕褻不嚴。先生繼遭期功之喪,始治喪服,輕重如禮;家祭始行四時之薦,曲盡誠潔。聞者始或疑笑,終乃信而從之,一變從古者甚衆,皆先生倡之。

先生氣質剛毅，德盛貌嚴，然與人居，久而日親。其治家接物，大要正己以感人，人未之信，反躬自治，不以語人，雖有未諭，安行而無悔，故識與不識，聞風而畏，非其義也，不敢以一毫及之。其家童子，必使灑掃應對，給侍長者；女子之未嫁者，必使親祭祀，納酒漿，皆所以養孫弟，就成德。嘗曰："事親奉祭，豈可使人爲之！"聞人之善，喜見顏色。答問學者，雖多不倦，有不能者，未嘗不開其端。其所至必訪人才，有可語者，必丁寧以誨之，惟恐其成就之晚。歲適大歉，至人相食，家人惡米不鑿，將春之，先生亟止之曰："餓殍盈野，雖蔬食且自愧，又安忍有擇乎！"甚或咨嗟對案不食者數四。

熙寧九年秋，先生感異夢，忽以書屬門人，乃集所立言，謂之正蒙，出示門人曰："此書予歷年致思之所得，其言殆於前聖合與！大要發端示人而已，其觸類廣之，則吾將有待於學者。正如老木之株，枝別固多，所少者潤澤華葉爾。"又嘗謂："春秋之爲書，在古無有，乃聖人所自作，惟孟子爲能知之，非理明義精殆未可學。先儒未及此而治之，故其說多穿鑿，及詩書禮樂之言，多不能平易其心，以意逆志。"方且條舉大例，考察文理，與學者緒正其說。

先生慨然有意三代之治，望道而欲見。論治人先務，未始不以經界爲急，講求法制，粲然備具，要之可以行於今，如有用我者，舉而措之爾。嘗曰："仁政必自經界始。貧富不均，教養無法，雖欲言治，皆苟而已。世之病難行者，未始不以亟奪富人之田爲辭，然茲法之行，悅之者衆，苟處之有術，期以數年，不刑一人而可復，所病者特上未之行爾。"乃言："縱不能行之天下，猶可驗之一鄉。"方與學者議古之法，共買田一方，畫爲數井，上不失公家之賦役，退以其私正經界，分宅里，立斂法，廣儲蓄，興學校，成禮俗，救災卹患，敦本抑末，足以推先王之遺法，明當今之可行。此皆有志未就。

會秦鳳帥呂公薦之曰："張載之學，善發聖人之遺意，其術畧可措之以復古，乞召還舊職，訪以治體。"詔從之。先生曰："吾是行也，不敢以疾辭，庶幾有遇焉。"及至都，公卿聞風慕之，然未有深知先生者，以所欲言嘗試於人，多未之信。會有言者欲講行冠婚喪祭之禮，詔下禮官。禮官安習故常，以古今異俗爲說，先生獨以爲可行，且謂"稱不可非儒生博士所宜"，衆莫能奪，然議卒不決。郊廟之禮，禮官預焉。先生見禮不致嚴，亟欲正之，而衆莫之助，先生益不悅。會有疾，謁告以歸，知道之難行，欲與門人成其初志，不幸告終，不卒其願。

沒之日，惟一甥在側，囊中索然。明日，門人之在長安者，繼來奔哭之賻襚,始克斂,遂奉柩歸殯以葬。又卜以三月而葬,其治喪禮一用古,以終先生之志。

某惟先生之學之至,備存於書,畧述於諡議矣,然欲求文以表其墓,必得行事之蹟,敢次以書。

張載傳①

宋　史

張載,字子厚,長安人。少喜談兵,至欲結客取洮西之地。年二十一,以書謁范仲淹。一見知其遠器,乃警之曰:"儒者自有名教可樂,何事於兵!"因勸讀中庸。載讀其書,猶以爲未足,又訪諸釋、老,累年究極其說,知無所得,反而求之六經。嘗坐虎皮講易京師,聽從者甚衆。一夕,二程至,與論易,次日語人曰:"比見二程,深明易道,吾所弗及,汝輩可師之。"撤坐輟講。與二程語道學之要,渙然自信曰:"吾道自足,何事旁求!"於是盡棄異學,淳如也。

舉進士,爲祁州司法參軍,雲巖令。政事以敦本善俗爲先,每月吉,具酒食,召鄉人高年會縣庭,親爲勸酬,使人知養老事長之義,因問民疾苦,及告所以訓戒子弟之意。

熙寧初,御史中丞呂公著言其有古學,神宗方一新百度,思得才哲士謀之,召見,問治道。對曰:"爲政不法三代者,終苟道也。"帝悅,以爲崇文院校書。他日見王安石,安石問以新政,載曰:"公與人爲善,則人以善歸公;如教玉人琢玉,則宜有不受命者矣。"明州苗振獄起,往治之,末殺其罪。

還朝,即移疾屏居南山下,終日危坐一室,左右簡編,俯而讀,仰而思,有得則識之,或中夜起坐,取燭以書。其志道精思,未始須臾息,亦未嘗須臾忘也。敝衣蔬食,與諸生講學,每告以知禮成性、變化氣質之道,學必如聖人而後已。以爲知人而不知天,求爲賢人而不求爲聖人,此秦、漢以來學者大蔽也。故其學尊禮貴德,樂天安命,以易爲宗,以中庸爲體,以孔、孟爲法,黜怪妄,辨鬼神。其家昏喪葬祭,率用先王之意而傳以今禮。又論定井田、宅里、發斂、學校之法,皆欲條理成書,使可舉而措諸事業。

呂大防薦之曰:"載之始終,善發明聖人之遺旨,其論政治畧可復古,宜還

---

① 錄自中華書局本宋史卷四二七,標點畧有改動。

其舊職,以備諮訪。"乃詔知太常禮院①,與有司議禮不合,復以疾歸。中道疾甚,沐浴更衣而寢,旦而卒。貧無以斂,門人共買棺奉其喪還。翰林學士許將等言其恬於進取,乞加贈卹,詔賜舘職半賻。

載學古力行,爲關中士人宗師,世稱爲橫渠先生。著書號正蒙,又作西銘曰:

乾稱父而坤稱母,予茲藐焉,乃混然中處。故天地之塞吾其體,天地之帥吾其性,民吾同胞,物吾與也。

大君者,吾父母宗子;其大臣,宗子之家相也。尊高年所以長其長,慈孤幼所以幼其幼,聖其合德,賢其秀也。凡天下疲癃殘疾、惸獨鰥寡,皆吾兄弟之顛連而無告者也。"於時保之",子之翼也。"樂且不憂",純乎孝者也。違曰悖德,害仁曰賊,濟惡者不才,其踐形惟肖者也。

知化則善述其事,窮神則善繼其志,不愧屋漏爲無忝,存心養性爲匪懈。惡旨酒,崇伯子之顧養;育英材,潁封人之錫類。不弛勞而底豫,舜其功也;無所逃而待烹,申生其恭也。體其受而歸全者,參乎;勇於從而順令者,伯奇也。富貴福澤,將厚吾之生也;貧賤憂戚,庸玉女於成也。存,吾順事;殁,吾寧也。

程頤嘗言:"西銘明理一而分殊,擴前聖所未發,與孟子性善養氣之論同功,自孟子後蓋未之見。"學者至今尊其書。

嘉定十三年,賜諡曰明公。淳祐元年封郿伯,從祀孔子廟庭。弟戩。

---

① 中華書局本宋史校勘記云:"知太常禮院,按東都事畧卷一一四本傳、朱熹伊洛淵源錄卷六橫渠先生行狀、編年綱目卷二〇熙寧十年十一月條都作'同知太常禮院';長編卷二八三作'兼知太常禮院'。據本書卷一六四職官志'太常寺'條,疑作'同知太常禮院'是。"從之。

年　譜

張載,字子厚。

　　張子全書本譜採用明萬曆三十四年徐必達合刻周張兩先生全書本張子全書附宋呂大臨所撰橫渠先生行狀以下簡稱行狀:"先生諱載,字子厚。"宋史張載傳:"張載,字子厚。"

　　按:河南程氏文集卷九程頤再答橫渠先生書:"昨□書中所示之意,於愚意未安,敢再請於左右。……豈尺書所可道哉?況十八叔大哥皆在京師,相見且請熟議,異日當請聞之。"程頤再答橫渠先生書作於熙寧二年(一〇六九),是年張載與程顥均在京師(今河南開封),故程頤云"十八叔大哥皆在京師"。(詳見熙寧二年事蹟)

原籍大梁(今河南開封)。

　　行狀:"先生諱載,字子厚,世大梁人。"張載慶州大順城記自云:"汴人張載。"宋晁公武郡齋讀書志卷一九、宋李幼武道學名臣言行外錄卷四、明郭子章聖門人物志卷八、清孫奇逢理學宗傳卷四、張伯行道統錄卷下、熊賜履學統卷一八等從此說。

　　按:呂祖謙皇朝文鑑卷一四四載張載为其弟张戩所撰墓誌銘云:"戩世家東都,策名入仕,歷中外二十四年。"后梁建都開封,陞汴州为開封府,称之爲"东都";北宋承其緒建都開封。故墓誌銘所云"東都"即開封。呂大臨宋故清河縣君張氏夫人墓誌銘亦云:"夫人之先,開封人,給事中集賢院學士復之孫。"張氏夫人爲張載之姐。

　　又按:張戩宋故師氏夫人墓誌銘云:"先期宋君泣書請銘,南陽張戩既已銘永安之墓。""南陽張戩"說不見於其他宋人著述或其他相關史書。武澄張子年譜以下簡稱武譜云其母親爲陸氏,現存張氏族譜亦云陸氏爲南陽人。今推測南陽當爲張氏郡望。在張戬時期存在諸多以郡望自稱的例子,如蘇軾、劉攽:蘇軾爲四川眉州人,因蘇氏爲趙郡的望族,故以"趙郡蘇軾"自稱。劉攽爲臨川新喻今江西新餘人,著有彭城集、中山詩話,而彭城和中山均爲劉氏郡望,並非劉氏籍貫。

生於長安(今陝西西安)。

宋史張載傳:"張載,字子厚,長安人。"宋王稱東都事畧卷一〇七、宋史卷四二七、明王洙史質卷七、明劉元卿諸儒學案、清沈坤山編年考卷五、清沈青崖等所纂雍正陝西通志卷六三、清嚴長明等所纂乾隆西安府志等均云張載爲"長安人"。

按:武譜云:"張子本籍,宋史謂爲'長安人';行狀謂爲'大梁人';撰大順城記自稱曰'汴人'。蓋其先世居大梁,及涪州公始僑於長安,生張子焉。故宋史直以爲'長安人';自稱曰'汴人'者,不忘本也。"

又按:呂大臨宋故清河縣君張氏夫人墓誌銘云"元祐四年十有二月戊戌,夫人以疾卒於家。……少從其父殿中丞迪徙家長安,……享年八十,卒以壽終",則知張氏卒於宋哲宗元祐四年(一〇八九),生於宋真宗大中祥符三年(一〇一〇),長張載十二歲;亦知張載父迪徙家長安至早不超過大中祥符二年。

後僑寓鳳翔府郿縣横渠鎮(今陝西郿縣横渠鎮)。

明周汝登聖學宗傳卷七:"張載,字子厚,稱横渠先生,鳳翔人。"清韓鏞修纂雍正鳳翔縣志:"宋史'郿人',宋史云'長安人',鳳翔縣志誤引但横渠現在鳳公之裔孫承襲,亦世籍鳳邑,祠堂亦在東郭。"明趙廷瑞修,馬理、呂柟所纂嘉靖陝西通志:"張載,字子厚,郿人。"明馮從吾關學編卷一等亦持此說。

按:此外,亦有張載爲"秦人""扶風人"之說。趙希弁郡齋讀書志附志載横渠先生語錄三卷並註云:"公秦人"。朱熹伊洛淵源錄卷八載呂大鈞行狀畧云:"蓋大學之廢絕久矣,自扶風張先生倡之,而後進蔽於俗尚,其才俊者急於進取,昏塞者難於領解,由是寂寥無有和者。"又以張載爲扶風人。事實上,以上諸說並不矛盾。行狀云："父迪,仕仁宗朝,終於殿中丞、知涪州事,贈尚書都官郎中。涪州卒於西官,諸孤皆幼,不克歸,僑寓於鳳翔郿縣橫渠鎮之南大振谷口,因徙而家焉。"李幼武道學名臣言行外錄卷四："先生大梁人,後寓鳳翔。"宋史卷八七地理志云："鳳翔府,次府,扶風郡,鳳翔軍節度。……縣九:……郿,次畿。"宋時,郿縣隸屬鳳翔府次府扶風郡,屬於秦地。"郿人""鳳翔人""扶風人""秦人"所指一致。張載祖籍大梁,生於長安。幼時因其父張迪卒於涪州任上,而家貧力單,不堪返鄉路途之遙遠,遂於歸途僑寓鳳翔郿縣橫渠鎮,故又云其爲"鳳翔人""扶風人""郿人""秦人"等。

曾祖元,祖復,父迪,母陸氏,姐張氏。

行狀："曾祖父某,生唐末,歷五代不仕,以子貴贈禮部侍郎。祖復,仕眞宗朝,爲給事中、集賢院學士,贈司空。父迪,仕仁宗朝,終於殿中丞、知涪州事,贈尚書都官郎中。"武譜："母陸氏。"呂大臨宋故清河縣君張氏夫人墓誌銘："夫人之先,開封人,給事中集賢院學士復之孫。少從其父殿中丞迪徙家長安,遂適同郡尚書虞部員外郎宋君壽昌。"

按一:關於張元的記載。行狀："先生諱載,字子厚,世大梁人。曾祖某,生唐末,歷五代不仕,以子貴贈禮部侍郎。"匯溪張氏支譜載張載曾祖云："元,字長卿,唐相文獻公諱九齡之后。生於唐,歷五季,居大梁,隱居不仕,以子復貴司空,贈禮部侍郎。"又載大中祥符八年(一〇一五)十月贈長卿公暨吉太夫人 誥命一道："誥曰:國家襃録臣工,追崇上及其父,所以敦本而勸孝也,矧教忠之績不可泯者耶! 爾張元乃集賢院學士,今贈司空張復之父,晦德邱園,養高泉石,宅心平恕,操履端方,崇禮讓於鄉邦,儲經訓於里閈。篤生令子,爲國賢臣,佑啟之德,庭訓之嚴,厥有徵哉。今贈爲禮部侍郎之職,晉承顯錫,益發幽光。"又載又崇祀 敕命一道："敕曰:賢臣爲國之光,謂必本於家教。大君報國之典,自當厚其世恩。爾集賢院學士張復之父元,當有唐之屋社而茹厥西山,值五季之土崩而投竿東海,靖節可貞,崇祀宜至。"另外,臨川梅溪張氏十修大宗譜載宋 張禮鳳翔張氏宗譜原序、麻沙張氏宗譜等記張載曾祖爲張端操,疑与張元爲一人。

按二:關於張復的記載。行狀記張載"祖復,仕眞宗朝,爲給事中、集賢院學士,贈司空。"全宋文卷二三八六載呂大臨張公文集後序云:"在祥符、天禧間,以辭學久官,爲一時名卿者,有集賢院學士、給事中張公,博聞強識,篤實忠亮,歷書館,備史官者二十年。方是時,天子巡狩四方,尊禮儒學,其登延訪問,賡載歌詠,未始不在從官之先。凡典籍謬訛,儀章未講,多識舊聞,折衷惟允,學士大夫有所考必稽焉。……公諱復,子元易。"此處云張復"字元易"。匯溪張氏支譜記:"復字敷宏,宋淳化中進士,眞宗朝官給事中,掌諫議,至集賢。"又載大中祥符八年(一〇一五)十月贈敷宏公暨魯太夫人誥命一道:"故集賢院學士張復,理明體用,學貫古今。簪筆立朝,若鄭魏公之繩愆糾謬;下堂楫客,如周姬公之敬士禮賢。功烈著於鼎彝,聲明垂於竹帛。朕緬懷風采,追想宏猷,既能輔我金甌,贈難緩其玉冊,可特贈司空。"該譜又記張復"字敷宏",暫置疑於此,以俟新考。

按三:關於張載父張迪、母陸氏、姐張氏。匯溪張氏支譜載明道二年(一〇三三)贈吉甫公暨陸太君誥命一道:"誥曰:賢臣國之倚重,既輸忠盡於生前,尊爵上所報功,可無優崇於身後。故殿中丞知涪州事張迪,忠勤篤實,慈愛謙和。本係名臣之冑,出爲邦國之良,立朝正邑,抗言克竭。夫謨猷作牧,勤民撫字,不辭其勞瘁,宜錫綸絲之寵,以增窀穸之光。歿而有知,歆予時命,可特贈尚書都官中郎中。誥曰:朕觀周詩,其大夫有羔羊之節,而其內亦有蘋藻之敬,以相成其德,故恩綸並及彰賢助也。故殿中丞知涪州事張迪之妻陸氏,孝恭成性,清約褆躬,相夫效官,譽望滋重,爾之內德茂已!今特封爲仁壽縣君,祇承明命,益懋懿修。"呂大臨宋故清河縣君張氏夫人墓誌銘云:"昔者聞諸橫渠先生曰:'吾伯姊以賢行聞。'其所以爲賢人,或未之知也。……元祐四年十有二月戊戌,夫人以疾卒於家。……夫人之先,開封人,給事中集賢院學士復之孫。少從其父殿中丞迪徙家長安,遂適同郡尚書虞部員外郎宋君壽昌。生子翊、京,以夫貴封清河縣君。後二十有六年虞部君卒,嫠居者又二十七年,享年八十,卒以壽終。"

按四:宋晁說之晁氏客語云:"子厚與其叔安仁令書云:'弊政之後,諒煩整葺。寬而不弛,猛而不殘;待寄居游士以禮,而不與之交私;一切守法,於人情從容。此亦吾叔所能辦也。'"據晁氏所記知張載有一叔父曾爲安仁令。呂大臨張公文集後序又云:"在祥符、天禧間,以辭學久官,爲一時名卿者,有集賢院學士、給事中張公……公之沒,遺稿藏於其家而未傳也。元豐二年春,公之曾孫伯子革以遺文二十卷屬其所識呂大臨而告之曰:'昔者吾諸父少罹閔凶,僑於關中不克歸,惟是吾曾祖集賢之緒言,蓋未之聞也。……熙寧末,叔父崇文君被召還館,始得其書於從祖父殿直君之家。……'公諱復,子元易。崇文諱載,殿直名威,皆公孫。"此處呂大臨記張復的曾孫張革云"從祖父殿直君張威",顯然,張威是張復之子,爲張載父張迪兄弟。至此可知,張復至少有子二人:張迪、張威。

宋眞宗天禧四年庚申(一〇二〇),張載一歲。

清 茅星來 近思錄集註之附說:"先生生於眞宗 天禧四年庚申之歲月日。"閻若璩 尚書古文疏證卷八:"周惇頤生眞宗天禧元年丁巳,司馬光生天禧三年己未,張載生天禧四年庚申。"

同年紀事:
蘇頌生。據宋史卷三四〇蘇頌傳、曲阜集卷三蘇公墓誌銘。
范仲淹校書芸省,守官集慶。據范文正公年譜。
宋祁撰感交賦。據景文集卷二。
二月,參知政事李迪等上一州一縣新編敕三十卷。據續資治通鑑長編卷九五。
六月,詔從翰林學士楊億等所請,選官箋注御製文集,仍令宰相等參詳。據續資治通鑑長編卷九五。以右僕射兼中書侍郎、平章事寇準爲太子太傅、萊國公。據續資治通鑑長編卷九五。
十月,以太子太保王欽若爲資政殿大學士,仍令日赴資善堂,侍皇太子講讀。據續資治通鑑長編卷九六。
十一月,建天章閣,編聖政錄。據皇朝編年綱目備要卷八。
十二月,起復翰林學士楊億卒,年四十七。據宋史卷三〇五楊億傳、續資治通鑑長編卷九六。祕書丞致仕李行簡卒。據續資治通鑑長編卷九六。

宋眞宗天禧五年辛酉(一〇二一),張載二歲。

同年紀事:
王安石生。據宋詹大和王荆公年譜。
范仲淹監泰州西溪鎮鹽倉,撰西溪見牡丹詩、西溪書事。據范文正公年譜。
晏殊爲翰林院學士。據二晏年譜。

二月,給事中、知河陽孫奭再表求停官養父,上嘉納之。庚戌,命知兗州。據續資治通鑑長編卷九七。

五月,太常博士鄭向表進五代開皇紀三十卷及天禧聖德頌一首。據宋會要輯稿崇儒之二一。

六月,國子監請以御製至聖文宣王贊及十哲、七十二賢贊鏤板,詔可。據續資治通鑑長編卷九七。

九月,宰相丁謂等上箋注釋教御集三十卷。據續資治通鑑長編卷九七。

宋真宗乾興元年壬戌(一〇二二),張載三歲。

同年紀事:

鄭獬生。據琬琰集刪存卷三。

強至生。據南豐先生元豐類稿卷一二強幾聖文集序。

二月,宋真宗卒,年五十五,在位二十六年。據皇朝編年綱目備要卷八。至圓卒。據佛祖歷代通載卷一八。

七月,以翰林學士、左諫議大夫、知制誥晏殊為給事中。據續資治通鑑長編卷九九。以王曾為平章事,呂夷簡、魯宗道參知政事。據皇朝編年綱目備要卷八。

十月,葬真宗於永定陵。據皇朝編年綱目備要卷八。

十一月,命翰林學士承旨李維、翰林學士晏殊修真宗實錄。尋復命翰林侍講學士孫奭、知制誥宋綬、度支副使陳堯佐同修。據續資治通鑑長編卷九九。

十二月,范仲淹撰上張知白右丞書。據范文正公年譜。詔輔臣崇政殿西廡觀侍講學士孫奭講論語,既而上親書唐賢詩以分賜焉。據續資治通鑑長編卷九九。

宋仁宗天聖元年癸亥(一〇二三),張載四歲。

張迪仕。

行狀:"父迪,仕仁宗朝,終於殿中丞、知涪州事。"

按:是年宋仁宗趙禎即位。行狀云張迪"仕仁宗朝",但無法確定為仁宗某年,故暫附於此,以俟新考。

同年紀事:

王存生。據宋史卷三四一王存傳、全宋文卷二三八四曾肇王學士存墓誌銘。

劉庠生。據續資治通鑑長編卷三七一、宋史卷三二二劉庠傳。

王回生。據臨川先生文集卷九三王深父墓誌銘。

富弼謁見范仲淹。據范文正公年譜。

二月，穆修撰亳州魏武帝帳廟記。據河南穆公集卷三。

三月，司天監上崇天曆。據宋史卷九仁宗本紀一。

九月，詔輔臣於崇政殿西廡觀馮元講論語，並賜御飛白書。據續資治通鑑長編卷一〇一。

閏九月，寇準卒於雷州，年六十六。據續資治通鑑長編卷一〇一、琬琰集刪存卷一。

宋仁宗天聖二年甲子（一〇二四），張載五歲。

同年紀事：

范純祐生。據范文正公年譜。

胡宿撰烈文即政頌。據玉海卷六〇。

宋祁撰長寧節賀表。據景文集卷三六。

晏殊預修眞宗實錄成，遷禮部侍郎、知審官院，作崇天曆序。據二晏年譜。

二月，襄州上將作監、致仕胡旦所撰漢春秋。據續資治通鑑長編卷一〇二。召輔臣於崇政殿西廡觀講孝經。據續資治通鑑長編卷一〇二。

三月，王欽若上眞宗實錄一百五十卷。據續資治通鑑長編卷一〇二。

宋仁宗天聖三年乙丑（一〇二五），張載六歲。

同年紀事：

呂希道生。據太史范公文集卷四二呂公墓誌銘。

呂大忠生。據呂大忠墓誌。

三月，詔輔臣於崇政殿西廡觀孫奭講曲禮，仍賜御書古詩各一章。據續資治通鑑長編卷一〇三。

四月，范仲淹撰奏上時務書。據范文正公文集卷九。詔三館所寫書萬七千六百卷藏太清樓。初，大中祥符中，火焚舘閣書，乃借太清樓書補寫，既而本多損蠹者，因命別寫還之。據續資治通鑑長編卷一〇三。

十月，翰林學士、禮部侍郎晏殊爲樞密副使。據續資治通鑑長編卷一〇三。宰臣王欽若爲譯經使。唐譯經使以宰臣明佛學者兼領之，國朝翻譯經論，初令朝官潤文,及丁謂相,始置使。而欽若乃因譯經僧法護等請爲使,議者非之。據續資治通鑑長編卷一〇三。

十一月,司徒、兼門下侍郎、平章事、冀國公王欽若卒,年六十四。據續資治通鑑長編卷一〇三、文莊集卷二九夏竦所撰墓誌銘。

宋仁宗天聖四年丙寅(一〇二六),張載七歲。

同年紀事:
范仲淹撰與發運使張綸。據范文正公年譜。

正月,祕書監致仕胡旦言,撰成演聖通論七十卷,以校正五經,家貧不能繕寫奉御。庚子,賜旦錢十萬、米百斛。據續資治通鑑長編卷一〇四。

二月,玉清昭應宮使王曾請下三舘校道藏經,從之。據續資治通鑑長編卷一〇四。

五月,夏竦撰重修潤州丹陽縣門樓記。據文莊集卷二一。

閏五月,詔輔臣於崇政殿西廡觀侍讀學士宋綬等讀唐書。據續資治通鑑長編卷一〇四。

九月,詔曰:"講學久廢,士不知經,豈上之教導不至耶?其令孫奭、馮元舉京朝官通經術者三五人以聞。"據續資治通鑑長編卷一〇四。命翰林學士夏竦、蔡齊,知制誥程琳等重刪定編敕。據續資治通鑑長編卷一〇四。

十一月,先是,孫奭、馮元共薦大理寺丞楊安國爲國子監直講。於是,並召安國父奉禮郎、兗州州學講書光輔入見。上令說尚書,光輔曰:"堯、舜之事,遠而未易行,臣願講無逸一篇。"時年七十餘矣,而論說明暢。上欲留爲學官,光輔固辭。據續資治通鑑長編卷一〇四。

十二月,翰林學士夏竦等上國朝譯經音義七十卷。據續資治通鑑長編卷一〇四。夏竦撰孝慈寺銘並序。據文莊集卷二六。

宋仁宗天聖五年丁卯(一〇二七),張載八歲。

同年紀事:
呂大防生。據宋史卷三四〇呂大防傳、續資治通鑑長編卷四八五。
沈季長生。據王魏公集卷八沈公墓誌銘。
李常生。據淮海集後集卷六李公行狀。

楊繪生。據太史范公文集卷三九楊公墓誌銘。

晏殊爲南京應天府留守，延請范仲淹以掌府學。據范文正公年譜。

孫復謁訪范仲淹於睢陽學舍。據范文正公年譜。

正月，翰林學士、兼侍讀學士、龍圖閣直學士夏竦爲右諫議大夫、樞密副使。據續資治通鑑長編卷一〇五。

二月，命參知政事呂夷簡、樞密副使夏竦修眞宗國史；翰林學士宋綬，樞密直學士劉筠、陳堯佐同修，宰臣王曾提舉。據續資治通鑑長編卷一〇五。知寧州楊及上所修五代史。據續資治通鑑長編卷一〇五。

六月，范純仁生。據范文正公年譜，范忠宣公文集卷一八行狀一、卷一九行狀二、卷二〇行狀三。

十月，太常博士、直集賢院、同知禮院王皞上所撰禮閣新編六十卷。據續資治通鑑長編卷一〇五。判太常禮院孫奭言郊廟二舞失序，請下有司考議。據續資治通鑑長編卷一〇五。

十二月，祕書監致仕胡旦上所撰演聖通論七十二卷、唐乘七十卷、五代史畧四十三卷、將帥要畧五十三卷。據續資治通鑑長編卷一〇五。

宋仁宗天聖六年戊辰（一〇二八），張載九歲。

同年紀事：

孫覺生。據宋史卷三四四、續資治通鑑長編卷四三八。

王安國生。據臨川先生文集卷九一王平甫墓誌。

林逋卒。據東都事畧卷一一八、疑年錄彙編卷三。

穆修撰蔡州開元寺佛塔記。據河南穆公集卷三。

范仲淹上書言朝政得失、民間利病。據范文正公年譜。

孫復再訪范仲淹。范仲淹留之學職，並授以春秋。據范文正公年譜。

二月，工部尚書、平章事張知白卒。據續資治通鑑長編卷一〇六。

三月，召輔臣崇政殿西廡，觀侍講孫奭講尚書。據續資治通鑑長編卷一〇六。

八月，夏竦撰御書慈孝寺碑額記。據文莊集卷二一。

十一月，翰林學士宋綬等上所撰天聖鹵簿記十卷。據續資治通鑑長編卷一〇六。

十二月，賜故杭州處士林逋諡曰和靖先生。據續資治通鑑長編卷一〇六。以范仲淹爲祕閣校理。據皇朝編年綱目備要卷九。

宋仁宗天聖七年己巳(一〇二九),張載十歲。

張載就外傅。
行狀:"先生始就外傅,志氣不羣,知虔奉父命,守不可奪。"
按:禮內則:"十年出就外傅。"故置張載就外傅於是年。

同年紀事:
二月,禮部侍郎、參知政事魯宗道卒。據續資治通鑑長編卷一〇七。御史中丞、兼刑部侍郎晏殊爲兵部侍郎、資政殿學士、翰林侍讀學士、兼祕書監。據續資治通鑑長編卷一〇七。
九月,編敕既成,合農田敕爲一書,視祥符敕損百有餘條。據續資治通鑑長編卷一〇七。以呂夷簡同平章事。據皇朝編年綱目備要卷九。
十一月,范仲淹乞補外,尋出爲河中府通判。據皇朝編年綱目備要卷九。

宋仁宗天聖八年庚午(一〇三〇),張載十一歲。

張載在涪州。
按:行狀:"父迪,仕仁宗朝,終于殿中丞、知涪州事。"涪州,今屬重慶。
弟張戩生。一歲。
張戩,字天祺。
按:呂大臨張御史行狀:"君諱戩,字天祺,少而莊重,有老成之氣,不與羣童子狎戲。……以熙寧九年三月朔旦,感疾卒,享年四十有七。"張載張天祺墓誌銘:"有宋太常博士張天祺,以熙寧九年三月丙辰朔暴疾不祿。……不幸壽稟不遐,生四十七年而暴終他館。"張戩卒於熙寧九年(一〇七六),年四十七歲,故推知其生於是年。行狀又云:"涪州公卒於西官,諸孤皆幼。"涪州在長安西,故曰"西官"。據"諸孤皆幼"則可推知張戩當生於張迪知涪州時。

同年紀事:
劉摯生。據琬琰集刪存卷三。
范百祿生。據太史范公文集卷四四范公墓誌銘。

歐陽修始從尹洙遊,爲古文議論當世事。據宋史卷三一九。

　　石介舉進士。據徂徠石先生文集附録二歐陽修所撰墓誌銘。

　　四月,禮部郎中,知制誥徐奭爲翰林學士,權知開封府。不半載,暴卒。據續資治通鑑長編卷一〇九。

　　五月,范仲淹上時相議制舉書。據范文正公年譜。

　　六月,兼修國史呂夷簡等上新修國史於崇政殿。據續資治通鑑長編卷一〇九。范仲淹撰與周騤推官書。據范文正公年譜。

　　七月,詔修史官修國朝會要。據續資治通鑑長編卷一〇九。范仲淹撰與歐靜書。據范文正公年譜。

　　十二月,范仲淹撰與唐處士書。據范文正公年譜。

宋仁宗天聖九年辛未(一〇三一),張載十二歲。

　　張載在涪州。
　　張戩二歲。

　　同年紀事:
　　呂大鈞生。據范育呂和叔墓表。
　　歐陽修爲西京留守推官,与尹洙、梅堯臣、謝絳交遊。據歐陽文忠公集附年譜。
　　李覯著潛書十五篇。據直講李先生文集附年譜。
　　范仲淹遷太常博士,移通判陳州。據范文正公年譜。
　　三月,范純禮生。據范文正公年譜、宋史卷三一四范仲淹附傳。賜青州州学九经书,从王曾之请也。據續資治通鑑長編卷一一〇。
　　六月,翰林學士宋綬,西上合門使曹琮、夏元亨上新編皇太后儀制五卷,詔名曰內東門儀制。據續資治通鑑長編卷一一〇。
　　七月,穆修撰唐柳先生文集後序。據皇朝文鑑卷九。
　　十月,以翰林學士兼侍讀學士宋綬爲龍圖閣學士,知應天府。據續資治通鑑長編卷一一〇。

宋仁宗明道元年壬申(一〇三二),張載十三歲。

　　張載在涪州。

張戬三歲。

同年紀事：

程顥生。據河南程氏文集卷一一明道先生行狀。
沈括生。據徐規仰素集之沈括事蹟編年。
王令生。據廣陵先生文集附墓誌銘
李清臣生。據雞肋集卷六二。
呂惠卿生。據琬琰集刪存卷三。
李覯著禮論七篇。據直講李先生文集附年譜。
二月，李淑、宋綬等所撰三朝寶訓三十卷成，呂夷簡上之。據玉海卷四九。
夏，穆修卒。據皇朝文鑑卷一三二哀穆先生文、蘇學士文集卷一五。

宋仁宗明道二年癸酉（一〇三三），張載十四歲。

張載遷居陝西郿縣橫渠鎮。
按：匯溪張氏支譜載明道二年（一〇三三）贈吉甫公暨陸太君誥命一道："誥曰：賢臣國之倚重，既輸忠盡於生前，尊爵上所報功，可無優崇於身後。故殿中丞知涪州事張迪，忠勤篤實，慈愛謙和。本係名臣之冑，出爲邦國之良，立朝正邑，抗言克竭。夫謨猷作牧，勤民撫字，不辭其勞瘁，宜錫綸絲之寵，以增窀穸之光。歿而有知，歆予時命，可特贈尚書都官中郎中。"據此，可知張迪當去世於是年八月之前。也於是年，張載歸葬張迪不克，中途滯留於陝西郿縣橫渠鎮，并將張迪葬於橫渠鎮大振谷口，自此僑居橫渠鎮。

張戩四歲。

同年紀事：

程頤生。據姚名達程伊川年譜。
孔文仲生。據蘇魏公集卷五九孔公墓誌銘。
司馬光謁孫甫於華州。據司馬太師溫國文正公年譜卷一。
宋祁撰籍田頌。據景文集卷三五。
正月，直集賢院李淑上耕籍類事五卷，又上王后儀範三卷。據續資治通鑑長編卷一一二。

四月,召知應天府龍圖閣學士、刑部侍郎宋綬,通判陳州、太常博士、秘閣校理范仲淹赴闕。據續資治通鑑長編卷一一二。中書侍郎兼兵部尚書、平章事、集賢殿大學士張士遜加門下侍郎、昭文館大學士,監修國史。據續資治通鑑長編卷一一二。

五月,命宰臣張士遜撰籍田及恭謝太廟記,以翰林學士馮元爲編修官,直史館宋祁爲檢討官。據續資治通鑑長編卷一一二。

六月,太子少傅致仕孫奭卒。據續資治通鑑長編卷一一二。

宋仁宗景祐元年甲戌(一〇三四),張載十五歲。

張載在郿縣橫渠鎮。

張戩五歲。

按:武譜云:"行狀'涪州公卒於西官',未嘗實指爲何年,不敢臆斷。然據'諸孤皆幼'之文,則其時當亦在張子十五歲前也。遷郿事,亦可類推。"今暫另備一説。

同年紀事:

王安禮生。據宋史卷三二七。

石介撰新濟記。據徂徠石先生文集卷一九。

宋祁撰論以尺定律。據景文集卷二六。

正月,夏竦撰青州州學後記。據文莊集卷二一。范仲淹出守睦州,撰睦州謝上表及出守睦州詩、赴桐廬、淮上遇風等詩歌。據范文正公年譜。

四月,命宋祁等復校南北史。據玉海卷四三。

五月,以河南府學爲國子監。據皇朝編年綱目備要卷一〇。

七月,胡旦妻盛氏上旦所撰續演聖論。據續資治通鑑長編卷一一五。

八月,石介撰上王樞密書。據徂徠石先生文集卷附錄一。

九月,范仲淹詔復知蘇州,撰與曹都官、孫明復書。據范文正公年譜。

十二月,賈昌朝撰春秋要論十卷。據玉海卷四〇。

宋仁宗景祐二年乙亥(一〇三五),張載十六歲。

張載在橫渠。

張戩六歲。

同年紀事：

章惇生。據琬琰集刪存卷三。

富紹京生。據太史范公文集卷三八富君墓誌銘。

范仲淹奏請立郡學，延請胡瑗爲教授。據范文正公年譜。

二月，太常博士、直史館宋祁上大樂圖義二卷。據續資治通鑑長編卷一一六。

四月，賜楚州學九經。據續資治通鑑長編卷一一六。

五月，范仲淹撰朝賢送定惠大師詩序。據范文正公文集卷八。李照上九乳編鐘圖，鐘舊飾以旋蟲，改爲龍，並自創八音新器。又請別鑱石爲編磬。據續資治通鑑長編卷一一六。

八月，范仲淹撰祭謝賓客文。據范文正公文集卷八。

九月，宋綬上中書總例四一九冊。據玉海卷五一。祖無擇撰蔡州新建學記。據洛陽九老祖龍學文集卷七。詔翰林學士張觀等刊定前漢書，下國子監頒行。據續資治通鑑長編卷一一七。

十月，范仲淹除尚書禮部員外郎、天章閣待制，薦胡瑗對崇政殿，授校書郎。據范文正公年譜。

十一月，宋祁撰陽郊慶成頌。據景文集卷三五。

宋仁宗景祐三年丙子（一〇三六），張載十七歲。

張載在橫渠。
張戩七歲。

同年紀事：

歐陽修貶官夷陵，與石介相會於南京。據居士集卷三四。

李覯撰明堂定制圖并序，太平興國禪院什方主持記、平土書等。據直講李先生文集附年譜。

周敦頤因舅氏鄭向以敘例應蔭子，試將作監主簿。據周敦頤集附年譜。

四月，許衡州立學。據續資治通鑑長編卷一一八。

五月，范仲淹論建都事、上四論與百官圖。據范文正公年譜。許許州、潤州、真州立學。據續資治通鑑長編卷一一八。

七月,殿中丞孫瑜上其父孫奭以國朝典禮仿唐王涇撰崇祀録二十卷。翰林侍讀學士馮元獻金華五箴,降詔褒答。據續資治通鑑長編卷一一八。

八月,許并州立學。據續資治通鑑長編卷一一九。

九月,許絳州立學。司天監丞邢中和上所藏古今天文格子圖。賜河南府新修太室書院名曰嵩陽書院。據續資治通鑑長編卷一一九。

十月,夏竦撰海雁橋記。據文莊集卷二十一。許合州立學。據續資治通鑑長編卷一一九。

十二月,蘇軾生。據施宿東坡先生年譜。蘇舜卿撰題杜子美別集後。據蘇學士文集卷一三。

宋仁宗景祐四年丁丑(一〇三七),張載十八歲。

張載與邠人焦寅遊。

行狀云:"與邠人焦寅遊,寅喜談兵,先生說其言。當康定用兵時,年十八,慨然以功名自許,上書謁范文正公。"宋史張載傳:"少喜談兵,至欲結客取洮西之地。年二十一,以書謁范仲淹,一見知其遠器,乃警之曰:'儒者自有名教可樂,何事於兵。'因勸讀中庸。"

按:據宋陳均皇朝編年綱目備要卷一一知,宋仁宗康定元年(一〇四〇)范仲淹任陝西招討副史兼知延州,用兵西北。時年張載二十一歲(參見宋仁宗康定元年事蹟)。呂大臨行狀云康定用兵時,張載十八歲。雖記載有誤,但似指張載在十八歲時,已與焦寅交遊。焦寅事蹟現已不可考,但張載受其影響是肯定的,以至於後來張載寫邊議等文,談論置兵禦邊之策。武譜亦云:"若十八以前,則其年太幼,斷非出交之時;且寅言能爲先生所悅,寅必非常人,亦無向一童子妄語用兵之理。"又云:"宋史先生'少喜談兵,至欲結客取洮西之地',所謂客指焦寅也。"武氏推論有其道理,故暫置此事於是年,以俟新考。

張戩八歲。

同年紀事:

朱光庭生。據太史范公文集卷四三朱公誌銘並序。

李敏之生。據河南程氏文集卷四李寺丞墓誌銘。

馮元卒,年六十三。據景文集卷六一馮侍講行狀、皇朝文鑑卷一三六。

李覯往鄱陽見范仲淹。據直講李先生文集附年譜。

王安石隨親至金陵,以稷、契自命。據王荊公年譜考畧。

宋祁撰上許州呂相公嗣崧許康詩二首。據景文集卷五。

二月,夏竦撰楞嚴經序。據文莊集卷二二。

三月,翰林學士丁度上所撰國朝時令一卷。據續資治通鑑長編卷一二○。

四月,譯經使呂夷簡上景祐法寶新錄二十一卷。據續資治通鑑長編卷一二○。

五月,石介撰宋城縣夫子廟記。據徂徠石先生文集卷一九。

六月,石介撰鄆城縣新隄記、柘城縣巡廨署記。據徂徠石先生文集卷一九。

八月,夏竦撰青州龍興寺重修中佛殿記。據文莊集卷二一。歐陽修撰謝氏詩序。據居士集卷四二。

十二月,徙知饒州范仲淹知潤州,監筠州稅,余靖監泰州稅,夷陵縣令歐陽修爲光化縣令。據續資治通鑑長編卷一二○。

宋仁宗寶元元年戊寅(一○三八),張載十九歲。

張載在橫渠。

張戩九歲。

同年紀事:

孔文仲生。據宋史卷三四四。

游師雄生。張舜民游公墓誌銘、續資治通鑑長編均記游師雄卒年爲紹聖四年,東都事畧、宋史等記其享年六十,故推知其生於是年。

曾鞏始冠,遊太學。據曾文定公年譜。

范仲淹招李覯爲潤郡教授。據范文正公年譜。

李覯撰广潛書、命箴、野記等。據直講李先生文集附年譜。

宋祁上三冗三費疏。據景文集卷二六。

石介撰三朝聖政錄序。據徂徠石先生文集卷一八。

正月,校書郎張方平陳七事:一曰密機事,二曰用威斷,三曰廣言路,四曰重圖任,五曰正有司,六曰信命令,七曰示戒懼。據續資治通鑑長編卷一二一。

春,尹洙撰伊闕縣築堤記。據河南先生文集卷四。

三月,司馬光舉進士甲第。據司馬太師溫國文正公年譜卷一。

十二月,余靖撰楚州鹽城南場公署壁記。據武溪集卷六。

宋仁宗寶元二年己卯(一〇三九),張載二十歲。

張載在橫渠。
張戩十歲。

同年紀事:
蘇轍生。據蘇穎濱年表。
劉定國生。據彭城集卷三八兄子定國墓誌銘。
呂希哲生。據續資治通鑑長編卷四五四、卷四七二,東都事略卷八八。
李覯爲富國強兵安民三十策。據直講李先生文集附年譜。
宋祁撰議樂疏。據景文集卷二七。
司馬光撰顏太初雜文序。據司馬太師溫國文正公年譜卷一。
范仲淹撰清白堂記,又撰與李太伯書。據范文正公年譜。
胡宿撰集給事俞公送行詩序。據文恭集卷二九。
二月,張先卒,年四十八。據居士集卷二七張子野墓誌銘。太常丞詹庠上所著君臣龜鑑手書六十卷,降敕獎諭。據續資治通鑑長編卷一二三。許明州立學。據續資治通鑑長編卷一二三。詳定合門、客省、四方館儀制所上新編儀制十三卷。據續資治通鑑長編卷一二三。
四月,黃夢升卒,年四十二。據皇朝文鑑卷一四〇黃夢升墓誌銘。
六月,胡則卒。據胡正惠公集附正惠公年譜。范仲淹撰祭胡侍郎文、祭蔡侍郎文。據范文正公文集卷一一。天章閣侍講賈昌朝、直史館宋祁同修纂禮書。據續資治通鑑長編卷一二三。
十一月,尹洙撰書禹廟碑陰。據河南先生文集卷四。刑部郎中、直集賢院王皞上唐餘錄六十卷,降敕獎諭。據續資治通鑑長編卷一二五。

宋仁宗康定元年庚辰(一〇四〇),張載二十一歲。

張載至延州,以邊議上書謁范仲淹。
行狀:"當康定用兵時,年十八,慨然以功名自許,上書謁范文正公。"宋史張載傳:"年二十一,以書謁范仲淹,一見知其遠器,乃警之曰:'儒者自有名教可樂,何事於兵。'因勸讀中庸。"

張子全書卷一三載邊議第六:"城中之民既得以依城,自郊外百姓,朝廷不豫爲慮,非潰亡失生,則殺戮就死。縱或免焉,則其老幼孳畜,屋廬積聚,莫不爲之驅除蕩焚,於死亡均矣。欲爲之計,莫如選吏行邊,爲講族閭鄰里之法,問其所謀,諭之休戚。使之樂羣以相聚,協力以相資,聽其依山林,據險阻,自爲免患之計。官不拘制,一從其宜,則積聚幼老,得以先自爲謀而處之有素。寇雖深入,野無所資而民免誅掠,此爲計之當先者也。右清野。

"師爲虜致,則喪陷之患多;城不自完,則應援之兵急。凡今近城邊邑,尤當募善守之人,計定兵力,庶使勢可必全,不假外救,足以技捂踰月,應援之師不爲倉皇牽制,則守必力而師不勞,此禦患之尤急者也。然所謂善守者,要以省兵爲能。假設一城之小,千夫可完,不才者十倍之而未必固,善守者加損之而尚可全,則守城乘障之人,必也力與之計而省吾兵,厚賞其功而示之信。右固守。

"戍而費財,豈善戍之計!欲不費,必也計民以守,不足然後益之以兵。如是,則爲守之力在民居多而用兵無幾。守既在民,則今日守兵,凡城有餘,皆得以移用他所,或乘間可戰以自解其圍矣。竊計關內守餘之兵,無慮十萬。四帥之城,各餘萬人爲備,間其多少之,羌此其大罟也。則舉中大數,有移使之卒常不減六七萬人。義勇既練,則六七萬人從而省去,亦攻守爲有餘矣。兵省費輕,就使戎壘對峙,用日雖多而吾計常足,顧朝廷未嘗資守於民,以兵多爲患耳。种世衡守環州,吏士有罪,射中則釋之;僧道飲酒犯禁,能射則縱之;百姓繫者,以能射則必免;租稅逋負,以能射必寬。當是時,環之內外,莫不人人樂射,一州之地,可不用一卒而守。以此觀之,省戍豈甚難之計哉!右省戍。

"計民以守,必先相視城池大小,夫家衆寡,爲力難易,爲地緩急,周圍步尺,莫不盡知。然後括以保法,萃以什伯,形以圖繪,稽以文籍,便其居處,正其分位。平時使之知所守,識所向,習登降,時繕完;賊至,則授甲付兵,人各謹備,老幼供餉,婦女守室。如是,則民心素安,伎藝素講,寇不能恐,吏不能侵,無倉卒之變,無顛亂之憂,民力不足,然後濟之以兵。此三代法制,雖萬世可行,不止利今日之民。右因民。

"城池之實,欲其牢不可破;甲盾之實,欲其堅不可攻;營陣之實,欲其虜不可搖;士卒之實,欲其人致死力;講訓之實,欲其伎無不精;兵矢之實,欲其中無不彀。今衆物備具而事不可期,蓋實未始講而講不致實。今朝廷未假塞外之功,徒欲自固,然尚且憂形廟堂而民不安土,則講實之説,豈容一日而緩!蓋億萬矢之利,其致利也必自一矢而積;億萬人之能,其盡能也必自一人而求。千里之防,必由一鍤而致堅;江河之廣,必由一勺而浸至。今欲物一作均。求其實而闊步高視,謂小事無一有傷字,一作小無事。而忽之,恐卒不見其成也。本朝之論,雖必以大計爲言,至於講治之精,亦不可不思慮而至。思可至而力不容緩,則授補之方,當知未易輕議。趨今之急,急在治兵矢,舉鬪射。<u>种世衡守環州</u>,吏士有罪,能射則釋之;胥徒請告,能射則給之;僧道飲酒犯禁,能射則置之;百姓輕繫者,能射則縱之;租税逋負者,能射則緩之。當是時,<u>環</u>之士民人人樂射,一州之地可不煩一卒而守。然則得一臣如<u>种世衡</u>,則朝廷不問其細而一城守矣,宜推<u>世衡</u>之術於四方。右<u>講實</u>。

"擇帥之重,非議者得言。本朝以武臣典強藩,輕戰忘患,故選用文臣節制,爲計得矣。然寇讎入境,則舉數萬之甲付一武人,驅之於必戰之地,前後取敗,非一二而已。然則副總管之任,繫安危勝負之速,甚於元帥,而大率以資任官秩次遷而得,竊爲朝廷危之。右<u>擇帥</u>。

"帥得其人,則守邊之守聽帥擇爲宜。帥不可知,則守之廢置一從内也,不爲過矣。御大體極邊之郡,攻守兼固,須精選異才,方稱其任。其次邊及腹心州軍,利於滋穀食,教民戰,爲持久取勝之策。爲守必擇愛民謹事精審之人,愛民則雖亟使之而不匱,精審謹事則大小必舉。事無不舉,則雖深入不能乘間於腹心;民不匱,則戰精而食足。右<u>擇守</u>。

"養兵之費,在天下十居七八。今邊患作矣,將謹防於外,修實於内,爲持久之計;而不愛用吾財,則患日增而力日不足,豈善爲計議者哉!今<u>關内</u>諸城,誠能因民固守以省戍,教義勇知一作習。戰以省兵,則每歲省費不啻二百餘萬,不踰數年,粟實財豐而不可勝用矣。不如是,恐財匱力殫,虜乘吾敝,將無從而制也。右<u>足用</u>。

"警敗者,以中國取敗戎虜,古今相繼,而莫知所以致敗之端,此言敗一作警。之由。一作欲。既知此弊,則免爲所敗,故曰警敗。其不以制勝爲言者,以戎虜用兵,習知此利,今吾亦得之,適與之勢均法同,故止可以免爲所敗而已,制勝之法當他圖矣。凡用兵於山,必能制人於原;用兵於水一作原。必能制人於川;除高下逆順之利,餘利皆得以一無以字。繼此而言矣。屋瓦將墜,人居其下則不安;巖壁有罅,人過其下則必走;女子乘城,勇夫不敢出其前。寇讎據勝地,苟不計利而後進,苟,一作則。後,一作妄。暗於戰而必敗也不疑,間或獲全者,非將之才智殊絕不侔則夭耳。大凡居高瞰下,無可遁之情,使之知所守,識所向,習登降,時繕完,賊至則授甲付兵云云。右警敗。"

按:關於張載謁見范仲淹時的年齡,素有歧説。清張伯行道統録卷下云:"當康定用兵時,先生年十八,慨然以功名自許,欲結客洮西之地。年二十一上書謁范文正公。"武譜云:'先生卒於熙寧十年,享年五十有八。'考熙寧十年距康定元年共三十七年,則當康定時,先生乃二十一歲。而行狀云'年十八',則不當在康定時。在康定時則不當云'年十八',自相矛盾,其失不辯而明。至綱目又以謁范文正公時'年二十',亦誤。惟宋史道學傳以爲'年二十一'時,適當康定元年。証之綱目,是年夏,范文正公始爲陝西招討副使兼知延州極爲有據。若年十八則爲景祐四年,年二十則爲寶元二年,彼時范文正公尚貶知饒州、越州,先生何由而以兵策謁之乎?"武氏所考精當。又據以下史料:續資治通鑑長編卷一二〇:"(景祐四年十二月)壬辰,徙知饒州范仲淹知潤州、監筠州税,余靖監泰州税,夷陵縣令歐陽修爲光化縣令,上諭執政令移近地故也。"宋陳均宋本皇朝編年綱目備要卷一一:"(康定元年)五月……置陝西都部署兼經畧安撫招討使(以知永興軍夏竦爲使,范仲淹、韓琦副之)……八月……以范仲淹知延州。"宋彭百川太平治蹟統類卷一〇:"四年十二月壬辰徙知饒州……徙范仲淹。既徙潤州,讒者恐其復用。"宋史范仲淹傳:"元昊反,召爲天章閣待制、知永興軍,改陝西都轉運使。會夏竦爲陝西經畧安撫招討使,進仲淹龍圖閣直學士以副之。……延州諸砦多失守,仲淹自請行,遷户部郎中兼知延州。"可見,景祐四年(一〇三七)十二月,張載十八歲時,范仲淹剛徙知潤州,尚未擔任陝西招討副史,兼知延州。

又按:關於張載謁見范仲淹所上之書。武譜云:"上范文正公書恐卽是文集所載邊議。是年元昊猖獗極矣,官軍莫敢攖其鋒,惟鄜州將种世衡能守要地以禦寇。証之邊議時事悉合,且其議論頗有策士風,的是先生少年文字無疑。"行狀:"少孤自立,無所不學。與邠人焦寅遊,寅喜談兵,先生説其言。"宋史張載傳:"少喜談兵,至欲結客取洮西之地。"亦可佐證武氏之論。面對西夏侵犯西北邊境,元昊反叛等現實情況,少年張載最爲關注的理應是邊境問題,而作邊議九條上范仲淹,當在情理之中。

張戩十一歲。

同年紀事:

呂大臨生。據關學學術編年宋代編。

張方平撰湖州新建州學記、吳興郡守題名記。據樂全先生文集卷三三。

胡瑗教授湖州。據宋史卷四三二。

周敦頤服除,從吏部調洪州分寧縣主簿。據周敦頤集附年譜。

曾鞏撰上歐陽學士第一書。據曾文定公年譜。

二月,范仲淹撰胡公夫人陳氏墓誌銘、節度掌書記沈君墓誌銘。據范文公年譜。

三月,范仲淹復天章閣待制,知永興軍。據范文正公年譜。太子中允阮逸上鐘律制議並圖三卷,詔送秘閣。據續資治通鑑長編卷一二五。

六月,丁度上備邊要覽。據玉海卷一四。

七月,石介撰泰山書院記。據徂徠石先生文集卷一九。

八月,以范仲淹兼知延州。據皇朝編年綱目備要卷一一。

十二月,王堯臣上通判滑州、秘書丞蔡宣所撰通志論十三篇。據宋會要輯稿崇儒五之二三。兵部尚書、參知政事宋綬卒。據續資治通鑑長編卷一二九。

宋仁宗慶曆元年辛巳(一○四一),張載二十二歲。

張載訪諸釋老。

行狀:"當康定用兵時,年十八,慨然以功名自許,上書謁范文正公。公一見知其遠器,欲成就之,乃責之曰:'儒者自有名教,何事於兵!'因勸讀中庸。先生讀其書,雖愛之,猶未以爲足也,於是又訪諸釋老之書,累年盡究其說,知無所得,反而求之六經。"宋史張載傳:"年二十一,以書謁范仲淹,一見知其遠器,乃警之曰:'儒者自有名教可樂,何事於兵。'因勸讀中庸。載讀其書,猶以爲未足,又訪諸釋老,累年盡究其說,知無所得,反而求之六經。"

按:宋元學案視張載爲高平范仲淹門人,在其卷三高平學案中全祖望云:"高平一生粹然無疵,而導橫渠以入聖人之室,尤爲有功。"卷一七橫渠學案又云:"(范仲淹)責之曰:'儒者自有名教可樂,何事於兵!'手中庸一編授焉,(張載)遂翻然志於道。已求諸釋老,乃反求之六經。"宋邵伯溫邵氏聞見錄卷一三亦記載此事云:"未開熙河前,關中士人多言其利害,雖張橫渠先生之賢,少時亦欲結客以取。招置府第,俾修制科,至登進士第,其志乃已。"卷一五又云:"范文正公帥延安,聞之,館於府第,俾修制科,與天祺(張戩)皆登進士第。"邵氏之説或爲宋元學案置張載爲"高平門人"的根源。但是,從史實上看,張載爲學常俯讀仰思、苦力經營,求之於己心,其爲學進路並没有深受范仲淹的影響;在思想上也難尋求其繼承性。又何况此後張載仍求諸於釋老,而後返求之於六經。由此看,宋元學案將張載視爲"高平門人",並不妥貼。再從范仲淹的身份及北宋西北邊境的局勢看,似乎范仲淹在"知其遠器"后,勸青年張載讀中庸,乃是希望其先涵養自己,以圖日後更大的發展;尤其是不可罔顧現實,僅憑滿腔熱血貿然結客抵禦強夏。此外,從慶曆二年(一〇四二)張載所撰慶州大順城記的內容看,仍在頌揚范仲淹的軍事政策,依然在言兵,並没有立刻"翻然志於道"。因此,視張載爲"高平門人"違背史實。

張戩十二歲。

同年紀事:

范祖禹生。據宋史卷三三六、續資治通鑑長編卷五〇三。

鄭俠生。據西塘先生文集傳誌。

孫復退居泰山之陽,著春秋尊王發微十五篇。據澠水燕談録卷二。

宋祁在壽州,撰詆仙賦。據景文集卷二。

賈昌朝撰進羣經音辨七卷。據玉海卷四二。

李覯撰建昌軍集賢亭記、修麻姑殿記、麻姑山仙都觀修三清殿記、修梓山寺殿記等。據直講李先生文集附年譜。

曾鞏入太學居數月歸,撰上歐陽第二書。據曾文定公年譜。

二月,蘇舜卿撰祭滕子京文。據蘇學士文集卷一五。石延年卒,年四十八。據皇朝文鑑卷一四五歐陽修所撰墓誌銘。

四月,降陝西經畧安撫副使、樞密直學士、起居舍人韓琦爲右司諫,知秦州職如故。降陝西經畧安撫副使兼知延州、龍圖閣直學士、户部郎中范仲淹爲户部員外郎,知耀州職如故。據續資治通鑑長編卷一三一。

五月,石介撰送張繢李常序。據徂徠石先生文集卷十八。太常丞、直集賢院、簽書陝西經畧安撫判官田况上兵策十四事。據續資治通鑑長編卷一三二。

九月,知秦州韓琦復爲起居舍人,知慶州范仲淹復爲户部郎中。據續資治通鑑長編卷一三三。

十一月,石介撰祭堂記。據徂徠石先生文集卷一九。

十二月,司天監上所修崇天萬年曆。據續資治通鑑長編卷一三四。翰林學士王堯臣等上新修崇文總目六十卷。據續資治通鑑長編卷一三四。

宋仁宗慶曆二年壬午（一〇四二），張載二十三歲。

張載至慶州，撰慶州大順城記。

張子全書卷一三載慶州大順城記第二："慶曆二年某月日，經畧元帥范公仲淹，鎮役總若干，建城於柔遠寨東北四十里故大順川。越某月日，城成。汴人張載謹次其事，爲之文以記其功。詞曰：兵久不用，文張武縱。天警我宋，羌蠢而動。恃地之疆，謂兵之衆，傲侮中原，如撫而弄。天子曰：'嘻！是不可捨。養姦縱殘，何以令下！' 講謨於朝，講士於野，鎺刑斧誅，選付能者。皇皇范侯，開府於慶，北方之師，坐立以聽。公曰：'彼羌，地武兵勁，我士未練，宜勿與競，當避其疆，徐以計勝。吾視塞口，有田其中，賊騎未跡，卯橫午縱。余欲連壁，以禦其衝，保兵儲糧，以俟其窮。' 將吏掾曹，軍師卒走，交口同辭，樂贊公命。月良日吉，將奮其旅，出卒於營，出器於府，出幣於帑，出糧於庚。公曰：'戒哉！無敗我舉！汝礪汝戈，汝鋈汝斧，汝干汝誅，汝勤汝與！' 既戒既言，遂及城所，索木箕土，編繩奮杵。胡虜之來，百千其至，自朝及辰，衆積我倍。公曰：'無譁！是亦何害！彼姦我乘，及我未備，勢雖不敵，吾有以恃。' 爰募彊弩，其衆累百，依城而陣，以堅以格。戒曰：'謹之，無鬬以力！去則勿追，往終我役。' 賊之逼城，傷死無數，謨不我加，因潰而去。公曰：'可矣，我功汝全；無怠無遽，城之惟堅。' 勞不累日，池陣以完，深矣如泉，高焉如山，百萬雄師，莫可以前。公曰：'濟矣，吾議其旋。' 擇士以守，擇民而遷，書勞賞才，以飫以筵。圖到而止，薦聞於天。天子曰：'嗟！我嘉汝賢。' 錫號大順，因名其川。於金於湯，保之萬年。"

按：武譜云"大順城築於慶曆元年"，然而據續資治通鑑長編卷一三六："（慶曆二年五月）慶之西北馬鋪寨，當後橋川口，深在賊腹中，范仲淹欲城之，度賊必爭，密遣子純祐與蕃將趙明先據其地，引兵隨其後。諸將初不知所向，行至柔遠，始號令之，版築畢具，旬日城成，是歲三月也，尋賜名大順。"又注云："按范仲淹奏議，仲淹欲城大順，以三月十三日往柔遠寨駐紮，遣將密行占得寨地。又仲淹集有三月二十七日自大順回見桃花詩，四月三日奏乞以寨爲城，名曰大順，今因行賞，乃著其事。"宋史范仲淹傳又云："改邠州觀察使，仲淹表言：'觀察使班待制下，臣守邊數年，羌人頗親愛臣，呼臣爲龍圖老子。今退而與王興、朱觀爲伍，第恐爲賊輕矣。' 辭不拜。慶之西北馬鋪砦，當後橋川口,在賊腹中。仲淹欲城之,度賊必爭,密遣子純祐與蕃將趙明先據其地,引兵隨之。諸將不知所向,行至柔遠,始號令之,版築皆具,旬日而城成,即大順城是也。"可見,在慶曆二年三月范仲淹就著手修建大順城,旬日而成。其修建相當迅速,至遲不超過是年五月即完工。宋會要輯稿方域八之二八云:"四月辛巳,詔城名'大順'。"可見,四月,城已經具名,慶州大順城記亦云"城成",故可知張載在大順城建成後應范仲淹之請撰文。

張戩十三歲。

同年紀事:
陸佃生。據宋史卷三四三。
孔武仲生。據續資治通鑑長編卷五〇二、宋史卷三四四。
歐陽修撰本論。據居士集卷一七。
王安石中進士,簽書淮南判官。據詹大和王荊文公年譜。
胡宿撰高齋記。據文恭集卷三五。
司馬光撰十哲論、四豪論、賈生論等。據司馬太師溫國文正公年譜卷一。
二月,歐陽修撰秘演詩集序。據居士集卷四一。
三月,韓琦撰諫垣存稿序。據安陽集卷二、韓魏公集卷一。石介撰拜掃堂記。據徂徠石先生文集卷一九。復太常博士余靖爲集賢校理。據續資治通鑑長編卷一三五。
四月,以樞密直學士、禮部郎中、知秦州韓琦爲秦州觀察使,龍圖閣直學士、右司郎中、知慶州范仲淹爲邠州觀察使。據續資治通鑑長編卷一三五。陞大名府爲北京。據皇朝編年綱目備要卷一一。
八月,尹洙撰秦州新築東西城記。據河南先生文集卷四。歐陽修撰御書閣記。據居士集卷三九。
閏九月,王安石撰送孫正之序。據臨川先生文集卷八四。
十月,契嵩撰武陵集敘。據鐔津文集卷一一。

宋仁宗慶曆三年癸未(一〇四三),張載二十四歲。

張戩十四歲。

同年紀事:

孫覺生。據西臺集卷一三。

李覯集退居類稿十二卷,又撰慶曆民言三十篇、周禮致太平論三十篇等。據直講李先生文集附年譜。

石介撰慶曆聖德詩。據宋史卷四三二。

宋祁撰言三路邊防七事。據景文集卷二八。

祖無擇撰河南穆公集序、李泰伯退居類稿序。據洛陽九老祖龍學文集卷八。

正月,太子中允、直集賢院、通判秦州尹洙爲太常丞、知涇州。據續資治通鑑長編卷一三九。

四月,王安石撰揚州新園亭記。據臨川先生文集卷八三。

七月,以太常丞、直集賢院、知涇州尹洙爲右司諫、知渭州兼管勾涇原路安撫都部署司事。據續資治通鑑長編卷一四〇。以范仲淹宣撫陝西。據皇朝編年綱目備要卷一二。

八月,王安石撰張刑部詩序。據臨川先生文集卷八四。

九月,范仲淹上十事疏。據續資治通鑑長編卷一四三。范仲淹撰祭石學士文。據范文正公文集卷一一。曾鞏撰分寧雲峰院記。據南豐先生元豐類稿卷一七。命史館檢討王洙、集賢校理余靖、秘閣校理孫甫、集賢校理歐陽修,同編修祖宗故事。據續資治通鑑長編卷一四三。

十一月,劉敞撰歲寒堂記。據公是集卷三六。

十二,以南京府學爲國子監。許廣州立學。據續資治通鑑長編卷一四五

宋仁宗慶曆四年甲申(一〇四四),張載二十五歲。

張戩十五歲。

同年紀事:
王雱生。據續資治通鑑長編卷二七六。

周敦頤舉南安軍司理參軍。據周敦頤集附年譜。

李覯撰上富公范公書、李子高墓表、陳伯英墓表等。據直講李先生文集附年譜。

正月,胡宿撰常州晉陵縣開渠港記。據文恭集卷三五。太常禮院上新修太常新禮四十卷、慶曆祀儀六十二卷。據續資治通鑑長編卷一四六。

二月,夏竦上新集古文四聲韻五卷。據玉海卷四五。

三月,太子中允、國子監直講石介直集賢院兼國子監直講,樞密副使韓琦

乞召試,特除之。據續資治通鑑長編卷一四七。詔天下州縣立學,行科舉新法。據宋史紀事本末卷三八。

四月,章得象上新修國朝會要一百五十卷。據玉海卷五一。

六月,范仲淹撰呂相公文。據范文正公年譜。

九月,歐陽修預纂三朝典故成書。據歐陽文忠集附年譜。鄭州言太尉致仕許國公呂夷簡卒。據續資治通鑑長編卷一五二。

十一月,尹洙撰論朋黨疏。據河南先生文集卷一八。范仲淹撰祭陳相公文。據范文正公文集卷一一。

宋仁宗慶曆五年乙酉(一〇四五),張載二十六歲。

張戩十六歲。

同年紀事:

劉絢生。據伊洛淵源錄卷八。

王質卒,年四十五。據蘇學士文集卷一六王公行狀。

李覯撰與胡安定書、寄祖秘丞書等。據直講李先生文集附年譜。

歐陽修撰外制集序。據居士集卷四三。

司馬光撰機權論、才德論、廉頗論等。據司馬太師溫國文正公年譜卷一。

正月,右諫議大夫、參知政事范仲淹爲資政殿學士、知邠州、兼陝西四路緣邊安撫使,樞密副使、右諫議大夫富弼爲資政殿學士、京東西路安撫使、知鄆州。據續資治通鑑長編卷一五四。

二月,范仲淹撰邠州建學記、論復併縣劄子。據范文正公年譜。李之才卒。據宋史卷四三一李之才傳。

四月,翰林學士承旨、端明殿學士、兼翰林侍讀學士、中書舍人丁度爲工部侍郎、樞密副使。因上慶曆兵錄五卷,贍邊錄一卷。據續資治通鑑長編卷一五五。

五月,翰林學士、兼龍圖閣學士、判集賢院王堯臣,翰林學士、史館修撰張方平,侍讀學士、兼龍圖閣學士、判史館修撰余靖,並同刊修唐書。據續資治通鑑長編卷一五五。

閏五月,范仲淹撰祭知環州种染院文。據范文正公文集卷一一。

六月,黃庭堅生。據山谷全書首卷黃文節公年譜。

七月,石介卒,年四十一。據徂徠石先生文集卷附錄二歐陽修所撰墓誌銘。貶起居舍人、直龍圖閣、知潞州尹洙爲崇信節度副使。據續資治通鑑長編卷一五六。

八月,歐陽修降知制誥,知滁州。據歐陽文忠公集附年譜。范仲淹撰祭陝府王待制文。據范文正公文集卷一一。

宋仁宗慶曆六年丙戌(一〇四六),張載二十七歲。

張戩十七歲。

同年紀事:
程珦代理南安軍通判,友周敦頤,使二子程顥、程頤受學。據程伊川年譜。
司馬光改大理評事,爲國子直講,遷本寺丞。據司馬太師溫國文正公年譜卷一。
正月,贈太子太師、謚忠獻范雍卒。據續資治通鑑長編卷一五八。
二月,范仲淹撰祭謝舍人文。據范文正公年譜、范文正公文集卷一一。
三月,歐陽修撰宛陵先生詩集序。據宛陵先生文集序。
六月,余靖撰韶州開元寺新建浴室記。據武溪集卷七。
七月,參知政事宋庠上所撰紀年通譜。庠取十七代史並百家雜說,凡正僞年號括爲一書。據續資治通鑑長編卷一五九。范純粹生。據范文正公年譜。
八月,尹洙撰岳州學記。據河南先生文集卷四。
九月,范仲淹撰岳陽樓記。據皇朝文鑑卷七七、范文正公年譜。

宋仁宗慶曆七年丁亥(一〇四七),張載二十八歲。

張戩十八歲。

同年紀事:
蔡京生。據宋史卷四七二。
曾肇生。據曾文昭公集卷四神道碑。
李覯撰禮論後語、刪定劉牧易圖序、建昌知軍廳說、南海編集、宋屯田延平集序等。據直講李先生文集附年譜。
王安石調知鄞縣。據王荊公年譜考畧卷三。

胡宿撰流杯亭記。據文恭集卷三五。

三月,范仲淹撰祭龍圖楊給事文。據范文正公文集卷一一。

四月,尹洙卒。據河南先生文集附錄韓琦所撰尹公師魯墓表。范仲淹撰祭尹師魯舍人文。據范文正公文集卷一一。歐陽修撰尹師魯墓誌銘。據河南先生文集附錄歐陽修所撰墓誌。

六月,命參知政事丁度提舉編修唐書。據續資治通鑑長編卷一六〇。

七月,曾鞏撰繁昌縣興造記。據南豐先生元豐類稿卷一七。王安石撰撫州招仙觀記。據臨川先生文集卷八三。

九月,詔刪定一州一縣敕。據續資治通鑑長編卷一六一。

十一月,李迪卒,年七十七。據樂全先生文集卷三六神道碑。范仲淹撰祭故相太傅李侍中文。據范文正公文集卷一一。

宋仁宗慶曆八年戊子(一〇四八),張載二十九歲。

張戩十九歲。

同年紀事:

李之儀生。姑溪居士後集卷三寄耀州畢九表云"長我一歲"。畢九即仲游,生於慶曆七年,故李之儀生於是年。

周敦頤令郴州桂陽縣,知郴州事職方員外郎李初平知其賢,與之論學。據周敦頤集附年譜。

司馬光撰名苑序。據司馬太師溫國文正公年譜卷一。

二月,范仲淹知杭州,撰十六羅漢因果識見頌序。據范文正公年譜。

四月,王鞏生。老學菴筆記卷四云鞏与神宗同日生。宋史神宗本紀云神宗於是年四月戊寅生。策諒祚爲夏國主。據皇朝編年綱目備要卷一三。

六月,章得象卒,年七十一。據皇朝編年綱目備要卷一三、景文集卷五九。

九月,曾鞏撰墨池記。據南豐先生元豐類稿卷一七。

十一月,李覯撰建昌儀門記。據直講李先生文集卷二三。

十二月,蘇舜卿卒,年四十一。據居士集卷三一湖州長吏蘇君墓誌銘。

宋仁宗皇祐元年己丑(一〇四九),張載三十歲。

張戩二十歲。

同年紀事：

秦觀生。據淮海先生年譜。

王回生。據疑年録彙編卷三。

范仲淹過孤山故處士林逋之廬,并贈之以詩。據范文正公年譜。

周敦頤以李初平卒,子幼,護其喪以歸葬之。據周敦頤集附年譜。

契嵩撰原教。據鐔津文集卷二廣原教。

正月,張士遜卒。據皇朝編年綱目備要卷一四。

二月,王安石撰善救方後序。據臨川先生文集卷八四。

四月,余靖撰韶州重建東平山正覺寺。據武溪集卷七。

六月,改命同刊修唐書、翰林侍讀學士宋祁爲刊修官。據續資治通鑑長編卷一六六。

八月,余靖撰韶州翁源縣淨源山耽石院記。據武溪集卷七。

九月,楊偕卒。據居士集卷二九翰林侍讀學士右諫議大夫楊公墓誌銘。

十月,范仲淹置義莊於蘇州。據范文正公年譜。

十一月,范仲淹薦李覯於朝。據直講李先生文集附外集卷一。

十二月,曾鞏撰宜黄縣學記。據南豐先生元豐類稿卷一三。御延和殿,召虞部員外郎盧士宗講周易泰卦。據續資治通鑑長編卷一六七。

宋仁宗皇祐二年庚寅(一〇五〇),張載三十一歲。

張戩二十一歲。

同年紀事：

謝良佐生。據疑年録彙編卷三。

司馬康生。據太史范公文集卷四一司馬君墓誌銘。

劉公彦生。據滴水集卷八劉君俞墓誌銘。

周敦頤改郴州桂陽令。據周敦頤集附年譜。

宋祁撰明堂頌。據景文集卷三五。

李覯赴范仲淹招於杭州,范仲淹再薦李覯於朝,授將仕郎、太學助教。據直講李先生文集附年譜。

程頤上書闕下,勸仁宗以王道爲心,生靈爲念,黜世俗之論,期非常之功;

且乞召對,面陳所學。不報,遊太學。據河南程氏遺書附錄伊川先生年譜、河南程氏文集卷五上仁宗皇帝書。

三月,宋祁上明堂通義二篇。據續通鑑卷五一。

五月,王安石撰撫州祥符觀三清殿記。據臨川先生文集卷八三。禮院上新作明堂禮神玉及燔玉、明堂五室制度圖。續資治通鑑長編卷一六八。

六月,張方平撰蜀州修建天目寺記。據樂全先生文集卷三三。

八月,知杭州、資政殿學士范仲淹奏進建昌軍草澤李覯撰明堂圖義;福州草澤鄭叔豹上宗祀書三卷,述明堂制度及配饗冕服之義。據續資治通鑑長編卷一六九。

十月,詔宰臣文彥博、宋庠、參知政事高若訥、史館檢討王洙編修大饗明堂記。據續資治通鑑長編卷一六九。

十一月,召太子中舍致仕胡瑗赴大樂所同定鐘磬制度。據續資治通鑑長編卷一六九。

宋仁宗皇祐三年辛卯(一〇五一),張載三十二歲。

張戩二十二歲。

同年紀事:

米芾生。據米芾寶晉英光集卷六跋謝安石帖:"余年辛卯,今太歲辛巳,大小運丙申丙辰,於辛卯月辛丑日,余生辛丑月,丙申時獲之,此非天耶?"卷二太師行寄王太史彥舟:"我本生辛卯兩丙運,今歲步辛月亦然。"是年爲辛卯年,故知米芾生於是年。

种師道生。據折彥質所撰行狀、東都事畧卷一〇七。

王安石改殿中丞、通判舒州。據詹大和王荊文公年譜。

范仲淹以戶部侍郎知青州,充淄、濰等州安撫使。據范文正公年譜。

陳襄改著作佐郎,知孟州河陽縣,與富弼交遊。據古靈先生文集卷末行狀。

文彥博、宋庠、高若訥纂修儀注爲大享明堂記二十二卷、目錄一卷、記要二卷成書。據續資治通鑑長編卷一七〇。

正月,范仲淹撰續家譜序。據范文正公年譜。

三月,命知亳州宋祁就州修唐書,易史館修撰爲集英殿修撰。續資治通鑑長編卷一七〇。

四月,夏竦撰重校妙法蓮花經序。據文莊集卷二二。

七月，知制誥王洙、直集賢院掌禹錫上皇祐方域志五十卷。據續資治通鑑長編卷一七〇。

八月，司馬光撰論劉平招魂葬不合典禮。據司馬太師溫國文正公年譜卷一。

九月，武寧節度使、兼侍中夏竦卒，年六十七。據續資治通鑑長編卷一七一、華陽集卷三五。

十月，丁度等上前、後漢書節義，賜名前史精要。據續資治通鑑長編卷一七一。

十一月，祖無擇撰唐韓文公廟記。據洛陽九老祖龍學文集卷七。

十二月，翰林天文院新作渾儀成，御撰渾儀總要十卷。據續資治通鑑長編卷一七一。

宋仁宗皇祐四年壬辰（一〇五二），張載三十三歲。

張戩二十三歲。

同年紀事：

賀鑄生。據程俱賀公墓誌銘。

李復生。據潏水集卷八恭人范氏墓誌銘。

張耒生。據宛丘先生文集卷五〇祭晁無咎文："公生癸巳，我長一歲。"晁補之生於皇祐五年（癸巳），故張耒生於是年。

李覯為集皇祐續稿八卷作序，刊行周禮致太平論十卷。據直講李先生文集附年譜。

司馬光遷殿中丞，除史館檢討，修日曆。改集賢校書。據司馬太師溫國文正公年譜卷一。

二月，蔡襄撰葛氏草堂記。據宋端明殿學士蔡忠惠公文集卷二五。右屯衛大將軍克繼上廣夏竦所集古文韻六卷。據續資治通鑑長編卷一七二。

五月，范仲淹卒，年六十四。據續資治通鑑長編卷一七二、范文正公年譜、歐陽先生文粹卷一八碑銘。富弼、歐陽修、司馬光等各撰祭文。據范文正公集附錄、司馬溫公集編年箋註卷八〇。王安石撰老杜詩後集序。據臨川先生文集卷八四。

六月，戚舜臣卒，年五十七。據皇朝文鑑卷一四二曾鞏所撰墓誌銘。

七月，司馬光撰論夏令公諡狀。據司馬溫公集編年箋註卷一六。

十二月，知制誥王洙、蔡襄上所書無逸孝經圖。據玉海卷五六。

年譜

宋仁宗皇祐五年癸巳(一〇五三),張載三十四歲。

張載遇荒年。
武譜云:"府志'仁宗聖應爲皇祐五年三月,岐山大旱,無禾。'行狀'歲值大歉,至人相食,家人惡米不鑿,將舂之,先生亟止之曰:餓殍滿張子全書作盈野,雖蔬食且自愧,又安忍有擇乎!甚或咨嗟對案不食者數四。'"

張戩二十四歲。中進士,調陝州閿縣主簿。
中華書局本張載集文集佚存載張載張天祺墓誌銘:"博士諱戩,世家東都,策名入仕,歷中外二十四年。……生四十七年而暴終他館。"呂大臨張御史行狀:"既冠,登進士第,調陝州閿縣主簿,移鳳翔普潤縣令。"
按:關於張戩舉進士的時間。鳳翔府志記爲慶元二年。武譜則云:"天祺行狀'既冠,登進士第',郿志'戩世家東都,策名入仕,歷中外二十四年,生四十七年而暴終,時熙寧九年三月朔旦也。'熙寧九年距皇祐五年適二十四年。是年,戩二十四歲,與行狀'既冠'之說極合,故知戩舉進士在是年。而鳳翔府志則以戩舉進士在慶元二年。考慶元乃南渡後宋寧宗年號,是時戩物故已百有餘年矣。或疑慶元'元'字,恐是'曆'字之誤,不知慶曆二年,戩方十三歲。"武氏考論合理,故從之,誌張戩於是年舉進士。

同年紀事:
楊時生。據伊洛淵源錄卷一〇墓誌銘。
晁補之生。據宛丘先生文集卷六九墓誌。
陳師道生。據後山先生集序彭城陳先生集記。
李覯撰常語上、中、下三卷。據直講李先生文集附年譜。
宋祁知定州,撰上禦戎七論。據景文集卷三八。
歐陽修撰七賢畫序。據居士外集卷一五。
契嵩撰孝論。據鐔津文集卷三孝論。
正月,觀文殿學士兼翰林侍讀學士、尚書右丞丁度卒,年六十四。據續資治通鑑長編卷一七四、琬琰集刪存卷一。
二月,游酢生。據游廌山集卷四楊時所撰游公墓誌銘、卷四年譜。據伊洛淵源錄卷九墓誌畧。
六月,梅堯臣撰林和靖先生詩集序。據林和靖先生詩集卷首。

十月,買昌朝上春秋節解八十卷。據玉海卷四二。祖無擇撰袁州慶豐堂記。據洛陽九老祖龍學文集卷七。王安石撰芝閣記。據臨川先生文集卷八二。

十二月,參知政事劉沆提舉中書五房續編例冊。據續資治通鑑長編卷一七五。

宋仁宗至和元年甲午(一〇五四),張載三十五歲。

張載講學長安。

行狀:"(張載)方未第時,文潞公以故相判長安,聞先生名行之美,聘以束帛,延之學宮,異其禮際,士子矜式焉。"

按:武譜將此事置於治平二年(一〇六五),並云:"潞公判永興軍在英宗時,永興軍即所謂長安也。時先生登進士第已八年矣。若方未第時,則潞公尚同平章事,並無以故相判長安之說。考潞公皇祐三年免知益州,嘉祐三年罷判河南,至治平二年始判長安。"但是,據行狀知此事發生在張載中進士(參見嘉祐二年事蹟)之前,時文彥博為"故相",且在長安處理政務。考索以下史料:續資治通鑑長編卷一七一:"(皇祐三年十月)丁酉,殿中侍御史裏行唐介,責授春州別駕。……於是劾宰相文彥博:'專權任私,挾邪為黨。知益州日,作間金奇錦,因中人入獻宮掖,緣此擢為執政。及恩州平賊,幸會明鎬成功,遂叨宰相。昨除張堯佐宣徽節度使,臣累論奏,面奉德音,謂是中書進擬,以此知非陛下本意。蓋彥博奸謀迎合,顯用堯佐,陰結貴妃,外陷陛下有私於後宮之名,內實自為謀身之計。'"又云:"庚子,禮部尚書、平章事文彥博罷為吏部尚書、觀文殿大學士、知許州。"續資治通鑑長編卷一七五:"(皇祐五年閏七月)辛未,徙知青州文彥博知秦州,知秦州張昇知青州。……御史中丞孫抃言:'朝廷昨者築城境外,眾蕃之心已皆不安。今又特命舊相臨邊,事異常例,是必轉增疑慮,或生他變。況聞知永興軍晏殊秩將滿,朝廷必藉彥博才望,不若遣鎮關中,兼制秦鳳事宜,庶蕃部不至驚擾,在於國體,實為至便。'"又云:"(八月)戊申,觀文殿大學士、吏部尚書、新知秦州文彥博為忠武節度使、知永興軍兼秦鳳路兵馬事,始用孫抃之言也。"續資治通鑑長編卷一八〇:"(至和二年六月)戊戌,忠武軍節度使、知永興軍文彥博為吏部尚書、平章事、昭文館大學士。"可見,文彥博於皇祐三年(一〇五一)十月,受唐介彈劾,罷去了"平章事"(宰相),黜免為吏部尚書、觀文殿大學士,外知許州。皇祐五年(一〇五三)七月,文彥博又徙為觀文殿大學士、吏部尚書、知秦州(今甘肅天水),八月又徙爲忠武軍節度使、知永興軍兼秦鳳路兵馬事。永興軍的首府即京兆府(今西安)。到了至和二年(一〇五五)六月,文彥博又遷陞爲吏部尚書、平章事、昭文舘大學士,恢復了宰相之位,也應當於此時回到京師汴梁(今開封)。因此,在皇祐五年八月至至和二年六月間,被罷相的文彥博因知永興軍等政務之故,留住於長安。也是在這段時間內,文彥博聘張載於長安學宮講學。可見,武氏"治平二年"說,失考於文彥博官職變動的史實,誤矣。又因爲張載受聘在皇祐五年(一〇五三)八月到至和二年(一〇五五)六月之間,故暫置此事於至和元年(一〇五四),以俟進一步考察。

　　游師雄求學於張載。

　　全宋文卷一八二〇載宋張舜民游公墓誌銘:"公諱師雄,字景叔,姓游氏,世居京兆之武功。……年十五,入京兆學,益自刻勵,夙暮不少休。同舍生始多少之,已而考行試藝,屢居上列,人畏敬,無敢抗其鋒。橫渠張載,以學名家,公日從之遊,益得其奧,由是名振一時。"關學編卷一季明蘇先生:"(蘇昞)同邑人游師雄,師橫渠張先生最久。"

　　按:張舜民游公墓誌銘云:"(紹聖)四年,自陝及雍大旱,公日夕齋戒禱雨。……七月六日,以疾卒於治,享年六十。"續資治通鑑長編卷四八九:"(紹聖四年七月)朝奉郎、直龍圖閣、權知陝州游師雄卒。"可見,游師雄卒於紹聖四年(一〇九七),享年六十歲,故推知其生於宋仁宗寶元元年(一〇三八)。皇祐四年(一〇五二)游師雄十五歲,入京兆求學。約在至和元年(一〇五四),張載接受文彥博的邀請,講學長安學宮,游師雄於此時求學於張載。

　　張戩二十五歲。

同年紀事:

李覯撰常語後序,又爲袁州學記、送嚴介序。據直講李先生文集附年譜。

周敦頤改大理寺丞,知洪州南昌縣。據周敦頤集附年譜。

王安石由舒州赴闕,除集賢校理,疏辭四上。據王荊公年譜考畧卷四。

契嵩撰壇經贊。據鐔津文集卷一一六祖法寶記敘。

司馬光上古文孝經指解一卷。據玉海卷四一。

三月,陳舜俞撰秀州資聖禪院轉輪經藏記。據都官集卷八。

六月,程頤撰養魚記。據河南程氏文集卷八、程伊川年譜。蔡襄撰御書碑序。據宋端明殿學士蔡忠惠公文集卷二六。

七月,王安石撰遊褒禪山記。據臨川先生文集卷八三。詔刊修唐書官宋祁、編修官范縝等速上所修唐書。據續資治通鑑長編卷一七六。

八月,歐陽修刊修唐書。據續資治通鑑長編卷一七六。

九月,翰林學士王洙上周禮器圖。據續資治通鑑長編卷一七七。

十二月,翰林學士王洙,太常少卿、直集賢院掌禹錫上皇祐方域繪圖。據續資治通鑑長編卷一七七。曾鞏撰先大夫集後序。據南豐先生元豐類稿卷一二。睦州防禦使宗諤上所撰太平盤維錄。據續資治通鑑長編卷一七七。

宋仁宗至和二年乙未(一〇五五),張載三十六歲。

張戩二十六歲。

同年紀事:

王適生。據蘇東坡集卷一八。

李覯撰寄富公書並長江賦一首、陳都官墓碣銘、送陳司理序等。據直講李先生文集附年譜。

富弼自太原入相,以文學政事舉薦陳襄。據古靈先生文集附年譜。

正月,晏殊卒,年六十五。據歐陽先生文粹卷一七碑銘。

三月,孔宗愿封爲衍聖公。據皇朝編年綱目備要卷一五。

四月,録鄭戩孫俶爲試將作監主簿,以獻其祖所著文集也。據續資治通鑑長編卷一七九。

六月,以文彥博、富弼同平章事。據皇朝編年綱目備要卷一五。

八月,梅堯臣撰雙羊山會慶堂記。據宛陵先生文集附拾遺。

九月,王安石撰桂州新城記。據臨川先生文集卷八二。

十月,祖無擇撰袁州東湖記。據洛陽九老祖龍學文集卷七。禮部貢院上刪定貢舉條制十二卷。據續資治通鑑長編卷一八〇。

宋仁宗嘉祐元年丙申(一〇五六),張載三十七歲。

张载在京师讲周易,与二程共语道学之要。

行狀:"嘉祐初,見洛陽程伯淳、正叔昆弟於京師,共語道學之要,先生渙然自信曰:'吾道自足,何事旁求!'乃盡棄異學,淳如也。間起從仕,日益久,學益明。"宋李幼武道學名臣言行外録卷四:"嘉祐初,見二程於京師,共語道學之要。"宋史張載傳:"嘗坐虎皮講易京師,聽從者甚衆。一夕,二程至,與論易,次日語人曰:'比見二程,深明易道,吾所弗及,汝輩可師之。'撤坐輟講。與二程語道學之要,涣然自信曰:'吾道自足,何事旁求。'於是盡棄異學,淳如也。"河南程氏遺書卷二上:"伯淳嘗與子厚在興國寺曾講論終日,而曰:'不知舊日曾有甚人於此處講此事。'"

按:關於張載講易的時間,主要有三種說法:一是"嘉祐初"說。吕大臨、李幼武即持此觀點,及繼後的理學宗傳、宋元學案等從此說。二是"嘉祐二年"說。武譜持此說:"嘉祐二年,先生因舉進士至京師,坐虎皮講易,故宋史特載之,而不云嘉祐初者,畧也。"三是"嘉祐元年"說。歸譜持此說。以上三說之異,乃是由於對行狀中"嘉祐初"理解的不同所致。行狀云:"先生嘉祐二年登進士第。"續資治通鑑長編卷一八五又載:"(嘉祐二年)春正月癸未,翰林學士歐陽修權知貢舉。先是,進士益相習爲奇僻,鉤章棘句,寖失渾淳,修深疾之,遂痛加裁抑,仍嚴禁挾書者。"張載嘉祐二年舉進士當屬無疑,恰逢是年正月逢歐陽修主考。依"正月"考試推測,張載理應提前於嘉祐元年至京師,講易並與二程討論學問。又據清池生春、諸星杓程子年譜記載,程顥於"嘉祐元年丙申二十五歲至京師",程頤於"嘉祐元年丙申二十四歲至京,始居河南,再至醴泉。"按情理叔侄亦應此時見面,二程前去拜謁張載,恰逢張載講易。故依歸譜之說,置此事於是年。

又按:清儒張能鱗所輯儒宗理要認爲:"(張載)講易關中,二程來過,相與論易。"河南程氏外書卷一二載宋祁寬所記尹焞語又認爲:"(張載)逐日虎皮出,是日更不出虎皮也。横渠乃歸陝西。""講易關中""乃歸陝西"的說法均與行狀、宋史等云張載"講易於京師",並參加科舉考試的史實不符。

再按:張載之說以"以易爲體",講易於京師即說明是時已對周易有了深刻的理解,所著横渠易說也大概初步成書於是年前後。然而,關於横渠易說,歷代所記載的卷數又不一:一爲十卷說。宋晁公武郡齋讀書志,元馬端臨文獻通考,宋史藝文志,明趙廷瑞修、馬理、吕柟嘉靖陝西通志等均載爲十卷。二爲三卷說。宋陳振孫直齋書録解題、明吕柟嘉靖十七年(一五三八)所刻横渠先生易說、明沈自彰萬曆所刻張子全書本横渠先生易說,及四庫全書本、通志堂經解本横渠先生易說等均載爲三卷。可見,横渠易說卷數不一的情況,自南宋以來就存在,尤其值得注意的是,吕柟在嘉靖二十一年(一五四二)與馬理合纂陝西通志時著錄爲十卷,而其於嘉靖十七年(一五三八)所刻的易說僅錄爲三卷。故暫推測,該書初爲十卷,宋、元、明時期出現過十卷與三卷不同的刻本,繼後十卷本逐漸佚失,僅有三卷本流傳後世。

張戬二十七歲。

同年紀事:
周邦彥生。據宋史卷四四四周邦彥傳。
劉定國卒。據彭城集卷三八兄子定國墓誌銘。
周敦頤改太子中舍簽書,署合州判官事。據周敦頤集附年譜。
趙槩上宋堂所著春秋新意。據玉海卷四〇。
程頤入國子監讀書,胡瑗以顏子所好學論試之,得頤文甚驚,即刻延見授以學職。據程伊川年譜。
司馬光在并州,撰并州學規後序、謝晴文等。據司馬太師溫國文正公年譜卷一。
蘇軾至橫渠鎮,撰太白山下早行,至橫渠鎮,書崇壽院壁。據孔凡禮蘇軾年譜。
契嵩撰廣原教。據鐔津文集卷二廣原教。
八月,王堯臣卒。據居士集卷三四文安王公墓誌銘。
十月,陳舜俞撰明州鄞縣鎮國禪院記。據都官集卷八。
十二月,太子中允、天章閣侍講胡瑗管勾太學。據續資治通鑑長編卷一八四。命宰臣文彥博監修國史。據續資治通鑑長編卷一八四。以包拯知開封府。據皇朝編年綱目備要卷一五。

宋仁宗嘉祐二年丁酉(一〇五七),張載三十八歲。

張載舉進士,授任祁州司法參軍。
行狀:"先生嘉祐二年登進士第,始仕祁州司法參軍。"續資治通鑑長編卷一八五:"(嘉祐二年)春正月癸未,翰林學士歐陽修權知貢舉。先是,進士益相習爲奇僻,鉤章棘句,寖失渾淳,修深疾之,遂痛加裁抑,仍嚴禁挾書者。"宋李埴皇宋十朝綱要卷六:"三月御殿試禮部奏名進士。"宋陳均宋本皇朝編年綱目備要:"(嘉祐二年)三月親試舉人,初免黜落。"
按:是年,歐陽修主考,三月殿試。張載舉進士后,被授職祁州(今河北省安國市)司法參軍。行狀又云"遷丹州雲巖縣令,又遷著作郎",雖未詳遷於某年,但行狀記載了張載在雲巖縣令職上事蹟:"其在雲巖,政事大抵以敦本善俗爲先,每以月吉具酒食,召鄉人高年會於縣庭,親爲勸酬,使人知養老事長之義,因問民疾苦及告所以訓戒子弟之意。有所教告,常患文檄之出不能盡達於民,每召鄉長於庭,諄諄口諭,使往告其里閭。間有民因事至庭或行遇於道,必問'某時命某告某事聞否',聞即已,否則罪其受命者。故一言之出,雖愚夫孺子無不預聞知。"

呂大鈞問學於張載

陳俊民藍田呂氏遺著輯校載范育呂和叔墓表:"蓋大學之教不明於世者千五百年,先是扶風張先生子厚聞而知之,而學者未知信也。君於先生爲同年友,一言而契,往執弟子禮問焉。若謂'始學必先行其所知而已,若夫道性命之際,正惟躬行禮義,久則至焉'。先生以謂'學不造約,雖勞而艱於進德',且謂'君勉之當自悟'。君乃信已不疑,設其義,陳其數,倡而行之,將以抗橫流,繼絕學,毅然不恤人之非間己也。先生亦歎其勇爲不可及。始據諫議喪,衰麻斂葬喪祭之事,悉捐俗習事尚,一做諸禮,後乃寖行於冠昏、飲酒、相見、慶吊之間,其文節粲然可觀。"伊洛淵源錄卷八:"君諱大鈞,字和叔……蓋大學之喪廢絕久矣,自扶風張先生倡之,而後進蔽於俗尚,其才俊者急於進取,昏塞者難於領解,由是寂寥無有和者。君於先生爲同年友,及聞先生之學,於是心悅誠服,賓賓然執弟子禮,扣請無倦,久而益親,自是學者靡然知所向矣。"

張戩二十八歲。

同年紀事:

邵伯溫生。據宋史卷四三三。

李覯充太學説書。據直講李先生文集附年譜。

程頤撰上仁宗皇帝書。據程伊川年譜。

正月,杜衍卒,年八十。據歐陽文忠公文粹卷一九墓銘。周敦頤撰吉州彭推官詩序。據周敦頤集卷三。翰林學士歐陽修權知貢舉。據續資治通鑑長編卷一八五。刑部郎中、天章閣待制兼侍讀孫甫卒,享年六十。詔以其所著唐史記七十五卷,藏祕閣。據續資治通鑑長編卷一八五、歐陽文忠公遺粹卷九墓銘。

四月,通判黃州、殿中丞趙至忠上契丹地圖及雜記十卷。據續資治通鑑長編卷一八五。

七月,孫復卒,年六十六。據歐陽先生遺粹卷九。

八月,命富弼等詳定編敕。據宋史卷一二。

九月,翰林侍讀學士、兼侍講學士、吏部郎中王洙卒,年六十一。據續資治通鑑長編卷一八六、居士集卷三一王公墓誌銘。曾鞏撰擬峴臺記。據南豐先生元豐類稿卷一八。

十月,三司使張方平等上新編祿令十卷,名曰嘉祐祿令,遂頒行之。據續資治通鑑長編卷一八六。

十二月,余靖撰南嶽山雲峰景德禪寺重修佛殿記。據武溪集卷七。

宋仁宗嘉祐三年戊戌(一〇五八),張載三十九歲。

張戩二十九歲。

同年紀事:

李覯除通州海門主簿、太學說書,又撰太學議篇、景德寺新院記。據直講李先生文集附年譜。

楊繪獻春秋辨要十卷。據玉海卷四〇。

司馬光撰朋黨論。據司馬太師溫國文正公年譜卷一。

二月,王安石自常州移提點江東刑獄,是年有上仁宗皇帝言事書。據王荊公年譜考畧卷六。

三月,翰林學士歐陽修兼侍讀學士。據續資治通鑑長編卷一八七。

六月,翰林學士歐陽修兼龍圖閣學士、權知開封府。據續資治通鑑長編卷一八七。

八月,吏部侍郎、參知政事王堯臣卒,年五十六。據公是集卷五一劉敞所撰王公行狀、續資治通鑑長編卷一八七。

十一月,曾鞏撰思政堂記。據南豐先生元豐類稿卷一八。

宋仁宗嘉祐四年己亥(一〇五九),張載四十歲。

張載與程顥論"定性"工夫。

河南程氏文集卷二載程顥答橫渠張子厚先生書:"承教,諭以定性未能不動,猶累於外物,此賢者慮之熟矣,尚何俟小子之言!然嘗思之矣,敢貢其說於左右。所謂定者,動亦定,靜亦定,無將迎,無內外。苟以外物為外,牽己而從之,是以己性爲有內外也。且以性爲隨物於外,則當其在外時,何者爲在內? 是有意於絕外誘,而不知性之無內外也。既以內外爲二本,則又烏可遽語定哉? 夫天地之常,以其心普萬物而無心;聖人之常,以其情順萬物而無情。故君子之學,莫若廓然而大公,物來而順應。易曰:'貞吉,悔亡。憧憧往來,朋從爾思。'苟規規於外誘之除,將見滅於東而生於西也。非惟日之不足,顧其端無窮,不可得而除也。人之情各有所蔽,故不能適道,大率患在於自私而用智。自私則不能以有爲爲應跡,一作物。用智則不能以明覺爲自然。今以惡外物之心,而求照無物之地,是反鑑而索照也。易曰:'艮其背,不獲其身。行其庭,不見其人。'孟氏亦曰:'所惡於智者,爲其鑿也。'與其非外而是內,不若內外之兩忘也。兩忘則澄然無事矣。無事則定,定則明,明則尚何應物之爲累哉? 聖人之喜,以物之當喜;聖人之怒,以物之當怒。是聖人之喜怒,不繫於心而繫於物也。是則聖人豈不應於物哉? 烏得以從外者爲非,而更求在內者爲是也? 今以自私用智之喜怒,而視聖人喜怒之正爲何如哉? 夫人之情,易發而難制者,惟怒爲甚。第能於怒時遽忘其怒,而觀理之是非,亦可見外誘之不足惡,而於道亦思過半矣。心之精微,口不能宣;加之素拙於文辭,又吏事匆匆,未能精慮,當否佇報,然舉大要,亦當近之矣。道近求遠,古人所非,惟聰明裁之。"

按:關於張載與程顥論"定性"的時間。張載所作書信已佚失。而關於程顥所回復定性書的寫作時間,又主要有三說:一爲程顥在鄠時作。朱子語類卷九三云:"明道十四五便學聖人,二十及第,出去做官,一向長進。定性書是二十二三時作。"卷九五又云:"此書在鄠時作,年甚少。"二爲嘉祐三年(一〇五八)說。清池生春、諸星杓明道先生年譜置此事於嘉祐三年。三爲嘉祐四年(一〇五九)說。姚名達程伊川年譜、張立文宋明理學研究、徐遠和洛學源流等持此說。嘉祐二年(一〇五七),歐陽修主持科考,張載與程顥同舉進士。行狀:"先生嘉祐二年登進士第,始仕祁州司法參軍。"游酢書(明道)行狀後:"年踰冠,明誠夫子張子厚友而師之,……逮先生之官,猶以書抵鼠,以定性未能不動致問。"宋史程顥傳:"顥舉進士,調鄠、上元主簿。"程頤明道先生行狀:"踰冠,中進士第,調京兆府鄠縣主簿。"程顥遊鄠縣山詩十二首序云:"嘉祐二年,始應舉得官,遂請於天官氏,願主簿書於是邑,謂厭飫雲山,以償素志。今到官幾二年矣,中間被符移奔走,外幹者三居其二,其一則簿書期會,倉廥出入,固無暇息。"根據以上記載知:程顥答書當在二人各赴其職之後,張載寄書與在鄠縣的程顥討論"定性"。可見,朱熹所云鄠時作,當不誤。又就定性書所云"吏事匆匆,未能精慮"看,其情況與遊鄠縣山詩十二首序云"今到官幾二年矣,……固無暇息"等語相符。張載作書、程顥答書應約在此時,即程顥入鄠兩年時,即嘉祐四年(一〇五九)。

張戩三十歲。

同年紀事:
劉頒撰七門廟記。據皇朝文鑑卷八一。
歐陽修撰秋聲賦。據居士集卷一五。
正月,三司使張方平上所編驛券則例三卷,賜名爲嘉祐驛令。據續資治通鑑長編卷一八九。
四月,河中府言端明殿學士兼翰林侍讀學士、龍圖閣學士、戶部侍郎、集賢殿修撰李淑卒。據續資治通鑑長編卷一八九。司徒致仕陳執中卒,年七十。據樂全先生文集卷三七神道碑、據續資治通鑑長編卷一八九。
六月,歐陽修刪定景祐廣樂記。據歐陽文忠公集附年譜。王令卒。據廣陵先生文集附王安石所撰墓誌銘。王安石撰哭逢原、逢原挽辭。據廣陵先生文集附錄。
八月,胡瑗卒,年六十七。據歐陽先生遺粹卷九墓表。李覯卒,年五十一。據直講李先生文集附錄墓誌銘。
十月,契嵩撰漳州崇福禪院千佛閣記。據鐔津文集卷一三。
十二月,蘇軾集其父與弟文凡一百篇,名曰南行集。據蘇東坡集卷二五。余靖撰東京左街永興華嚴禪院記。據武溪集卷九。

宋仁宗嘉祐五年庚子(一〇六〇),張載四十一歲。

張戩三十一歲。

同年紀事:
陳瑾生。據宋史卷三四五。
王回撰抱關賦。據皇朝文鑑卷四。
四月,梅堯臣卒,年五十九。據宛陵先生文集附拾遺、歐陽先生遺粹卷九。司馬光撰梅都官堯臣挽辭。據司馬溫公集編年箋註卷一〇。歐陽修撰梅聖俞墓誌銘、感二子、哀挽詩。據宛陵先生文集附拾遺。江鄰幾卒。據居士集卷三四江鄰幾墓誌銘。

五月,王安石召入爲三司度支判官。據王荊公年譜考畧卷七。

六月,孔旼卒,年六十七。據皇朝文鑑卷一四二。周敦頤解合州簽判職事歸京師。據周敦頤集附年譜。曾公亮上進新唐書表。據新唐書附錄。

七月,翰林學士歐陽修等上所修唐書二百五十卷。據續資治通鑑長編卷一九二。著作佐郎劉羲叟爲崇文院檢討,未入謝,卒,年四十四。據續資治通鑑長編卷一九二、琬琰集刪存卷二。

九月,翰林侍讀學士、給事中楊安國卒,贈禮部侍郎。據續資治通鑑長編卷一九二。

宋仁宗嘉祐六年辛丑(一○六一),張載四十二歲。

張戬三十二歲。

張戬爲普潤縣縣令,撰宋故師氏夫人墓誌銘並序。

宋故師氏夫人墓誌銘並序:"將仕郎試祕書省校書郎守鳳翔府普潤縣縣令張戩撰。夫人師氏,世京兆人,翰林學士吏部郎中頏之孫、比部員外郎仲說之子、今虞部員外郎宋君壽昌之先配。生二男:奇、章,皆謹恪應進士貢。二孫男:子立、子美,幼從學;四孫女在室。夫人婦道婉柔,居室有儀範,族人安之,內久無閒。言君始仕而夫人遽卒,享年三十六。以嘉祐六年仲冬,始從永安太君喪會,葬龍首崗太倉社,祔先大卿兆次。先期宋君泣書請銘,南陽張戩既已銘永安之墓,因爲其辭云:'彼茁而良,胡奪而戕。彼孼而暴,胡恩而茂。倏來忽反兮,曷足追亡而究有?日庚申,歲辛丑。歸龍首,銘不朽。'狄道李寂篆蓋,京兆安元吉刻。"

同年紀事:

程顥調任上元縣主簿。據程伊川年譜。

周敦頤遷國子博士,通判虔州,道出江州,愛廬山之勝,因築書堂於麓,遂寓名濂溪。據周敦頤集附年譜。

宋祁撰論復河北廣平兩監澶鄆兩監。據景文集卷二九。

司馬光擢修起居註,五辭而後受命,同判尚書禮部。據司馬太師溫國文正公年譜卷二。

四月,歐陽修撰廖氏文集序。據居士集卷四三。

五月,翰林學士承旨兼端明殿學士、翰林侍讀學士、工部尚書、知制誥、集賢殿修撰宋祁卒,年六十四。據琬琰集刪存卷一、據續資治通鑑長編卷一九三。

六月,王安石知制誥。據王荊公年譜考畧卷九。

八月,蘇軾爲大理評事,簽書鳳翔府判官事;蘇轍爲商州軍事推官。據續資治通鑑長編卷一九四。歐陽修撰內制集序。據居士集卷四三。司馬光進五規。據司馬溫公集編年箋註卷一八。

十一月,曾鞏撰清心亭記。據南豐先生元豐類稿卷一八。

宋仁宗嘉祐七年壬寅(一○六二),張載四十三歲。

張載聞立皇子喜甚。

按:武譜云:"明道謂:'子厚聞生皇子,喜甚;見餓殍者,食便不美。'澄按:'生'當作'立'。弟戩三十三歲。程明道謂:'子厚聞生皇子喜甚。'澄疑皇子不知何指?時二弟蔚亭(彬)在側,謂:'皇子無可疑,疑在"立"字訛爲"生"字耳。'考宋紀仁宗春秋高,無嗣。包拯、范鎮論建儲事,帝不決(見綱目)。司馬光見韓琦等曰:'諸公不及今定議,異日禁中夜半出寸紙,以某人爲嗣,則天下莫敢違。'(見宋史司馬光傳)壬寅秋八月,始立宗實爲皇子。則明道之所謂'生皇子'者,乃'立皇子'之訛無疑也。外此終張子世並無生皇子事。"陳均皇朝編年綱目備要卷一六云:"(嘉祐七年)八月,立宗實爲皇子。"武氏所論有據可循,故暫從此說,以俟新考。

張戩三十三歲。

同年紀事:

蘇渙卒,年六十二。據欒城集卷二五。

歐陽修撰三琴記。據居士外集卷一三。

正月,司馬光撰論上元遊幸、論諸科試官等。據司馬太師溫國文正公年譜卷二。

三月,司馬光撰上龐始平相公述不受知制誥書。據司馬太師溫國文正公年譜卷二。

四月,宰相韓琦等上所修嘉祐編敕。據續資治通鑑長編卷一九六。

五月,包拯卒,年六十四。據續資治通鑑長編卷一九六、涑水紀聞卷一○、宋史卷一二仁宗本紀。

冬,孫甫撰唐史論斷序。據皇朝文鑑卷八七。

十二月,司馬光進瞻彼南山詩序表。據司馬太師溫國文正公年譜卷二。

宋仁宗嘉祐八年癸卯(一〇六三),張載四十四歲。

張戩三十四歲。

同年紀事:

黃庭堅以鄉貢進士入京師。據山谷全書首卷黃文節公年譜。

二月,太子少傅致仕田況卒,年五十九。據臨川先生文集卷九一田公墓誌銘、續資治通鑑長編卷一九八。

三月,宋仁宗崩於福寧殿,年五十四,在位四十二年。據皇朝編年綱目備要卷一六。太子太保致仕龐籍卒,年七十六。據華陽集卷三五、續資治通鑑長編卷一九八。

四月,以國子監所印九經及正義、孟子、醫書賜夏國,從所乞也。據續資治通鑑長編卷一九八。

五月,周敦頤撰愛蓮說。據周敦頤集附年譜。

六月,翰林學士、權三司使蔡襄爲修奉太廟使,襄乃以八寶圖奏御。據續資治通鑑長編卷一九八。

七月,韓琦撰重修五代祖塋域記。據安陽集卷四六。

八月,余靖撰廣州龍山覺性禪院草堂記。據武溪集卷七。

九月,余靖撰雷州新修郡學記。據武溪集卷六。

十月,葬宋仁宗於永昭陵。據皇朝編年綱目備要卷一六。余靖撰廬山承天歸宗禪寺重修記。據武溪集卷七。

十二月,司馬光撰諫院題名記。據司馬太師溫國文正公年譜卷二。命翰林學士王圭、賈黯、范鎮撰仁宗實錄。據續資治通鑑長編卷一九九。

宋英宗治平元年甲辰(一〇六四),張載四十五歲。

張戩三十五歲。

同年紀事:

呂好問生。據呂東萊文集卷九家傳。

程顥罷上元縣至磁州省親。據程伊川年譜。

劉摯撰荊南府圖序。據忠肅集卷一〇。

司馬光知諫院,進歷年圖五卷。據司馬太師溫國文正公年譜卷三。

文彥博起復爲成德軍節度使。據東都事畧卷六七。

二月,命韓琦提舉修撰仁宗實錄。據續資治通鑑長編卷二〇〇。

四月,知審官院王圭奏新編本院敕十五卷,詔行之。據續資治通鑑長編卷二〇一。

五月,劉牧卒,年五十四。據臨川先生文集卷九七劉君墓誌銘。命天章閣待制兼侍講呂公著,集賢校理、同修起居注邵必編集仁宗御製。據續資治通鑑長編卷二〇一。

六月,增置宗室學官。據續資治通鑑長編卷二〇二。工部尚書、集賢院學士余靖卒,年六十五。據續資治通鑑長編卷二〇二、居士集卷二三。

七月,歐陽修撰龍茶錄後序。據居士外集卷一五。

十二月,知制誥祖無擇獻皇極箴,賜詔獎之。據續資治通鑑長編卷二〇三。

宋英宗治平二年乙巳(一〇六五),張載四十六歲。

張戩三十六歲。

同年紀事:
程顥調任晉城令,撰晉城縣令題名記。據程伊川年譜。

三月,行明天曆。據皇朝編年綱目備要卷一七。

四月,周敦頤撰慰才元疏。據周敦頤集卷三。程頤撰代彭思永上英宗皇帝論濮王典禮疏。據河南程氏文集卷五。

七月,王回卒,年四十三。據臨川先生文集卷九三王深父墓誌銘、南豐先生元豐類稿卷一二王深父文集序。觀文殿大學士、尚書左丞賈昌朝卒,年六十八。據華陽集卷三七、臨川先生文集卷八七賈魏公神道碑、續資治通鑑長編卷二〇五。

八月,司馬光撰論濮安懿王典禮。據司馬太師溫國文正公年譜卷三。知制誥宋敏求、韓維同修仁宗實錄。據續資治通鑑長編卷二〇六。

九月,提舉編纂禮書、參知政事歐陽修奏已編纂禮書成百卷,詔以太常因革禮爲名。據續資治通鑑長編卷二〇六。

十月,天章閣待制呂公著、司馬光爲龍圖閣直學士兼侍讀。據續資治通鑑長編卷二〇六。呂公著編仁宗御集成一百卷以進。據續資治通鑑長編卷二〇六。

宋英宗治平三年丙午（一〇六六），張載四十七歲。

張載講學京兆郡學。

行狀："京兆王公樂道嘗延致郡學，先生多教人以德，從容語學者曰：'孰能少置意科舉，相從於堯舜之域否？'學者聞法語，亦多有從之者。"宋史王陶傳："王陶字樂道，京兆萬年人。……英宗即位，加直史館、修起居註、皇子位伴讀、淮陽穎王府翊善、知制誥，進龍圖閣學士、知永興軍，召爲太子詹事。"歐陽修居士集卷四二送王陶序："太原王陶字樂道，好剛之士也。常嫉世陰險而小人多，居京師不妄與人遊，力學好古，以自信自守。"

按：武譜云："永興軍即京兆也。何以知其在治平三年也。綱目：是年十二月，穎王頊始立爲皇太子也。"武氏所論合理，故知是年張載應王陶延請講學京兆郡學。

張載撰賀蔡密學。

張子全書卷一三載賀蔡密學第四："茲審顯被眷圖，擢陞要近。寵輝之渙，雖儒者至榮；付任所期，蓋朝廷有待。藹傳中外，孰不欣愉！竊以篤實輝光，日新而不可掩者，德之修；禍福吉凶，人力所不能移者，命之正。今天下謀明守固，功累治勤，浮議不能拒，強力不能破，未有若明公之盛也。上知之，民信之，所不知獨未施於廟堂之上耳。頃慶卒內嚮，惶駭全陝，府郡晝閉，莫知所爲，士民失措，室家相弔。繼聞爲渭師所敗，潰遁而東，其氣沮摧，十亡八九。雖非盛舉，然應機敏捷，使大患遽銷，明識之士知有望焉。今戎毒日深而邊兵日弛，後患可懼而國力即殫，將臣之重，豈特司命士卒！惟是三秦生齒存亡舒慘之本，莫不繫之。旌旆在秦，正猶長城巨防，利兵堅甲，幸少選未召，乃西陲不貲之福。載投跡山荒，所有特一家之衆，擔石之儲，方且仰依兵庇，有恃而生。誠願明公置懷安危，推夙昔自信之心，日昇不息，以攘患保民爲己任。蓋知浮議強力不足以勝人心，奪天命，則含識之徒不勝至幸！引跂門仞，無任歡欣祈俟之極！"

按：武譜云："綱目：是年，夏人寇邊，環慶經署使蔡挺擊走之，故有是書。"據續資治通鑑長編卷二〇八："（治平三年九月）是月，夏國主諒祚舉兵寇大順城，入寇柔遠寨，燒屈乞等三村，柵段木嶺。初，環慶經署安撫使蔡挺斥候嚴明，知諒祚將入寇，即遣諸將分屯要害，以大順城堅，雖被攻不可破，不益兵;柔遠城惡,命副都總管張玉將重兵守之;敕近邊熟戶入保清野,戒諸寨無得逆戰。諒祚將步騎數萬攻圍大順三日,蕃官趙明與官兵合擊之。諒祚裹銀甲氈帽以督戰,挺先選強弩分列於壕外,注矢下射,重甲洞貫,諒祚中流矢遁去,徙寇柔遠。張玉募膽勇三千人夜出擾賊營,賊遂驚潰。上遣中使賜挺手詔慰勞。"可見,武譜所論夏人寇邊之事符合史實。

張載三十七歲。

同年紀事:
歐陽修撰蘇洵墓誌銘,曾鞏撰哀詞,張方平撰墓表。據嘉祐新集附錄。
蘇洵撰太常因革禮書百卷成,方奏未報,以疾卒。蘇軾扶父柩歸蜀。據皇朝文鑑卷一四〇、東坡先生年譜。
程頤撰爲家君上神宗皇帝論薄葬書。據河南程氏文集卷五。
正月,契丹改國號曰大遼。據續資治通鑑長編卷二〇七。翰林學士馮京修撰仁宗實錄。據續資治通鑑長編卷二〇七。
二月,司馬光以龍圖閣直學士奉敕修纂類篇,又有論呂誨、范純仁、呂大防不宜外出。據司馬太師溫國文正公年譜卷四。
四月,司空致仕鄭國公宋庠卒,年七十一。據續資治通鑑長編卷二〇八、華陽集卷三六。蘇洵卒,年五十八。據樂全先生文集卷三九、歐陽先生文粹卷二〇碑銘、南豐先生元豐類稿卷四一蘇明允哀詞。觀文殿學士、戶部侍郎孫沔自環慶改帥鄜延,未至,卒於道。據續資治通鑑長編卷二〇八。司馬光應詔編歷代君臣事蹟。據玉海卷四七、續資治通鑑長編卷二〇八。
五月,李敏之卒,年三十。據河南程氏文集卷四李寺丞墓誌銘。
十一月,鄭獬撰養生記。據鄖溪集卷一四。

宋英宗治平四年丁未(一〇六七),張載四十八歲。

張載簽署渭州軍事判官。
行狀云:"在渭,渭帥蔡公子正特所尊禮,軍府之政,小大咨之,先生夙夜從事,所以贊助之力爲多。"
按:據下文熙寧元年條考辨,是年夏主諒祚已卒;而主持擊斃諒祚戰役的爲環慶經畧安撫使蔡挺,此時張載應已在蔡挺軍府,贊助軍務。
撰送蘇修撰赴闕四首。

張子全書卷一三載送蘇修撰赴闕四首："秦弊於今未息肩,高蕭從此法相沿。生無定業田疆壞,赤子存亡任自然。""道大寧容小不同,顓愚何敢與機通！井疆師律三王事,請議成功器業中。""闔闢天機未始休,袗衣胝足兩何求。巍巍只爲蒼生事,彼美何嘗與九州！""出異歸同禹與顏,未分黃閣與青山。事機爽忽秋毫上,聊驗天心語默間。"

　　按:宋史蘇寀傳:"蘇寀字公佐,磁州滏陽人。擢第,調兗州觀察推官,受知於守杜衍。爲大理詳斷官。民有母改嫁而死,既葬,輒盜其柩歸祔,法當死。寀曰:'子取母祔父,豈與發塚取財等?'請而生之。遷審刑院詳議、御史臺推直官,知單州,提點梓州益州路刑獄、利路轉運使。文州歲市羌馬,羌轉買蜀貨,猾駔上下物價,肆爲奸漁。寀議置折博務,平貨直以易馬,宿弊頓絕。入判大理寺,爲湖北、淮南、成都路轉運使,擢侍御史知雜事,判刑部。使契丹,還及半道,聞英宗晏駕,契丹置宴仍用樂,寀謂送者曰:'兩朝兄弟國家,君臣之義,吾與君等一也。此而可忍,孰不可忍。'遂爲之撤樂。進度支副使,以集賢殿修撰知鳳翔。還,糾察在京刑獄,又出知潭州、廣州,累轉給事中,知河南府,無留訟。入知審刑院,卒。寀長於刑名,故屢爲法官,數以讞議受詔獎焉。"武譜云:"宋史蘇寀使契丹還,半道聞英宗晏駕,謂送者爲之徹樂。進度支副使以集賢殿修撰知鳳翔,時治平四年也。蓋寀長于刑名,民有盜改嫁母柩祔父事,法當死。寀請生之。故先生詩有'秦幣於今未息肩,高蕭從此法相沿'之句,特難定赴闕之年爲何年耳。"武譜所論精當。宋英宗於此年駕崩,蘇寀不久便以集賢殿修撰知鳳翔,張載聞知撰詩四首相賀。

　　張戩三十八歲。

同年紀事:

　　周行己生。周行己浮沚集卷九次少伊反招隱云:"我已踰衰齒,公猶小五年"。少伊即許景衡。許氏生於熙寧五年(一〇七二),故知周氏生於是年。

　　正月,宋英宗崩於福寧殿,年三十六,在位五年。據皇朝編年綱目備要卷一七。

　　春,黃庭堅赴禮部試,登進士第,除汝州葉縣尉。據山谷全書首卷黃文節公年譜。

　　三月,命天章閣待制陳薦同修撰仁宗實錄。據續資治通鑑長編卷二〇九。

　　閏三月,詔王安石知江寧府。據續資治通鑑長編卷二〇九。以呂公著、司馬光爲翰林學士。據皇朝編年綱目備要卷一七。

　　六月,胡宿卒,年七十二。據居士集卷三四贈太子太傅胡公墓誌銘。

七月,葬宋英宗於永厚陵。據皇朝編年綱目備要卷一七。

八月,蔡襄卒,年五十六。據歐陽文忠公文粹卷一九。

九月,歐陽修撰思穎詩後序、歸田錄序。據居士集卷四四。張方平撰華山重修雲臺觀記。據樂全先生文集卷三三。王安石撰太平州新學記。據臨川先生文集卷八二。

十月,御制資治通鑑序。據皇朝編年綱目備要卷一七。

宋神宗熙寧元年戊申(一○六八),張載四十九歲。

張載簽署渭州軍事判官任上,在此任上先後撰與蔡帥邊事畫一、涇原路經畧司論邊事狀、經畧司畫一等文章。

張子全書卷一三載與蔡帥邊事畫一第七:"近日傳聞諒祚身死,已有朝旨令接引告哀人使過界,足見朝廷含容之意,務在息民,隨物應機,達於事變,雖元凶巨惡,尚不欲乘其憂患,別議討除,使四夷知中國爲一無爲字。仁義,爲計甚善。然諒祚狷狂,罪在不赦,邊陲釁隙,已動干戈,君臣之義既虧,約束之令不守。今其嗣子始立,遣介告哀,事同初附,理必精思。若不以丁寧指揮,提耳告諭,的確事節,當面敘陳,將恐羽翼既成,卻論舊怨,志懷稍適,輒踵前非,謀之不臧,亂靡有定。某今有人使到闕,朝廷合降指揮畫一事件,伏望少賜裁擇!具如後:當面,一作當回。

"一乞降朝旨,令館伴臣僚分明說與西界人使:'自种諤等及沿邊得力使臣,所以建議開納橫山人戶,爲見汝主諒祚招納過沿邊逃亡罪人景珣之徒,信其狂謀,公然任用,僭擬官名制度,及諸般妄動不臣之狀,一一指實事言與,自來內外臣僚多議興兵問罪,朝廷不欲煩民,致使沿邊忠臣義士不勝憤怒,遂有今日專輒之舉。'

"一乞降朝旨說與西人,言:'种諤等所以專擅修築綏州,安存嵬名山等投來人口,爲見汝主有從來招收下本朝逃亡軍人百姓作樂官工匠及僭創作簇馬御龍直名目,諸般占使,是致邊臣久一作不慎。'

"一乞降朝旨令說與西人,令:'先縛送取景珣並其家屬及前後諒祚所存泊逃走軍人百姓,盡還漢界,朝廷當與汝國別定兩界約束事件,各常遵守。'

"一乞降朝旨說與西人:'汝主諒祚違拒朝命,不納詔使,前後逆節不一。今來朝廷以汝主諒祚既死,不欲乘汝國凶喪饑旱,便謀剪戮,愛惜兩地百姓。須仰汝主將取知恩改過結罪文字進來,朝廷更待觀汝主誠意,禮節如何,別有

指揮。'

"一乞說與西界人使,言:'爲諒祚猖狂及今來汝主幼小,竊慮主張本國事體不定,常萌僭逆。今來欲將本國歲賜分減一半與汝國近上主兵用事臣僚十數人,正令受朝廷官祿,主持國事,安存汝幼主,不令妄動,及爲朝廷保守封疆,不擾百姓,令本國君臣具利害文字進來。'

"一乞將上件五事,揀擇中外有心智詞筆臣僚,令作詔書付夏國新主,以觀其謀,以奪其心,以正其初,使知過惡在彼,不敢妄動。及宣示陝西一路及沿邊蕃漢軍民,令自今後更不得亂出一人一騎,妄生事節,聽候夏國新主奏報如何,別聽處分。"

按:關於張載撰與蔡帥邊事畫一的時間。與蔡帥邊事畫一云"近日傳聞諒祚身死"。據宋史卷四八五外國一:"(熙寧元年)十二月,諒祚殂,年二十一。"清黃以周等輯續資治通鑑長編拾補卷二云:"案:畢沅通鑑考異云:宋史神宗本紀:熙寧元年三月庚辰,諒祚卒。據夏國傳,諒祚以神宗即位之十二月殂,蓋秉常於治平四年冬即位,則諒祚實治平四年卒,元年赴告之日。又案:紀事於明年三月甲辰,書夏國告哀使薛宗道等十三人至。"可知,夏主諒祚死於治平四年,熙寧元年三月夏國告哀使方至。也約此時,張載得知此事上書蔡挺與蔡帥邊事畫一。而行狀云:"在渭,渭帥蔡公子正特所尊禮,軍府之政,小大咨之,先生夙夜從事,所以贊助之力爲多。並塞之民常苦乏食而貸於官,帑不能足,又屬霜旱,先生力言於府,取軍儲數十萬以救之。又言戍兵徒往來,不可爲用,不若損數以募土人爲便。"可見,張載是年已擔任著作郎簽署渭州軍事判官,在這一時期也分別撰寫了涇原路經畧司論邊事狀、經畧司畫一等文章。

張子全書卷一三載涇原路經畧司論邊事狀第八:"當司據今月二十一日西路先鋒巡檢王寧狀:'探報候得西界已議遣人詣保安軍進奉,及界首斬戮誘殺楊知軍賊人,納誓表請和。'觀西賊意度,委實是爲國內饑凶,厭苦兵革,思欲卻通舊好,苟假安息,故凡百婉順,一如朝旨。有以見朝廷德澤之盛,威畧之遠,上干天心,下副人望,其備職邊帥,不勝慶幸!然某竊以安危之幾,必通其變;誓約之信,在正其初。今日諒祚已亡,其子方立,遣使告哀納款,詞禮恭順,義同初附,事必正名。若不得丁寧指揮,提耳告諭,的當事節,當面指陳,乘其求也要之以誓書,及其衰也啗之以厚利,將恐志懷稍適,卻踵前非,羽翼既成,輒修舊怨。某今有時幾所見,條一如右:

"一訪聞傳西界有意縛送景珣並母妻,卻出—作至。漢界交付,此雖未知虛的,然聞景珣於諒祚在日,特見信任,以是西界內外臣僚,莫不側目憎惡,視如寇讎。今諒祚已死,其國中主議之人卻欲送還,未足深怪。然慮西人既還景珣之後,必卻有繫送嵬名山之請,竊恐朝廷未能決從,轉滋嫌怨。況景珣才識鄙下,無足觀取,置之賊中,決不能為邊陲大患。伏乞朝廷示之以優遊閒暇,特賜詔書,褒嘉夏國臣主奉詔官守誓約之心,及引用登極赦恩,免景珣一家死刑,更不令送歸漢界,置之度外,聽其用捨,以示朝廷涵濡之廣,赦令之信。仍仰就問景珣,更有無親屬兄弟尚在中國,悉令遣送與之,以愧快其心,亦屏之遠方終身不齒之義,使四夷知朝廷天包海蓄之度無以窺測,且免日後有難從之請,委得允當。

"一勘會陝西一路,射人之饒,商市之富,自來亦賴戎夷博易之便。自興兵以來,鹽弊虧損,議者皆知由邊市不通、商旅不行所致。從來西人只知本國利中原物貨,願欲稍通博買,但苦朝廷未嘗許與,故已各定—作安分,不敢妄有求請。治平元年中,施昌言在本路,嘗因誘引過景珣,公事斷絕,私下博買。西界點集壓境,欲謀奔衝,令德順運通判劉忱靜、邊塞監押党武與之說話,開示意度,卻許令民間暗行些小博易。西人樂聞此言,即時唱喏,遣罷兵眾,此足見西界願欲通行博買之意,然不知此事若行,尤係朝廷大利。今來西人若再議通和,竊恐主計臣僚,為見即目課利頻虧,遽陳此說,不務艱難其事,因以成功為拓土息兵、豐財制虜之計。伏望朝廷愛惜此事,重惜之無為輕發,必候擘畫得長久大計,十分祥順,西人凡百聽命,然後與之商量。

"一竊見古渭州一帶生熟蕃戶,據地數百里,兵數十萬,土壤肥沃,本漢唐名郡。自來以頭項不一,無所統屬,厭苦西賊侵陵,樂聞內附,但以朝廷避引惹,未甚開納。今為西賊貪噬,歲被驅刦,往往不戰就降,甘為臣制。然西賊所以不能舉兵跨有者,良由道路差遠,恐延、慶、涇原之乘其虛也;銳意攻侵而不能捨者,貪其富,利其弱,且欲漸有之,通右臂以為秦蜀之患也。今朝廷每欲修一城,築一堡,未嘗不點兵侵占,以誅討順蕃熟戶為名,只緣分未定而貪未息也。朝廷誠能先使敏幹才辨之人,誘得一方人心盡皆歸順,擇一能臣賢將,使之都護一隅,開府塞外,橫絕古渭西南一帶,分疆塹山,盡為漢界。使人一面曉諭夏國,應係今日以前順漢蕃戶,不能妄有侵害,則許令延、慶、涇原三路議定搉場通市之法,著於誓書,垂為永久。某以為平夏之人,必將捨遠取未成之謀,就近便樂趣之利,欣然聽命而邊患消矣。縱彼不能盡從所議,然秦鳳事宜,兵備亦可十去六七。至若經界之規畫,行移之辭令,則在巧者爲之,此不容悉也。"

張子全書卷一三載經畧司畫一第九:"今據鄰路關報及諸處城塞探到,西界見有黃河裏外點集人馬,深慮乘此秋熟妄行寇抄及踩踐緣邊苗稼,未見得本路州軍至時如何禦捍邀殺,須當預行指揮審問,逐處畫一,合行事件如後:

"一要見本州從將來果若西賊大叚入寇,本州除堅壁清野不失防守外,更有如何畫策可以立功取勝。

"一要見本州從來准擬下是何將校,緩急賊至,令帶領甚色額甲兵,多少人數,更令與甚人同心共力會合出入,不至落賊姦便。

"一要見本州如是賊衆深入,有幾處可以伏截邀擊山川道路,及除見戰城壁外,更有幾處須索戰守要害地方。

"一要見本州自來有幾人官員將佐有心力膽量,逐人宜合將領蕃兵或弓箭手或馬軍步人,及約量逐人才力可以將領得多少人數。

"一要見本州得力官員將校從來如何訓練得手下人馬武藝精強,及各人手下的實揀練得多少來堪戰人數,有無籍記定姓名及逐人所長事藝。

"一要見本州官員將校,一本有幾人二字。或遇事宜出入,各願在甚人名下及與甚人從來熟分,至時可與同謀共力,相助立功。

"一要見本州據所有兵馬,相度將校材力,各人勝銷人數,合作幾頭項使喚。

"一要見本州如是西賊入寇,鄰路或鄰州至時有甚人可令將兵策應,及銷多少人馬可以必然立功,仍令各自供析,斟量己力可將人數,不得妄有張皇,務令當司可以應副其間。若係素有材量之人,必是擘畫佈置,便見方畧如何。

"一本州一州利害,盡委自知州、通判及主將官員通同商量揀擇,聚議所長,預先準擬下逐節合行應敵事件,各擇有心力官員一二人,一本中更知州及各有心力官員三人。尋委恭詳可否,密切實封供申,不得看狥人情,務要公當,不誤臨時邊事。

"一本州舉內如有素負膽勇才武有心計敢戰,不係正兵諸色人,委本州勸誘招募,令各自推擇首領,預先赴官投狀,情願團結面分相得材勇之人,令各自團結隊遞相委保,自備弓馬衣糧,候西賊果是入寇,先經逐近官司驗呈過處領人數,任便各取勝地,邀殺立功。如委有顯效,別無諸般情弊,當議比附正兵功勞倍加酬賞,仍更量其功大小,特與敷奏,不須廣求人數及夾帶徵倖無用之人在內,準備當司勾抽試驗。

"一本州知州將校如有急速合行事件,委是難以文字陳述,須索親到本司商量,便仰權交割職事,與以次官員徑馬赴當司取稟。

"一本州不拘僧道、舉人、公人、百姓、弓箭手,如有拽硬及八九斗以上,一本有射親二字。有膽氣可使之人,並仰召來試驗,,如委是上等事藝,當議勾赴當司,特與相度安排,或納與請受,令各自團結,取情願處使用。

"一本州諸軍下如有似此上項弓箭事藝,並仰籍記姓名,供申當司,準備緩急勾來試驗。"

張載講學綠野亭。

明馬理、呂柟纂嘉靖陝西通志卷三二文獻二〇載吳寬橫渠先生綠野亭記:"關中有大儒曰橫渠張先生,當宋之盛,以道學鳴於時。君子以其德尊與孟子比,故當時學者爭師宗之。人至於今,過其地,仰其人,肅然起敬,不能自己。武功爲西安屬縣,城南有綠野亭,先生之遺蹟也。"明康海武功縣志卷一:"綠野亭,今在縣南郭東外,爲宋儒張子厚寓所。張子與武功簿張山甫厚,故武功弟子因從子厚遊,亭此講學焉。"卷五又云:"張山甫,偃師人。熙寧間,除武功主簿。時朱光庭簿萬年,程伯淳簿鄠。三子者,齊名關中,號'三傑'焉。與張子厚善,故武功因有子厚綠野亭。"

按:關於張載講學綠野亭的時間,主要有二說。一爲"移疾屏居南山下"後之事。康海武功縣志載引吳寬所作碑記云:"(張載)後既出仕於朝,他日,治獄外郡而還。即移疾屏居南山下,以事著書,蓋史之所記,大畧如此。綠野之跡,豈其西還與屏居之時乎?"二爲熙寧元年說。武譜云:"綱目及宋史:伯淳舉進士調鄠上元主簿,再調晉城令。熙寧二年八月召爲監察御史裏行。武功志所謂熙寧間者,必是熙寧元年無疑。"據行狀:"先生嘉祐二年登進士第,始仕祁州司法參軍,遷丹州雲巖縣令,又遷著作佐郎,簽書渭州軍事判官公事。熙寧二年冬被召入對,除崇文院校書。"程頤明道先生行狀:"踰冠,中進士第,調京兆府鄠縣主簿。"宋史卷一六〇選舉六:"熙寧二年,……著作佐郎程顥、王子韶、謝景福方爲條例司屬官,中丞呂公著薦之,遂以太子中允權監察御史裏行。"宋史卷一四神宗二:"(熙寧二年)八月……辛酉,以秘書省著作佐郎程顥、王子韶並爲太子中允、權監察御史裏行。"可見,在熙寧二年(一〇六九),張載、程顥均入京,故張載於熙寧元年在渭州軍事判官任上,講學於綠野亭,是合理的。

又按：據行狀："（熙寧二年）既命校書崇文，先生辭，未得謝，復命案獄浙東。或有爲之言曰：'張載以道德進，不宜使之治獄。'執政曰：'淑問如皋陶，猶且獻囚，此庸何傷？'獄成，還朝。會弟天祺以言得罪，先生益不安，乃謁告西歸，居於橫渠故居，遂移疾不起。"呂大臨爲張載門人，僅云張載移疾西歸，並未云其講學於綠野亭之事。據此看，吳寬之論違背實情。故從武譜說，誌此事於是年，而非移疾歸鄉後。

蘇昞約在此時從學於張載。

宋史蘇昞傳："蘇昞字季明，武功人。始學於張載，而事二程卒業。元祐末，呂大中（忠）薦之，起布衣爲太常博士。坐元符上書入邪籍，編管饒州，卒。"馮從吾關學編卷一季明蘇先生："先生名昞，字季明，武功人。同邑游師雄，師橫渠張先生最久，後又卒業於二程子。……元祐末，呂進伯大忠薦之曰：'臣某伏見京兆府處士蘇昞，德性純茂，強學篤志，行年四十，不求仕進，從故崇文校書張載學，爲門人之秀，秦之賢士大夫亦多稱之。……'先是，橫渠正蒙成，先生編次而序之，自謂最知大旨。"黃宗羲宋元學案卷三一呂范諸儒學案："蘇昞，字季明，武功人。學於橫渠最久，後師二程。"

按：關於蘇昞"師橫渠張先生最久"說。蘇昞爲武功人。馮從吾關學編云："（蘇昞）同邑游師雄，師橫渠張先生最久。"可見，蘇昞、游師雄是張載較早的及門弟子。然而，游師雄求學於張載約在宋仁宗至和元年（一〇五四）左右，而元祐末（一〇九三）呂大忠舉薦蘇昞時，蘇昞年方四十歲，可知其約於至和元年方出生，二人不可能同時及張載師門。張載講學武功綠野亭，這是史料中提到張載在關中較早的一次講學活動。因此，關學編、宋元學案云蘇昞"學於橫渠最久"，應指其從學張載的時間。蘇昞也極有可能於此時及其門。

呂大臨求學於張載。

呂大臨宋故清河縣君張氏夫人墓誌銘："大臨既學於先生之門，繼又受室於張氏，得以外姻見。"伊洛淵源錄卷八："名大臨，字與叔，學於橫渠之門。橫渠卒，乃東見二先生而卒業。"

按：呂大臨從學於張載的具體時間不詳。呂大臨在上橫渠先生書（一）中云："近得伏見門牆，……拜違而來，夙夜聳懼，屬盤桓盤雍，華旦初始，還敝邑踰月之久，不獲上問，當在衿照。"其中"華旦初始"語，似乎指宋神宗初繼位時。宋神宗於是年登基，故暫置是條於此。又據范育呂和叔墓表知，呂大鈞在嘉祐二年（一〇五七）受學於張載。（參見嘉祐二年事蹟）或許因呂大鈞師從張載的原因,也或許經過張戩的引薦(張戩與呂大臨的長兄呂大忠在皇祐五年同時登進士第,張戩與呂大忠至遲於皇祐五年結識),故推測呂氏家族在呂大鈞從學張載前後,已與張載有了諸多接觸。呂大臨於是年從學張載亦有可能,暫係此事於此,以俟新考。

呂大臨作上橫渠先生書(一)

國朝二百家名賢文粹卷一〇〇載呂大臨上橫渠先生書(一):"某啟:近得伏見門牆,累日侍坐,雖君子愛人無隱,賜教諄諄,然以不敏之資,祈進大學,恐不克奉承,以負師訓。拜違而來,夙夜聳懼,屬盤桓盤雍,華旦初始,還敝邑踰月之久,不獲上問,當在衿照。"

按:現存呂大臨與張載的三封書信,此為第一封。從內容看,尤其是從其中"近得伏見門牆""華旦初始"等言論看,該書信似乎寫於呂大臨剛從學於張載時。

張戩三十九歲。

同年紀事:

劉安節生。據劉左史文集卷四墓誌。

正月,詔以宰相曾公亮,提舉呂公著、韓維、王安石,修撰孫覺、曾鞏修英宗實錄。據玉海卷四八。正月,鄭獬撰御制狄公祭文序。據鄖溪集卷一四。

二月,司馬光撰謝賜資治通鑑序表。據司馬太師溫國文正公年譜卷四。進讀資治通鑑。據皇朝編年綱目備要卷一七。

四月,詔翰林學士王安石越次入對。據王荊公年譜考畧卷一四。四月,劉敞卒,年五十。據彭城集卷三五、居士集卷三五集贤院学士刘公墓誌銘。

五月,司馬光撰議學校貢舉狀。據司馬溫公集編年箋註卷三九。

七月,鄭獬撰安州重修學記。據鄖溪集卷一五。

十二月,曾鞏撰張文叔文集序。據南豐先生元豐類稿卷一三。

宋神宗熙寧二年己酉(一〇六九),張載五十歲。

九月,呂公著舉薦張載。

行狀:"熙寧二年冬被召入對,除崇文院校書。……上嗣位之二年,登用大臣,思有變更,御史中丞呂晦叔薦先生於朝曰:'張載學有本原,四方之學者皆宗之，可以召對訪問。'上即命召。"宋會要輯稿選舉三三之一一："（熙寧二年）九月十一日，御史中丞呂公著言：'伏見秘書省著作佐郎張載，爲學得修身事君之大要，久在陝西，一方士人以爲師表。前河南府永安縣主簿邢恕剛毅不撓，勇於爲善，學術操守，實賈誼、馬周之流。伏望特賜裁擇，或召對以觀其才，或置之館閣，以待任使。'詔令閣門引對。既對，並特命爲崇文院校書。"

閏十一，張載至京師，面見宋神宗。

行狀："既入見，上問治道，皆以漸復三代爲對。上悅之，曰：'卿宜日見二府議事，朕且將大用卿。'先生謝曰：'臣自外官赴召，未測朝廷新政所安，願徐觀旬月，繼有所獻。'上然之。"宋彭百川太平治蹟統類卷一二："閏十一月，張載爲崇文院校書。先是呂公著薦之。召對，問以治道。載曰：'爲政不以三代爲法者，終苟道也。'上謂載才勝邢恕。王安石亦以爲然，遂命之。"續資治通鑑卷六七宋紀六七："（熙寧二年十一月）壬寅，以張載爲崇文院校書。"宋史張載傳："熙寧初，御史中丞呂公著言其有古學，神宗方一新百度，思得才哲士謀之，召見問治道，對曰：'爲政不法三代者，終苟道也。'帝悅，以爲崇文院校書。"宋會要輯稿職官一八之五三："神宗熙寧二年十一月三日，詔：'今後應選舉到可試用人，並令崇文院校書，以備朝廷訪問差使，候二年取旨，或除館職，或升擢資任，或只與合入差遣。'時初除前河南府永安縣主簿邢恕爲校書。閏十一月壬寅，張載爲之。"

按：關於張載爲崇文院校書的時間。行狀僅云"熙寧二年冬"，並沒有注明具體月份。而武譜置此事於十二月；彭百川、宋會要輯稿則云"閏十一月"，二說相異。然而據畢沅續資治通鑑卷六七宋紀六七、陳垣二十史朔月表等，知是年存在"閏十一月"。武譜失考，故從彭說。

閏十一月，張載外治明州獄案。

行狀："冬被召入對，除崇文院校書，……他日見執政，執政嘗語曰：'新政之更，懼不能任事，求助於子何如？'先生對曰：'朝廷將大有爲，天下之士願與下風。若與人爲善，則孰敢不盡！如教玉人追琢，則人亦故有不能。'執政默然，所語多不合，寖不悅。既命校書崇文，先生辭，未得謝，復命案獄浙東。或有爲之言曰：'張載以道德進，不宜使之治獄。'執政曰：'淑問如皋陶，猶且獻囚，此庸何傷？'"宋會要輯稿刑法三之六五："神宗熙寧二年閏十一月……二十二日，命崇文院校書張載劾苗振事。初遣徐九思，未行，而王子韶乞別選人，故改命載。於是呂公著與程顥等皆言：'載，賢者。不當使鞫獄。'上曰：

'鞫獄豈賢者不可爲之？'弗許。"宋史卷二〇〇刑法二："熙寧二年，……又命崇文院校書張載鞫前知明州、光禄卿苗振於越州。獄成，無擇（祖無擇）坐貸官錢及借公使酒，謫忠正軍節度副使，振坐故人裴士堯罪及所爲不法，謫復州團練副使。獄半年乃決，辭所連逮官吏，坐勒停、沖替、編管又十餘人，皆御史王子韶啟其事。"宋史卷三二九王子韶傳："王子韶字聖美，太原人。……王安石引入條例司，擢監察御史裏行，出按明州苗振獄。安石惡祖無擇，子韶迎其意，發無擇在杭州時事，自京師逮對，而以振獄付張載，無擇遂廢。"邵氏聞見錄卷一六："熙寧二年，介甫入爲翰林學士，拜參知政事，權傾天下。時擇之以龍圖閣學士、右諫議大夫知杭州。介甫密諭監司求擇之罪，監司承風旨以贓濫聞於朝廷，遣御史王子韶按治。子韶小人也，攝擇之下獄，鍛煉無所得，坐送賓客酒三百小瓶，責節度副使安置。"陳襄古靈先生文集卷一六論祖無擇下獄狀："知州龍圖閣學士祖無擇爲政寬平，愛民無擾……近者只因監察御史裏行王子韶察訪過實，遂興大獄，自無擇下吏州人，皇皇如繫，父母齎僧祈福，爲之涕雪於府，以至詣闕告訴，非無擇惠政得民之深，何以至此。"

按：關於張載處理明州獄案的時間。邵氏聞見錄卷一六認爲發生於"元豐中"，並云："元豐中，（祖無擇）復秘書監、集賢院學士，判西京留司御史臺，移知光化軍以卒。士大夫冤之。同時有知明州光禄卿苗振，監司亦因觀望發其贓罪，朝廷遣崇文院校書張載按治。載字子厚，所謂横渠先生者，悉平反之，罪止罰金。其幸不幸，有若此者也。"邵氏記祖無擇獲罪及張載治明州獄時間爲"元豐中"。然而，宋史卷二〇〇刑法二載："熙寧二年，命尚書都官郎中沈衡鞫前知杭州祖無擇於秀州，內侍乘驛追逮。御史張戩等言：'無擇三朝近侍，而聚繫囹圄，非朝廷以廉恥風厲臣下之意，請免其就獄，止就審問。'不從。又命崇文院校書張載鞫前知明州、光禄卿苗振於越州。獄成，無擇坐貸官錢及借公使酒，謫忠正軍節度副使，振坐故人裴士堯罪及所爲不法，謫復州團練副使。獄半年乃決，辭所連逮官吏，坐勒停、沖替、編管又十餘人，皆御史王子韶啟其事。自是詔獄屢興，其悖於法及國體所繫者著之，其餘不足紀也。"宋史卷三三一祖無擇傳又載："熙寧初，安石得政，乃諷監司求無擇罪。知明州苗振以貪聞，御史王子韶使兩浙，廉其狀，事連無擇。子韶，小人也，請遣內侍自京師逮赴秀州獄。蘇頌言無擇列侍從，不當與故吏對曲直，御史張戩亦救之，皆不聽。及獄成，無貪狀，但得其貸官錢、接部民坐及乘船過制而已。遂謫忠正軍節度副使。"續資治通鑑長編卷二一三："嘉祐中，無擇與王安石同知制誥,時詞臣許受潤筆物,安石因辭一人之饋不獲,義不受,以其物置舍人院梁上。安石以母憂去,無擇取爲本院公用,安石聞而惡之,以爲不廉。安石既當國,無擇遂得罪。"可見,祖無擇獲罪與張載治明州獄發生於同一年,乃王安石執政之後的熙寧二年,邵氏聞見録實爲誤記。

閏十一月,程顥上乞留張載狀。

河南程氏文集卷一載程顥乞留張載狀:"臣伏聞差著作佐郎張載往明州推勘苗振公事。竊謂載經術德義,久爲士人師法,近侍之臣以其學行論薦,故得召對,蒙陛下親加延問,屢形天獎,中外翕然知陛下崇尚儒學,優禮賢俊,爲善之人,孰不知勸?今朝廷必究觀其學業,詳試其器能,則事固有繫教化之本原於政治之大體者;儻使之講求議論,則足以盡其所至。夫推按詔一作訟。獄,非儒者之不當爲,臣今所論者,朝廷待士之道爾。蓋試之以治獄,雖足以見其鈎深鍊覈之能,攻摘斷擊之用,正可試諸能吏,非所以盡儒者之事業。徒使四方之人謂朝廷以儒術賢業進之,而以獄吏之事試之,則抱道修潔之士,益難自進矣。於朝廷尊賢取士之體,將有所失。況苗振罪犯明白,情狀已具,得一公平幹敏之人,便足了事。伏乞朝廷別賜選差,貴全事體,謹具狀奏聞。"

張載與程頤論修養工夫。

河南程氏文集卷九載程頤答橫渠先生書:"累書所論,病倦不能詳説,試以鄙見道其畧,幸不責其妄易。觀吾叔之見,至正而謹嚴。如'虚無即氣則虚無按:虚無當作無無'之語,深探遠賾,豈後世學者所嘗慮及也?然此語未能無過。餘所論,以大概氣象言之,則有苦心極力之象,而無寬裕溫厚一作和之氣,非明睿所照,而考索至此,故意屢偏而言多窒,小出入時有之。明所照者,如目所睹,纖微盡識之矣。考索至者,如揣料於物,約見髣髴爾,能無差乎?更願完養思慮,涵泳義理,他日自當條暢。何日得拜見,當以來書爲據,句句而論,字字而議,庶及精微。牽勉病軀,不能周悉。謝生佛祖禮樂之説,相知之淺者,亦可料也。何吾叔更見問?大哥書中云'語聖人之悟,前後矛盾',不知謂何,莫不至此否?"卷九又載程頤再答:"昨□書中所示之意,於愚意未安,敢再請於左右。今承盈幅之諭,詳味三反,鄙意益未安。此非侍坐之間,從容辨析,不能究也,豈尺書所可道哉?況十八叔、大哥皆在京師,相見且請熟議,異日當請聞之。內一事,云已與大哥議而未合者,請以所見言之。所云'孟子曰:"必有事焉而勿正心,勿忘勿助長也。"此信乎入神之奥。若欲以思慮求之,是既已自累其心於不神矣,惡得而求之哉?'頤以爲有所事,乃有思也,無思則無所事矣。孟子之是言,方言養氣之道如是,何遽及神乎?氣完則理正,理正則不私。不私之至,則神。自養氣至此猶遠,不可驟同語也。以孟子觀之,自見其次第也。當以'必有事焉而勿正'爲句,心字屬下句。此說與大哥之言固無殊,但恐言之未詳爾。遠地未由拜見,豈勝傾戀之切?餘意未能具道。所論'勿忘者,但不舍其虛明善應之心爾。'此言恐未便。既有存於心而不捨,則何謂虛明?安能善應邪?虛明善應,乃可存而不忘乎?"

按:關於張載與程頤論修養工夫的時間。張載於熙寧二年(一〇六九)便被王安石外調治明州獄案。對此,程顥極力反對並上乞留張載狀。據此看,熙寧二年,張載在被外支治明州獄案之前與程顥均在京城,符合程頤再答所說"十八叔、大哥皆在京師"的情況,故將張載致書程頤論修養工夫之事置於是年。

張戩四十歲。超爲監察御史裏行。

呂大臨張御史行狀:"熙寧二年,超爲監察御史裏行。明年以言事出知江陵府公安縣,改陝州夏縣。"蘇頌蘇魏公文集卷三四太常博士張戩可依前官充監察御史裏行云:"某典學修詞,決科從仕,時推幹敏之□,加有端良之稱,肅政掄才,中司言狀,俾從簽豸之選,入聯棲鳳之班。"

七月,張戩上災傷州縣披訴及輸稅事奏。

宋會要輯稿食貨七〇之一一:"二年七月六日,監察御史裏行張戩言:'京西、陝西及利州路夏旱,麥收及一二分。昨有逐縣收接訴狀,差官檢覆,訪聞下戶居住僻遠,稅數畸零,及單丁女戶老幼之家,不曾披訴,欲望今年披訴。夏苗已經檢覆,係災傷州縣及應陝西去秋支移赴近邊輸稅之家,委逐路轉運安撫司下本州將納外,見欠租稅更不折變,各輸本色,就令本州縣送納,及今秋租稅亦免交移。'"

八月,張戩爲國子監舉人考試官。

宋会要辑稿选举一九之一四至一五:"熙寧二年八月十四日,以祕閣校理同修起居註陳襄,集賢校理王權,祕閣校理王介、安燾、李常,館閣校勘劉攽考試開封府舉人;虞部郎中陳揀監門,監察御史裏行張戩,直史舘蘇軾,集賢校理王汾、胡宗愈,館閣校勘顧臨考試國子監舉人。"

十月,張戩、程顥上乞察官依諫官例登對奏。

宋會要輯稿儀制六之一:"十月二十三日,監察御史裏行張戩、程顥言:'臣等每有本職公事,欲上殿敷奏,必奏候朝旨。既許上殿,伺候班次,動經旬日。倘遇朝政或闕及外事有聞,係於機速,不容後時者,如此稽遲則已無所及。況使往復待報,必由中書,萬一事干政府,則或致阻滯。耳目之司,雖欲應急陳聞,安可得也?伏睹天禧詔書,或詔令不允,官曹涉私,措置失宜,刑賞踰制,誅求無節,冤濫未伸,並委諫官奏論,憲臣彈舉。是蓋臺諫之職,言責既均,則進見之期,理無殊別。何獨憲臣,隔絕疏異?欲乞朝廷推原天禧詔書之意,使依諫官例牒閤門,即許登對。或所言急速,仍乞先次上殿。所貴遇事入告,無憂失時。'"

閏十一月,張戩上乞根捉造意雕賣敕文之人奏。

宋會要輯稿刑法二之三四:"閏十一月二十五日,監察御史裏行張戩言:'竊聞近日有奸妄小人肆毀時政,搖動衆情,傳惑天下,至有矯撰敕文,印賣都市。乞下開封府嚴行根捉造意雕賣之人行遣。'"

同年紀事:
劉安上生。據劉給諫文集卷五行狀。
陳襄撰論祖無擇下獄狀。據古靈先生文集附年譜。
文同撰黃氏易圖後題。據新刻石室先生丹淵集卷二一。
程顥撰論君道疏、請修學校尊師儒取士劄子、論王霸劄子、論十事劄子、論養賢疏。據程伊川年譜。
二月,以富弼同平章事、王安石參知政事。據皇朝編年綱目備要卷一八。陳昇之、王安石創置三司條例,議行新法。據宋史卷一四。
三月,蘇轍上皇帝書。據欒城集卷二一。鄭獬撰州宜城縣木渠記。據鄖溪集卷一五。
四月,唐介卒,年六十。據忠肅集卷一一神道碑。
六月,司馬光撰論風俗。據司馬太師溫國文正公年譜卷五。
七月,韓琦等上仁宗實錄二百卷,又上英宗實錄三十卷、事目三卷。據玉海卷四八。
八月,司馬光上體要疏。據司馬太師溫國文正公年譜卷五。參知政事趙抃進新校漢書印本五十冊及陳繹所著是正文字七卷。據宋會要輯稿崇儒四之一一。程顥以呂公著薦為太子中允,權監察御史裏行。據程伊川年譜。
冬,曾鞏撰序越州鑑湖圖。據南豐先生元豐類稿卷一三。

宋神宗熙寧三年庚戌(一〇七〇),張載五十一歲。

張載歸居橫渠。

行狀:"(熙寧二年)他日見執政,執政嘗語曰:'新政之更,懼不能任事,求助於子何如?'先生對曰:'朝廷將大有爲,天下之士願與下風。若與人爲善,則孰敢不盡!如教玉人追琢,則人亦故有不能。'執政默然,所語多不合,寖不悅。既命校書崇文,先生辭,未得謝,復命案獄浙東。或有爲之言曰:'張載以道德進,不宜使之治獄。'執政曰:'淑問如皋陶,猶且獻囚,此庸何傷!'獄成,還朝。會弟天祺以言得罪,先生益不安,乃謁告西歸,居於橫渠故居,遂移疾不起。"宋史張載傳:"(張載)還朝,即移疾屏居南山下,終日危坐一室,左右簡編,俯而讀,仰而思,有得則識之,或中夜起坐,取燭以書。其志道精思,未始須臾息,亦未嘗須臾忘也。敝衣蔬食,與諸生講學,每告以知禮成性、變化氣質之道,學必如聖人而後已。以爲知人而不知天,求爲賢人而不求爲聖人,此秦、漢以來學者大蔽也。故其學尊禮貴德、樂天安命,以易爲宗,以中庸爲體,以孔孟爲法,黜怪妄,辨鬼神。其家昏喪葬祭,率用先王之意,而傳以今禮。又論定井田、宅里、發斂、學校之法,皆欲條理成書,使可舉而措諸事業。"

按:關於張載歸居橫渠鎮的時間。日今關壽麐宋元明清儒學年表置此事於熙寧二年(一〇六九)。熙寧二年閏十一月,張載復爲崇文院校書,後出治明州獄案。宋史載"獄半年乃決",可見,時間已至熙寧三年(一〇七〇)。且熙寧三年張戩上論新法奏,得罪王安石,被罷監察御史,符合呂大臨行狀所言"會弟天祺以言得罪"的情況,張載於此時返歸橫渠鎮。今關壽麐實爲誤記。

張載撰別館中諸公詩。

張子全書卷十三載別館中諸公:"九天宮殿鬱岧嶢,碧瓦參差逼絳霄。藜藿野心雖萬里,不無忠戀向清朝。"

按:該詩當撰於張載歸居橫渠前與同僚話別之時。

西銘、東銘成書

張子全書卷一載西銘:"乾稱父,坤稱母,予茲藐焉,乃混然中處。故天地之塞,吾其體;天地之帥,吾其性。民吾同胞,物吾與也。大君者,吾父母宗子;其大臣,宗子之家相也。尊高年,所以長其長;慈孤弱,所以幼其幼,聖其合德,賢其秀也。凡天下疲癃殘疾、惸獨鰥寡,皆吾兄弟之顛連而無告者也。'于時保之',子之翼也。'樂且不憂',純乎孝者也。違曰悖德,害仁曰賊;濟惡者不才,其踐形,惟肖者也。知化則善述其事,窮神則善繼其志,不愧屋漏爲無忝,存心養性爲匪懈。惡旨酒,崇伯子之顧養;育英材,潁封人之錫類。不弛勞而底豫,舜其功也;無所逃而待烹,申生其恭也。體其受而歸全者,參乎;勇於從而順令者,伯奇也。富貴福澤,將厚吾之生也;貧賤憂戚,庸玉女於成也。存,吾順事;歿,吾寧也。"

　　按:宋史張載傳:"載學古力行,爲關中士人宗師,世稱爲橫渠先生。著書號正蒙,又作西銘曰:……程頤嘗言:'西銘明理一而分殊,擴前聖所未發,與孟子性善養氣之論同功,自孟子後蓋未之見。'學者至今尊其書。"張載云:"訂頑之作,只爲學者而言,是所以訂頑。"河南程氏外書卷一一云:"橫渠學堂雙牖,右書訂頑,左書砭愚。伊川曰:'是起爭端。'改之東銘、西銘。"河南程氏文集卷九:"西銘之爲書,推理以存義,擴前聖所未發,與孟子性善養氣之論同功,二者亦前聖所未發。豈墨氏之比哉？西銘明理一分殊,墨氏則二本而無分。"河南程氏遺書卷二上:"訂頑一篇,意極完備,乃仁之體也。學者其體此意,令有諸己,其地位已高。到此地位,自別有見處,不可窮高極遠,恐於道無補也","西銘某得此意,只是須得他子厚有如此筆力,他人無緣做得。孟子以後,未有人及此。得此文字,省多少言語。且教他人讀書,要之仁孝之理備於此,須臾而不於此,則便不仁不孝也","訂頑之言,極存無雜,秦、漢以來學者所未到","若西銘,則原道之宗祖也。原道卻只說道,元未到西銘意思"。河南程氏遺書卷五:"訂頑立心,便達天德。"河南程氏遺書卷二三:"橫渠之言不能無失,類若此。指張載由誠以至明之論。若西銘一篇,誰說得到此？今以管窺天,固是見北斗,別處雖不得見,然見北斗,不可謂不是也。"河南程氏粹言卷一:"橫渠立言誠有過,乃在正蒙,至若訂頑,明理以存義,擴前聖所未發,與孟子性善養氣之論同功,豈墨氏之比哉？西銘理一而分殊,墨氏則愛合無分","訂頑言純而意備,仁之體也;充而盡之,聖人之事也。子厚之識,孟子之後,一人而已耳"。朱子語類卷九八:"西銘大要在'天地之塞吾其體,天地之帥吾其性'兩句","西銘通體是個'理一分殊',一句是一個'理一分殊',只先看'乾稱父'三字"。林駉古今源流至論前集卷一載呂大臨西銘贊云:"籲精矣哉！橫渠之道也。至矣哉！明道之訓也。夫西銘一書,理義奧閫,發前聖之蘊,啟人心之機,眞可與天地同其體。渾渾乎!無所名。恢恢乎!無所不及。范圍不可得過,形器不可得而縶。"宋元學案補遺卷一七又摘錄衆家之說:'龜山語錄曰:西銘理一分殊,知其理一,所以爲仁;知其分殊,所以爲義。所謂分殊猶孟子言親親而仁民,仁民而愛物,其分不同,故所施不能無差等耳。或曰:如是,則體用果離而爲二矣。曰:用未嘗離體也。以人觀之,四肢百體具於一身者,體也。至其用處,則首不可以加履,足不可以納冠,蓋卽體而言而分已在其中矣","西銘書專爲理言,不爲分設。熹(朱熹)竊謂西銘之書,橫渠先生所以示人至爲深切,……西銘之言,指吾體性之所自來,以明父乾母坤之實,極樂天踐形、窮神知化之妙,以至於無一行之不慊而沒身焉。故伊川先生以爲充得盡時,便是聖人,恐非專爲始學者一時所見而發也","張南軒西銘說……故西銘因其分之立而明其理之本一,所謂以止私勝之流,仁之方也。雖推其理之一,而其分森然者,自不可亂。義蓋所以存也。大抵儒者之道,爲仁之至、義之盡者,仁立則義存,義精而後仁之體爲無弊也","眞西山曰:先儒張氏作西銘卽事親以明事天之道,大畧謂天之予我以是理也,莫非至善而我悖之,卽天之不才也","饒雙峰西銘解曰:西銘一書,規模宏大,而條理精密,有非片言之所能盡。然其大旨不過中分兩節,前一節明人爲天地之子。後一節言人事天地,當如子之事父母","吳草廬西銘解曰:天地者,吾之父母也。父母者,吾之天地也。天卽父,父卽天。地卽母,母卽地。人事天地當如事父母,子事父母當如事天地。保者持受此理而不敢違,賢人也。樂者從容順理而自然中,聖人也。蓋是理卽天地之理,而天地卽吾之父母也"。明薛敬之思菴野錄卷下云:"讀西銘一分殊句,放而言之,則天地萬物渾融是分殊,而理一。逐物思之,則逐物上各有個理分殊。"呂柟涇野子內篇:"是以西銘言乾坤便是吾父母,民便是吾與,他把自身放在天地萬物中作一樣看。故曰:'仁者以天地萬物爲一體'。"清儒張能鱗儒宗理要:"太極、西銘二書當作一串讀,若明得太極,則知男女萬物皆從天地來,是眞乾父坤母也。安得不以萬物爲一體。"

　　張子全書卷一載東銘:"戲言出於思也,戲動作於謀也。發乎聲,見乎四支,謂非己心,不明也。欲人無己疑,不能也。過言非心也,過動非誠也。失於聲,繆迷其四體,謂己當然,自誣也。欲他人己從,誣人也。或者以出於心者,歸咎爲己戲。失於思者,自誣爲己誠。不知戒其出汝者,歸咎其不出汝者。長傲且遂非,不知孰甚焉!"

按：韓邦奇正蒙拾遺云："東銘是工夫之謹密處言，人道也。先東後西，由人道而天道可造矣。朱子獨取西銘，失橫渠之旨矣。聖賢之學，言其小極於戲言戲動，過言過動之際，無不曲致其謹。推而大之，則乾坤父母而子處其中，蓋與天地一般大也，此西銘、東銘之旨。"宋元學案補遺卷一七摘録諸家有關東銘的評介："（葉采）補注曰：……學者深省乎此，則崇德辨惑，矯輕警惰之功，亦大矣。然其於戲且誤者，克治尚如此之嚴，況乎過之非戲誤者，豈復留之幾，苟以累其身哉。或者以戲言戲動之出於心者，歸咎爲己戲而不知戒己長傲，而惡愈滋矣。以過言過動之失於思者，自誣爲己誠而不知歸咎則遂非，而過益深矣"，"沈毅齋先生詳述朱子與江西學者說此篇大旨，不越於故誤二字。……欲人深戒其言動未發之先，以爲正心誠意之本。過不能無，指其流而謂之過，欲人自咎於言動已失之後，以爲遷善改過之機。誨人之意深矣"，"劉蕺山曰：千古而下，埋沒卻東銘，今特爲表而出之，緣儒者止善講大話也。余嘗謂東銘遠勝西銘，聞者愕然"。

又按：關於西銘、東銘的寫作時間。在張載生前，西銘、東銘已爲二程所見。河南程氏粹言卷一："子厚爲二銘，以啟學者，其一曰訂頑。"河南程氏外書卷一一："横渠學堂雙牖，右書訂頑，左書砭愚。伊川曰：'是起爭端。'改之東銘、西銘。"又據朱熹西銘解知二文成書於正蒙之前，爲張載同書於"學堂雙牖"。故陳俊民張載哲學思想及關學學派推測："張載熙寧三年（一〇七〇）年退居故居後，爲了教授關中學者而作二銘，並書於'學堂雙牖'。"陳說合理，故從之。

張載試驗井田

行狀："先生慨然有意三代之治，望道而欲見。論治人先務，未始不以經界爲急，講求法制，粲然備具，要之可以行於今，如有用我者，舉而措之爾。嘗曰：'仁政必自經界始。貧富不均，教養無法，雖欲言治，皆苟而已。世之病難行者，未始不以亟奪富人之田爲辭，然茲法之行，悅之者衆，苟處之有術，期以數年，不刑一人而可復，所病者特上未之行爾。'乃言曰：'縱不能行之天下，猶可驗之一鄉。'方與學者議古之法，共買田一方，畫爲數井，上不失公家之賦役，退以其私正經界，分宅里，立斂法，廣儲蓄，興學校，成禮俗，救災恤患，敦本抑末，足以推先王之遺法，明當今之可行。此皆有志未就。"宋史張載傳："（張載）還朝，……又論定井田、宅里、發斂、學校之法，皆欲條理成書，使可舉而措諸事業。"清周方炯、高登科纂乾隆重修鳳翔府志卷一"井田故址"條云:"橫渠鎮地,卽張子所畫未就之井田。"清沈錫榮纂宣統郿縣志卷二"井田渠"云:"在郿縣東有東西二渠。東渠導源大振谷筲瓦溝口,四水合流;西渠導源湯谷華岩泉,亦有四水合流。北逕邨砦,各十里交匯。橫渠祠後又北流三里入渭。宋張載所開,今湮。"並於附錄"張志八景"載有"郿伯井田"一景。宣統郿縣志又引明范吉詩:"寥寥邨落實堪傷,東畝西疇大半荒,唯有橫渠祠下水,滔滔二派與天長。"武譜引清張焜井田渠碑記:"先生仕宋神宗朝,慨然欲復井田,行三代之制,爲執事新法所礙,退而買田分井,疏東、西二渠,期驗試於一鄉。"

按:武譜云:"按先生驗試井田之事,據張焜碑記當在庚戌初歸後,故附於此以矣。"又據上述行狀、宋史等所載,張載驗試井田當爲其歸居橫渠鎮以後之事,故從武澄說,置此事於此。

七月,范育舉薦張載。

宋史卷三〇三范祥傳附傳:"育字巽之,舉進士,爲涇陽令。以養親謁歸,從張載學。有薦之者,召見,授崇文校書、監察御史裏行。神宗喻之曰:'書稱"堲讒說殄行",此朕任御史之意也。'育請用大學誠意、正心以治天下國家,因薦載等數人。"續資治通鑑長編卷二一三:"(熙寧三年七月)癸丑,前陝縣令范育爲光祿寺丞、崇文院校書。……先是,上問執政:'范育如何?'王安石曰:'育言地制事亦不全爲迂闊。'上曰:'育言"凡於一事措置,一事卽不得"。此言是也。又言"須先治田制",其學與張戩同。'……後數日,又除太子中允、權監察御史裏行。"馮從吾關學編卷一巽之范先生:"先生名育,字巽之,三水人。……先生舉進士,爲涇陽令。以養親謁歸。有薦之者,召見,授崇文校書、監察御史裏行。神宗喻之曰:'書稱"聖讒說殄行",此朕任御史意也。'先生請用大學'誠意'、'正心'以治天下國家,因薦張載等數人。"

張載撰答范巽之書、並答范巽之。

張子全書卷一三載答范巽之書第一:"所訪物怪神姦,此非難說,顧語未必信耳。孟子所論知性知天,學至於知天,則物所從出當源源自見,知所從出,則物之當有當無莫不心喻,亦不待語而知。諸公所論,但守之不失,不爲異端所刼,進進不已,則物怪不須辨,異端不必攻,不逾期年,吾道勝矣。若欲委之無窮,付之以不可知,則學爲疑撓,智爲物昏,交來無間,卒無以自存,而溺於怪妄必矣。朝廷以道學政術爲二事,此正自古之可憂者。巽之謂孔孟可作,將推其所得而施諸天下邪?將以其所不爲而強施之於天下歟?大都君相以父母天下爲王道,不能推父母之心於百姓,謂之王道可乎？所謂父母之心,非徒見於言,必須視四海之民如己之子。設使四海之內皆爲己之子,則講治之術,必不爲秦漢之少恩,必不爲五伯之假名。巽之爲朝廷言,人不足於適,政不足與間,能使吾君愛天下之人如赤子,則治德必日新,人之進者必良士,帝王之道不必改途而成,學與政不殊心而得矣。"

宋元學案補遺卷一八横渠學案補遺下載並答范巽之:"今且只將'尊德性而道問學'爲心,日自求於問學者有所背否,於德性有所懈否。此義亦是博文約禮,下學上達。以此警策一年,安得不長？每日須求多少爲益？知所亡,改得少不善,此德性上之益。讀書求義理,編書須理會有所歸著,勿徒寫過,又多識前言往行,此問學上益也。勿使有俄頃閑度,逐日似此三年,庶幾有進。義理之學,亦須深沉方有造,非淺易輕浮之可得也。"

按:關於范育受學於張載及張載作書的時間。熙寧三年七月,范育授崇文校書、監察御史裏行,並於是年推薦張載。據續資治通鑑長編云范育言田制,其學與張戬同；宋史、關學編又云其養親謁歸時,始受學於張載。而"養親謁歸"在范育爲崇文院校書、監察御史裏行之前,故知在熙寧三年七月范育推薦張載之前,范育已經受學於張載。

又按:就張載答范巽之書的內容看:"朝廷以道學政術爲二事,此正自古之可憂者。……巽之爲朝廷言,人不足於適,政不足與間,能使吾君愛天下之人如赤子,則治德必日新,人之進者必良士,帝王之道不必改途而成,學與政不殊心而得矣。"張載答書明確提及是針對"巽之爲朝廷言",這與范育勸誡神宗"用大學'誠意''正心'以治天下國家"的建議相符。這亦可以佐證范育此時已從學於張載,張載於是年作答范巽之書。

再按:關於並答范巽之。張載作此書信的時間不詳,但從其內容看,張載在解答范育關於爲學之方的問題。對此問題的思考,按常理當在范育初從學張載之時。張載也應在弟子初學之時作出方法上的指導,符合其論爲學須"博學約禮,下學上達",注重每日求益的爲學積累等。因此,暫置條目於此,以俟新考。

十月,張載作真像堂記。

永樂大典卷七二三八引張橫渠集真像堂記:"關中爲九州之奧墟,山水之壯,西自長河壟坻,東屬涇、渭八川,太白、終南,負九崚嵯峨,表以荆、華,勢盛氣美。至者目悅一作恍心甘,過之歎戀。其秀豪豐潤,蓋必有主奧尤劇、悅人心之甚者焉。盩厔仙遊山,怪石停淵,林泉石一作丘壑,爲古偉觀,四方來者,繼踵比肩,賞歎之不足,去則跼躅顧慕,以不得久休自恨,豈一作信所悅我心之甚者歟?然考之山經地圖,無美實嘉縱道爲故事,獨玉女祠前有馬融石室傳於舊,東偏浮圖有吳生佛畫顯於近年,豈名墟勝遊,亦將俟昌明而後顯哉?祕書監致仕趙公,慶曆中磨贊善大夫知邑事,樂是石泉之富,志蘄家焉。後二十年,以光祿少卿就地,相視境內,得遷遊之東峰,夕陽林巒極邃處,朝莫攜家人、率賓從,徒步登覽,不知有寒暑之倦。高年之勤,愛不能已,乃築居其上,目之曰臥雲堂。又欲著儀形以名諸己,貽後世以久其傳,於是房臥雲西睡,俯瞰川容,尨然一軒,模賦其象。既成,飄如翛如(一本皤如翼如),鶴髮森如,兔袍襜如,望之足以警民嚚,尊之足以忘軒冕。近世王右丞退居輞川,白樂天老龍門香山,雖素風清韻,爲懸車者之美談。大率惑轉化,私死生,蔽異學猥妄之言,不知安常處順,訓忠義、顯子孫,殆爲公愧焉爾。熙寧庚戌十月初九日乙丑,崇文院校書張載子厚記。"

張載與李復探討"宗子之法"。

李復潏水集卷三與張橫渠書:"某蒙誨喻宗子之法。若以差等言之,則自天子下至公卿、士大夫、庶人,其法各有不同。每遷之遠,必須有異諸侯,每一君各爲一大宗,而小宗又應不一。五世之間,其衆亦滋,而同繼其祖。同繼其祖,則同謂之繼曾祖。同繼曾祖之小宗,而於大宗如何?而公子之宗,至於親盡,則各立其宗。若大宗中絕,則當誰繼?以春秋考之,魯之考公、煬公、幽公、魏公、獻公、武公、孝公皆弟也,不可以爲宗子之法。又傳云:'同姓從宗子之族屬。'其法亦不見。今若爲之說,恐非周禮。此制久廢,若得其說,禮可行也。"

按:李復與張載探討"宗子之法",這與張載晚年對王安石新法的反思及授學時尤爲重禮是一致的。諸如張載經學理窟宗法說:"宗子之法不立,則朝廷無世臣。"這似乎和李復答文的內容密切相關。暫置此事於此,以俟新考。

張戬四十一歲。

正月,張戬仍爲貢舉考官,負責封彌。

宋會要輯稿選舉一九:"(熙寧)三年正月九日,以翰林學士承旨王珪等權知貢舉,虞部郎中盧盛、職方員外郎徐九思監貢院門,監察御史裏行張戩、御史臺推直官張景眞封彌,……點檢試卷,審刑院詳議官王彭……覆考,天章閣侍講吳申、監察御史裏行程顥考試知舉官親戚舉人。"

年譜

三月,張戩上論新法奏。

全宋文卷一六六三載張戩論新法奏(熙寧三年三月):"臣竊以天下之論,難掩至公。在於聖明,動必循理,無適無莫,義之與比。昔建議謂便而試行之,今已知有害而改罷之,是順天下之心,而成天下之務也。昔非今是,何憚改爲?故曰:毋意毋必,毋固毋我。又曰:時行則行,時止則止。大易之義,貴於隨時。陛下何利之求,惟義而已。今則衆意乖戾,天下騷然,而王安石尤欲飾非,所持甚隘,信惑憸人,力排正論。此臣所以在於必諍,雖死輒爲,義或難縱,勢無兩立也。"彭百川太平治蹟統類卷一四:"(熙寧三年三月)張戩言天下論,難淹至公,在聖明,動必循理,毋適毋莫義之比。"

四月,張戩被罷監察御史裏行,貶知公安縣。

全宋文卷二三八七載呂大臨張御史行狀:"熙寧二年,(張戩)超爲監察御史裏行。明年以言事出知江陵府公安縣,改陝州夏縣。"李裕民司馬光日記校注卷二:"張戩爲監察裏行,請罷條例司,因中書(奏章被轉中書省)極諫,陳其事,辭氣甚厲,介甫以扇掩面而笑。張戩怒曰:'參政笑戩,戩亦笑參政所爲事耳,豈惟戩笑,天下誰不笑者?'晦叔(陳昇之)解之曰:'察院不須如此。'戩顧曰:'只相公得爲無過耶?'退而家居,中臺不視事而得罪。"宋李埴皇宋十朝綱要:"庚戌熙寧三年……四月御史中丞呂公著、御史張戩、諫官李常皆坐論新法不便。戊戌……戩知縣知制。"河南程氏遺書卷一九:"張戩嘗於政事堂與介甫爭辨事,因舉經語引證。介甫乃曰:'安石卻不會讀書,賢卻會讀書。'戩不能答。先生(程頤)因云:'卻不向道,只這箇便是不會讀書。'"河南程氏外書卷一二:"伯淳先生嘗曰:'熙寧初,王介甫行新法,並用君子小人。君子正直不合,介甫以爲俗學,不通世務,斥去。小人苟容諂佞,介甫以爲有才,知通變,適用之。君子如司馬君實不拜副樞以去,范堯夫辭修註得罪,張天祺以御史面折介甫被責。'"宋史卷一五神宗二:"(熙寧三年)夏四月癸亥,幸金明池觀水嬉,宴射瓊林苑。……壬午,右正言李常貶通判滑州,監察御史裏行張戩貶知公安縣,王子韶貶知上元縣。"宋史卷四二七張戩傳:"熙寧初,爲監察御史裏行。累章論王安石亂法,乞罷條例司及追還常平使者。劾曾公亮、陳昇之、趙抃依違不能救正,韓絳左右徇從,與爲死黨,李定以邪諂竊臺諫。且安石擅國,輔以絳之詭隨,臺臣又用定輩,繼續而來,芽蘖漸盛。呂惠卿刻薄辯給,假經術以文奸言,豈宜勸講君側。書數十上,又詣中書爭之,安石舉扇掩面而笑,戩曰:'戩之狂直宜爲公笑,然天下之笑公者不少矣。'趙抃

73

從旁解之,戩曰:'公亦不得爲無罪。'抃有愧色,遂稱病待罪。"

同年紀事:
周敦頤提點廣南東路刑獄。據周敦頤集附年譜。
歐陽修爲詩譜後序、江鄰幾文集序。據居士集卷四一、卷四四。
強至撰湯陰縣思賢堂記。據祠部集卷三三。
二月,司馬光撰與王介甫書。據司馬太師溫國文正公年譜卷五。
四月,程顥罷爲西京提刑奏。據程伊川年譜。吏部侍郎、樞密副使韓絳參知政事。據續資治通鑑長編卷二一〇。刑部郎中、侍御史知雜事陳襄同修起居注,罷知雜事。據續資治通鑑長編卷二一〇。
六月,翰林學士司馬光乞差試校書郎、前知龍水縣范祖禹同修資治通鑑,許之。據續資治通鑑長編卷二一二。
七月,歐陽修知蔡州。據皇朝編年綱目備要卷一八。
九月,歐陽修撰續思穎詩序。據居士集卷四四。歐陽修撰六一居士傳。據居士集卷四四。
十月,韓琦撰韓氏參用古今家祭式序。據韓魏公集卷一。歐陽修撰峴山亭記。據居士集卷四〇。
十一月,彭思永卒,年七十一。據河南程氏文集卷四彭公行狀。
十二月,命王安石提舉編修三司令式。據續資治通鑑長編卷二一八。明州鄞縣草茅王珦上篆書正宗要畧三卷。據宋會要輯稿崇儒五之二六。

宋神宗熙寧四年辛亥(一〇七一),張載五十二歲。

張載在鄜。
張載撰宋府君墓誌銘。
宋故朝奉郎尚書虞部員外郎騎都尉賜緋魚袋宋府君墓誌銘:"承奉郎守秘書省著作佐郎崇文院校書張載撰、將仕郎守光祿寺丞知同州韓城縣事范育書、承奉郎試大理評事權隴州防禦判官雷壽之篆蓋。宋氏本帝高辛,概見詩書。史官由春秋而後,支播中國,其族系世次,蓋無從考證,不可得而詳云。府君諱壽昌,字延之。五世祖懃、四世祖德權,皆仕唐末五代,爲州從事別駕,土著西鄭爲渭南人。大王父鸞始顯,本朝爲監察御史。王父瑢以魁磊奇特,榮名乾德中。祖宗兩朝不次寵用,所歷皆方面要劇,終左諫議大夫。父明遠,擢進士,卒職方員外郎,累贈至光禄卿。府君幼襲先訓,涉經史。天聖中,以職方致仕,恩授試將作監主簿,初仕環州司法,次慶州録事參軍,從路兵城大順川,以功遷感德軍節度推官,監環州,入中倉,舉轉大理寺丞,知京兆府藍田縣事,就陞太子中舍。皇祐三年,知鳳翔府扶風縣,改殿中丞。至和三年,通判邠州事,遷國子博士虞部員外郎。嘉祐六年,除通判寧州,未赴,丁所生永安太君劉氏憂。七年夏五月二日戊申,以疾終長安私居,享年六十四。

"府君氣質和易,臨事内敏。有謀官環慶十年,方西兵擾攘,共事皆武夫悍卒,所職修舉而能盡人人歡心。慶府知開,有若范文正、孫、田、滕、尹數公,皆一時重望,相繼出鎮,莫不曲被慰薦,引爲腹心。藍田下車之始,擊去大奸一人,邑民信懼且悦,無敢輕犯。在扶風,辨獲麟游真盜,雪岐民幾死者數人。所至州縣,獄無鉅細必反坐告者,其簡厚中理得仁術之大端焉。

"先卿垂年語之戒酒,因奉行終身未嘗亟飲,雅好推人生禄命,精究其術。始娶師氏,翰林學士頏之後;再娶張氏,給事中復之孫,封清河縣君。男四人,長曰奇,舉鄉進士;次曰章,皆早卒。次曰翊,次曰京。孫男女存者六人,皆幼未婚聘。

"府君捐舘十年,乃得從葬先塋,實熙寧辛亥歲冬十二月之庚申也。載外姻,宿契,且迫請諸生,既爲撰志行事,重爲銘八章四句:生事承顔,彼非克艱。一語終身,孝思所難。猛吏誅惡,弊棄威作。君舉不煩,萬夫悦躍。枉鞫既臣,彼奸方獲。匪善得情,死生冤隔。伯樂弗顧,權奇孰分。慰薦交章,具惟俊臣。乃祖瑰異,廟堂英器。勳業未融,澤存後裔。詩美碩人,公侯子孫。婉婉師張,來儀慶門。師則同穴,張兹奉祀。兹訓皇皇,惕其中圯。龍首北阜,太倉舊田。先德之依,松楸萬年。翟秀刊。"

張戬四十二歲。

同年紀事:

李知剛生。據陶山集卷一四。

楊繪上言請令學者以三傳解經。據東京事畧卷九二。

王安石拜同中書門下平章事。據王荆公年譜考畧卷一七。

文彦博撰論用人、奏陝西保毅軍利害、奏西夏誓詔事、乞別定益利鈴轄司畫一條貫、言青苗錢、言市易、言洮河、論本朝兵政等。據文潞公文集卷一九、二〇。

正月,周敦頤領提刑獄職事。據周敦頤集附年譜。張方平撰祖源通録序。據樂全先生文集卷三三。太子中允、權監察御史裏行范育落御史裏行,爲崇文院校書。據續資治通鑑長編卷二一九。

二月,更定科舉法,從王安石議。據宋史紀事本末卷三八。

五月,呂誨卒,年五十八。據溫國文正司馬公集卷七七呂府君墓誌銘。范純仁撰呂公晦叔挽詞。據范忠宣公文集卷一一。司馬光撰祭呂獻可文。司馬溫公集編年箋註卷八〇。歐陽修撰江鄰幾文集序。據居士集卷四四。

六月,觀文殿學士、兵部尚書、知蔡州歐陽修爲太子少師、觀文殿學士致仕。據續資治通鑑長編卷二二四。

七月,尹焞生。據和靖尹先生文集附呂德元撰墓誌銘、卷一年譜。王雱爲崇政殿說書。據皇朝編年綱目備要卷一九。

宋神宗熙寧五年壬子(一〇七二),張載五十三歲。

張載在郿。

張戩四十三歲。

同年紀事:

蘇過生。據嵩山文集卷二〇蘇叔黨墓誌。

許景衡生。據斐然集卷二六、浮沚集卷九。

朱震生。據建炎以來繫年要錄卷一二〇。

羅從彥生。據豫章羅先生文集卷首年譜。

周敦頤去官定居廬阜。據周敦頤集附年譜。

韓琦撰祭少師歐陽公永叔文。據韓魏公集卷九。

王安石撰上五事劄子。據臨川先生文集卷四一。

文彥博撰論臺官言西府事、奏西府事等。據文潞公文集卷二一。

六月,契嵩卒。據釋氏稽古畧卷一。

閏七月,歐陽修卒,年六十六。據安陽集卷五〇韓琦所撰歐陽公墓誌銘。

八月,詔潁州令歐陽修家上修所撰五代史。據宋會要輯稿崇儒五之二六。司馬光撰呂獻可章奏集序。據司馬溫公集編年箋註卷六五、司馬太師溫國文正公年譜卷六。

十二月,程顥得罷歸洛。據程伊川年譜。

宋神宗熙寧六年癸丑(一〇七三),張載五十四歲。

張載在郿。

張載與呂大鈞、范育論保甲法。

永樂大典卷八四一四載張横渠集與呂和叔書:"保議說,固甚便民近古,執政未必取用,此欲以方田爲名,寨戶爲貴。保甲爲法,庶今世見行,有不變今之順,有漸用古之婉,即未知上意求新果否,廟堂待學者如何。今得進甫選之與議其間,顧非獻計之時邪?向論方田,大體自附城三十里爲差,小不減二三千步,則附郭居民在其間不疑矣。所諭城市良民大家帥之固善,但可惜安棄無功得之,及不幸屏弱不才者置諸其上,則百十之衆,是謂棄之,他年當差刺諸路義勇,只以家資相制,幸無事,取其不撓可也。不幸驅之戰陳,萬萬失措乖當,名分既定,則易之顛錯,人情蓋紛,今日見謀當爲,時議者力辯其弊,無踵故事,乃良畫耳。事初不得已,權以領之,徐校藝觀能以勇爵取之,然後補正,則爲勸也大。夷吾變法,不欲矯時君耳目,不循王制,未免狂謀無法。又啟此端,恐於時事非宜,可一用周禮,文一無文字飾今制而用,不識謂之如何?但此二端之弊,不得使謀者前聞耳。"

永樂大典卷八四一四又載張横渠集與范巽之書:"示問保甲,比俟和叔來,詳聞近議近制,徐爲答。然近見岐卻取三丁爲義勇,入府教集,或慮已有更革,故益難妄計。大率附近古制,小大必利,苟不得親民良吏,雖三代法存,未免受弊,況半古之法又烏能?借如正觀府兵,求之史,縱若便時,竊計民間之害亦未免,蓋不議制產,而遽圖師役,求以便衆,萬萬無此。"

按:宋史卷一九二兵志六:"熙寧初,王安石變募兵而行保甲,帝從其議。三年,始聯比其民以相保任。乃詔畿内之民,十家爲一保,選主戶有幹力者一人爲保長;五十家爲一大保,選一人爲大保長;十大保爲一都保,選爲衆所服者爲都保正,又以一人爲之副。應主客戶兩丁以上,選一人爲保丁。附保。兩丁以上有餘丁而壯勇者亦附之,内家貲最厚、材勇過人者亦充保丁,兵器非禁者聽習。……六年,詔開封府畿以都保置木契,左留司農寺,右付其縣,凡追胥、閱試、肄習則出契。是月,又詔行於永興、秦鳳、河北東西、河東五路,唯毋上番。餘路止相保任,毋習武藝,内荆湖、川、廣並邊者可肄武事,令監司度之。"可見,熙寧三年(一〇七〇),保甲法頒行,初在京畿地區周圍推行。熙寧六年推行全國性的"上番"措施,"以丁聯兵"(宋會要輯稿兵二),"募兵相參"(宋史卷一四五兵志六)。陝西約於此時,大力推行保甲法。張載與呂大鈞、范育探討保甲法,分別作與范巽之書、與呂和叔書,主張遵循王制,以周禮"文飾今而用",反對"不議制產,而速圖師役,求以便衆"等。

張戩四十四歲。

同年紀事:

楊構卒,年五十八。據長興集卷二八。

文彥博撰論保馬、乞免夫、舉蘇軾、舉范純仁等。據文潞公文集卷二二、三八。

檢中書刑房公事、太子中允沈括詳定三司令敕。據續資治通鑑長編卷二四五。

二月,曾鞏撰齊州二堂記、齊州雜詩序。據南豐先生元豐類稿卷一九、一三。

三月,王素卒,年六十七。據樂全先生文集卷三七。

五月,劉摯撰文瑩師集序。據忠肅集卷一〇。

六月,周敦頤卒,年五十七。據周敦頤集附錄一墓誌銘。孔武仲撰祭周茂叔文。據靖江三孔集卷一九。

冬,蘇軾撰錢塘六井記。據東坡先生年譜。

十月,蘇轍撰京西北路轉運使題名記。據樂城集卷二三。

十二月,觀文殿學士、戶部尚書、判南京留司御史臺張方平知陳州。據續資治通鑑長編卷二四八。

宋神宗熙寧七年甲寅(一〇七四),張載五十五歲。

張載在郿。

張戩四十五歲。

同年紀事:

王安國卒,年四十七。據臨川先生文集卷九一王平甫墓誌。

程顥同朱光庭訪邵雍論道。據程伊川年譜。

陳師道見曾鞏於江漢之間,遂從其學。據曾文定公年譜。

陳襄薦司馬光、程顥等三十三人,帝不能用。據伊川年譜。

文彥博撰乞免人戶折變蠶鹽錢、乞體探西北遣使相過事等。據文潞公文集卷二二。

二月，劉摯撰南嶽御書閣記。據忠肅集卷九。

四月，太子中允、崇政殿說書、兼國子監同修撰經義王雱爲右正言、天章閣待制、兼侍講。據續資治通鑑長編卷二五二。

八月，殿中丞王圭爲監察御史裏行。未幾，圭卒。據續資治通鑑長編卷二五五。

九月，胡安國生。據伊洛淵源錄卷一三胡文定公行狀、斐然集卷七、程伊川年譜。史館修撰宋敏求等上蕃夷朝貢錄二十一卷。據續資治通鑑長編卷二五六、玉海卷五九。

十一月，蘇轍爲洛陽李氏園池詩記。據樂城集卷二四。

宋神宗熙寧八年乙卯（一〇七五），張載五十六歲。

張載在郿。

張載撰老大詩一首。

張子全書卷一三載老大："老大心思久退消，個中終日面岩巉。六年無限詩書樂，一種難忘是本朝。"

按：武譜云："詩內有'個中終日面岩巉'之句，又有'六年無限詩書樂'之句，蓋先生自庚戌歸居南山下，於今六年矣。"武譜所論合理。

張載撰題北村六首。

永樂大典卷三五八引張橫渠集載題北村六首："陸軸嘔—作呀啞麥上塌，嘔歌聲韻滿村坊。茅齋病臾安閒久，帝力民歡殆—作始兩忘。""求富誠非憚執鞭，安貧隨分樂丘園。兩間茅屋青山下，贏得浮生避世喧。""負郭吾廬二頃田，面山臨水跨通川。蘇秦妻婦無高識，盛詫腰間六印懸。""風泉盈耳鬢斑斑，林下幽窗對萬山。婦子職修革食足，病身何幸亦安閒。""不堪煩—作殘暑病荒城，六月俗然寓野亭。珍重南山且歸去，再—作重來相望雨中青。""渭南涇北已三遷，水旱縱橫數頃田。四十二年居陝右，老年生計似初年。"

按：題北村六首中云"四十二年居陝右"，以張載約在宋仁宗景祐元年甲戌（一〇三四）十五歲時遷居陝西郿縣橫渠鎮推算，至是年爲四十二年，故置此詩於此。

張戬四十六歲。

同年紀事：

蘇軾撰上韓丞相論災傷書。據東坡先生年譜。

<u>文彥博撰論修樓櫓事</u>。據文潞公文集卷二二。

　　二月,觀文殿大學士、吏部尚書、知江寧府王安石依前官平章事、昭文館大學士。據續資治通鑑長編卷二六〇。二月,<u>范純仁撰修文正祠堂祭文</u>。據范忠宣公文集卷一一。

　　三月,知河州鮮于師中乞置蕃學,教蕃酋子弟。據續資治通鑑長編卷二六一。

　　閏四月,龍圖閣直學士、給事中李師中卒。據續資治通鑑長編卷二六三。

　　六月,韓琦卒,年六十八。據韓魏公年譜、琬琰集刪存卷一、范忠宣公文集卷一一。<u>范純仁撰祭韓魏公</u>、<u>與慶州官吏祭韓魏公</u>。據范忠宣公文集卷一一。<u>司馬光撰魏忠獻公挽歌辭</u>。據司馬溫公集編年箋註卷一三。頒<u>王安石詩</u>、<u>書</u>、<u>周禮義</u>於學官。據王荊公年譜考畧卷一九。王安石上詩、書、周禮義序,詔付國子監置之三經義解之首。據續資治通鑑長編卷二六五。

　　九月,王安石兼修國史。立武舉絕倫法。據宋史卷一五。

　　十二月,王安石上再撰詩關雎義解。據續資治通鑑長編卷二七一。<u>陳舜俞撰明教大師行業記</u>。據都官集卷八、鐔津文集卷一。

宋神宗熙寧九年丙辰(一〇七六),張載五十七歲。

　　<u>張載在郿</u>。

　　<u>正蒙成書</u>。

　　行狀:"熙寧九年秋,先生感異夢,忽以書屬門人,乃集所立言,謂之正蒙,出示門人曰:'此書予歷年致思之所得,其言殆於前聖合與!大要發端示人而已,其觸類廣之,則吾將有待於學者。正如老木之株,枝別固多,所少者潤澤華葉爾。'又嘗謂:'春秋之爲書,在古無有,乃聖人所自作,惟孟子爲能知之,非理明義精殆未可學。先儒未及此而治之,故其說多穿鑿,及詩、書、禮、樂之言,多不能平易其心,以意逆志。'方且條舉大例,考察文理,與學者緒正其說。"蘇昞正蒙序:"先生著正蒙書數萬言。一日,從容請曰:'敢以區別成誦何如?'先生曰:'吾之作是書也,譬之枯株,根本枝葉,莫不悉備,充榮之者,其在人功而已。又如晬盤示兒,百物具在,顧取者如何爾。'於是輒就其編,會歸義例,畧效論語、孟子,篇次章句,以類相從,爲十七篇。"范育正蒙序:"子張子校書崇文,未伸其志,退而寓於太白之陰,橫渠之陽,潛心天地,參聖學之源,七年而道益明,德益尊,著正蒙書數萬言而未出也,間因問答之言,或窺其一二。熙寧丁巳歲,天子召以爲禮官,至京師,予始受其書而質問焉。其年秋,

夫子復西歸,歿於驪山之下,門人遂出其書,傳者浸廣,至其疑義獨無從取正,十有三年於茲矣。痛乎微言之將絕也!友人蘇子季明離其書爲十七篇以示予。昔者夫子之書蓋未嘗離也,故有'枯株晬盤'之說,然斯言也,豈待好之者充且擇歟?特夫子之所居也。今也離而爲書,以推明夫子之道,質萬世之傳,予無加損焉爾。"

按:宋史二〇五藝文四載:"張載正蒙書十卷。"河南程氏外書卷一二:"張横渠著正蒙時,處處置筆硯,得意即書。伯淳云:'子厚卻如此不熟。'"晁公武郡齋讀書志卷一〇云:"張舜民嘗乞追贈載於朝,云橫渠先生張載著書萬餘言,名曰正蒙。陰陽變化之端,仁義道德之理,死生性命之分,治亂國家之經,罔不究通。方之前人,其孟軻、揚雄之流乎?此書是也。初無篇次,其後門人蘇昞等區分別成十七篇。"胡宏橫渠正蒙序:"著書數萬言,極天地陰陽之本,窮神化,一天人,所以息邪說而正人心,故自號其書曰'正蒙'。其志大,其慮深且遠矣。"朱子語類卷九九:"正蒙所論道體,覺得源頭有未是處,故伊川云:'過處乃在正蒙。'答書之中云:'非明睿所照,而考索至此。'蓋橫渠卻只是一向苦思求將向前去,卻欠涵泳以待其義理自形見處","正蒙說道體處,如'太和''太虛''虛空'云者,止是說氣、說聚散處,其流乃是個大輪回。蓋其志思慮考索所至,非性分自然之知。"王梓材、馮雲濠宋元學案補遺卷一七亦引黃震讀正蒙云:"造化難測,横渠思索最精。辰象隨天而遲,反成逆行,此理於雲運月駛可驗。又曰:賢才出、子孫才,亦氣日至而滋息之類也。又曰:論性之廣大、無如萬物一源之語。論性之精切,無如氣質弗性之語。陽明陰濁,分別尤淨。"王廷相慎言云:"正蒙,橫渠之實學也。致知本於精思,力行本於守禮;精思故達天而不疑,守禮故知化而有漸。"王夫之張子正蒙注序論:"謂之正蒙者,養蒙以聖功之正也。聖功久矣,大矣,而正之惟其始。蒙者,知之始也。……孟子之功不在禹下,張子之功又豈非疏瀹水之歧流,引萬派而歸墟,使斯人去昏墊而履平康之坦道哉!是匠者之繩墨也,射者之彀率也,雖力之未逮,養之未熟,見爲登天之難不可企及,而志於是則可至焉,不志於是未有能至者也,養蒙以是爲聖功之所自定,而邪說之淫蠱不足以亂之矣,故曰正蒙也。"

又按:關於正蒙得名及其原因。以"正蒙"爲書名取周易"蒙以養正"之義。歷來學者多有論述,如劉璣正蒙會稿序:"易有'蒙以養正'之文,故張子取之以名書,篇内東銘、西銘,初曰砭愚、訂頑,皆正蒙之謂也。"王夫之張子正蒙注序論:"謂之正蒙者,養蒙以聖功之正也。聖功久矣,大矣,而正之惟其始。蒙者,知之始也。"張載作正蒙的原因主要有二:一是針對"秦漢以來學者之大弊",卽"以爲知人而不知天,求爲賢人而不求爲聖人"(宋史張載傳)。二是針對"浮屠老子之書,天下共傳,與六經並行。而其徒侈其說,以爲大道精微之理,儒家之所不能談,必取吾書爲正"(范育正蒙序)的現狀。

再按:關於正蒙篇次。根據蘇昞正蒙序知,在張載的首肯下,蘇昞對正蒙編次釐定,爲十七篇,"會歸義例,畧效論語、孟子,篇次章句,以類相從"。雖然正蒙沒有嚴密的系統,但是也不乏其整體性。現存通行本正蒙末篇乾稱篇包括張載生前講學時公佈的西銘(又名訂頑)與東銘(又名砭愚)二文。但據元虞集爲吳澄所作的行狀云:"(吳澄)校張子之書,契東西銘於篇首,而正蒙次之。"這種編排和現存張子全書或張子抄釋相似。可見,正蒙的編次存在以上差異。

蘇昞約於此時作正蒙序

蘇昞正蒙序:"先生著正蒙書數萬言。一日,從容請曰:'敢以區別成誦何如?'先生曰:'吾之作是書也,譬之枯株,根本枝葉,莫不悉備,充榮之者,其在人功而已。又如睟盤示兒,百物具在,顧取者如何爾。'於是輒就其編,會歸義例,畧倣論語、孟子,篇次章句,以類相從,爲十七篇。"

按:雖然蘇昞正蒙序未注明撰於何時,但從正蒙序所論語氣看,似乎當撰於正蒙成書後不久。尤其是正蒙序中並未記載張載去世的情況,這亦可佐證是序撰寫於張載生前。故暫立目於此,以俟新考。

三月,張戩四十七歲,卒。

張載撰張天祺墓誌銘。

皇朝文鑑卷一四四載張載撰張天祺墓誌銘:"哀哀吾弟,而今而後,戰兢免夫!有宋太常博士張天祺,以熙寧九年三月丙辰朔,暴疾不祿。越是月哉生魄,越翌日壬申,歸祔大振社先大夫之塋。其兄載以報葬,不得請銘他人,手疏哀詞十二,各使刊石置壙中,示後人知德者。博士諱戩,世家東都,策名入仕,歷中外二十四年。立朝蒞官,才德美厚,未試百一,而天下聲聞樂從,莫不以公輔期許。率己仲尼,踐修莊篤,雖孔門高弟,有所後先。不幸壽禀不遐,生四十七年而暴終他舘。志亨交戾,命也奈何!治其喪者:外姻侯去惑、蓋節賁及壻李上卿、郭之才,從母弟質涼,甥宋京,攀號之不足,又屬辭爲之志。"全宋文卷二三八七載呂大臨張御史行狀:"君諱戩,字天祺,少而莊重,有老成之氣,不與羣童子狎戲。長而好學,不喜爲雕蟲之辭以從科舉。父兄敦迫,喻以爲貧,乃強起就鄉貢。既冠,登進士第,調陝州閺縣主簿,移鳳翔普潤縣令。改秘書省著作佐郎,知陝州靈寶、渠州流江、淮安軍金堂縣事。轉太常博士。熙寧二年,超爲監察御史裏行。明年以言事出知江陵府公安縣,改陝州夏縣。轉運使舉監鳳翔府司竹監,秩滿。以熙寧九年三月朔旦,感疾卒,享年四十有七。"宋史卷四二七張戩傳:"出知公安縣,徙監司竹監,至舉家不食筍。常愛用一卒,及將代,自見其人盜筍籜,治之無少貸;罪已正,待之復如初,畧不介意,其德量如此。卒於官,年四十七。"

又按:張戩於是年三月還葬,需要行狀"以銘其墓"。張載張天祺墓誌銘又云"越是月哉生魄,越翌日壬申,歸祔大振社先大夫之塋"。"生魄"爲是月十六日,越翌日即至十八日爲張戩下葬時間。

三月,呂大臨作上橫渠先生書(二)

全宋文卷二三八五載呂大臨上橫渠先生書(二):"某稽顙再拜:前日往哭太傅之殯,雖得見於次,以未終親喪,弗克敘吊。至於敦匠執紼,又不與事,誠心痛恨,殆不勝言。拜違未幾,奄朔日,不審與奠感慟,氣力何似?某還舍執喪,苟生如昨,不願念恤。每見先生哀發至隱,不獨繫於私愛。某雖不得切與聞焉,反求諸心,猶不能處,先生耆艾,豈易勝喪?去聖既沒,道有所在。雖廢興有命,亦當天下同憂。敢祈節抑自重,以慰士望,不勝區區之願。謹奉疏,不次。"

按:現存呂大臨与張載的書信有三封,此爲第二封。從上橫渠先生書(二)內容看,當寫於張載之弟張戩新喪之時("太傅之殯"),是時爲熙寧九年(一〇七六)三月。故置該書信於此。

同年紀事:

強至卒,年五十四。據南豐先生元豐類稿卷一二強幾聖文集序。

蘇軾在密州,作刻秦篆記。據東坡先生年譜。

文彥博撰神宗諮訪詔、言運河等。據文潞公文集卷二二、二三。

陳襄兼侍講知審官東院,有經筵,舉薦司馬光而下三十三士。據古靈先生文集。

正月,宣徽北院使王拱臣上平蠻雜議十篇。據續資治通鑑長編卷二七二。

五月,王拱臣請編修條例。據玉海一六七。

六月,文彥博撰慈照大師眞讚。據文潞公文集卷一三。太子中允、天章閣待制王雱卒,年三十三,贈左諫議大夫,手詔卽其家上雱所撰論語、孟子義。據續資治通鑑長編卷二七六。

八月,河東節度使、守司徒、兼侍中、判大名府文彥博加太保再任。據續資治通鑑長編卷二七七。詔宰臣王安石令具故男雱所註孟子入進。據宋會要輯稿崇儒五之二六。

十月,吏部侍郎致仕錢象先卒。據續資治通鑑長編卷二七八。左僕射、兼門下侍郎、平章事、昭文館大學士、監修國史王安石罷爲鎭南軍節度使、同平章事、判江甯府。據續資治通鑑長編卷二七八。

宋神宗熙寧十年丁巳(一〇七七),張載五十八歲,卒。

三月,張載至京師,同知太常禮院。

全宋文卷一五七三載呂大防薦張載劄子:"伏見本路鳳翔府寄居、著作郎、前崇文院校書郎張載,學術精深,性資方毅,昨因得告尋醫,未蒙朝廷召見,義難自進,老於田間,衆所共惜。臣未敢別乞朝廷任使,欲望聖慈且令召書館舊職。有不如臣所舉,甘坐罔上不忠之罪。"行狀:"(熙寧)十年春復召還舘,同知太常禮院","會秦鳳帥呂公薦之曰:'張載之學,善法聖人之遺意,其術畧可措之以復古,乞召還舊職,訪以治體。'詔從之。先生曰:'吾是行也,不敢以疾辭,庶幾有遇焉。'及至都,公卿聞風慕之,然未有深知先生者,以所欲言嘗試於人,多未之信。會有言者欲請行冠婚喪祭之禮,詔下禮官。禮官安習故常,以古今異俗爲說,先生獨以爲可行,且謂'稱不可非儒生博士所宜',衆莫能奪,然議卒不決。郊廟之禮,禮官預焉。先生見禮不致嚴,亟欲正之,而衆莫之助,先生益不悅。會有疾,謁告以歸,知道之難行,欲與門人成其初志,不幸告終,不卒其願"。續資治通鑑長編卷三八一:"(熙寧十年三月)戊午,詔著作佐郎、前崇文院校書張載歸舘供職。載前以尋醫去,秦鳳路經畧使呂大防請召還,故有是詔。"續資治通鑑長編卷三八三:"(熙寧十年七月)著作佐郎、崇文院校書張載兼知太常禮院。載議禮於有司不合,亟罷歸。"

按:關於張載同知太常禮院。宋史卷四二七張載傳:"呂大防薦之曰:'載之始終,善發明聖人之遺旨,其論政治畧可復古。宜還其舊職,以備諮訪。'乃詔知太常禮院。"馬理、呂柟所纂嘉靖陝西通志亦云:"乃詔知太常禮院。"續資治通鑑長編卷二八三云:"(熙寧十年七月)著作佐郎、崇文院校書張載兼知太常禮院。載議禮於有司不合,亟罷歸。"中華書局本宋史校刊記云:"按東都事畧卷一一四本傳、朱熹伊洛淵源録卷六横渠先生行狀、編年綱目卷二〇熙寧十年十一月條都作'同知太常禮院';長編卷二八三作'兼知太常禮院'。據本書卷一六四職官志'太常寺'條,疑作'同知太常禮院'是。"又據行狀云"同知太常禮院"、吕大防語"召還書館舊職"、續資治通鑑長編云"歸舘供職""兼知太常禮院"及張舜民乞追贈張載奏云"故崇文院校書張載"等看,張載應同知太常禮院。

又按:關於張載歸舘時間。存在三月、七月、十一月三説。行狀:"(熙寧)十年春復召還舘,同知太常禮院。"續資治通鑑長編卷三八一:"(熙寧十年三月)戊午,詔著作佐郎、前崇文院校書張載歸舘供職。"又邵氏聞見録卷一五:"子厚入舘數月,以病歸。"續資治通鑑長編卷二八三云:"(熙寧十年七月)著作佐郎、崇文院校書張載兼知太常禮院。載議禮於有司不合,亟罷歸。"故三月說較爲合理,七月應爲始"罷歸"時間。另外,宋元學案卷十七横渠學案上云:"熙寧九年,吕汲公薦,召同知太常禮院。"誤認爲此事發生於熙寧九年(一〇七六)。

張載與二程洛陽論學

河南程氏遺書卷一〇載蘇昞所記洛陽議論:"子厚謂程卿:'夙興幹事,良由人氣清則勤,閑不得。'正叔謂:'不可,若此,則是專爲氣所使。'子厚謂:'此則自然也。'伯淳言:'雖自然,且欲凡事皆不恤以恬養則好。'子厚謂:'此則在學者也。'伯淳謂:'天下之士,亦有其志在朝廷而才不足,才可以爲而誠不足。今日正須才與至誠合一,方能有濟。'子厚謂:'才與誠,須二物只是一物。'伯淳言:'才而不誠,猶不是也。若非至誠,雖有忠義功業,亦出於事爲,浮氣幾何時而不盡也!'一本無'只是一物'四字。伯淳道:'君實之語,自謂如人參甘草,病未甚時可用也,病甚則非所能及。觀其自處,必是有救之之術。'正叔謂:'某接人,治一作談。經論道者亦甚多,肯言及治體者,誠未有如子厚。'二程謂:'地形不必謂寬平可以畫方,只可用算法折計地畝以授民。'子厚謂:'必先正經界,經界不正,則法終不定。地有坳垤處不管,只觀四標竿中間地,雖不平饒,與民無害。就一夫之間,所爭亦不多。又側峻處,田亦不甚美。又經界必須正南北,假使地形有寬狹尖斜,經界則不避山河之曲,其田則就得井處爲井,不能就成處,或五七,或三四,或一夫,其實田數則在。又或就不成一夫處,亦可計百畝之數而授之,無不可行者。如此,則經界隨山隨河,皆不害於畫之也。苟如此畫定，雖便使暴君汙吏，亦數百年壞不得。經界之壞，亦非專在秦時，其來亦遠，漸有壞矣。'正叔云：'至如魯，二吾猶不足，如何得至十一也？'子厚言：'百畝而徹，言徹取之徹則無義，是透徹之徹。透徹而耕，則功力均，且相驅率，無一家得惰者。及已收穫，則計畝數衰分之，以衰分之數，取十一之數，亦可。'或謂：'井議不可輕示人，恐致笑及有議論。'子厚謂：'有笑有議論，則方有益也。''若有人聞其說，取之以為己功。'先生云：'如有能者，則己願受一廛而為氓，亦幸也。'伯淳言：'井田今取民田使貧富均，則願者衆，不願者寡。'正叔言：'亦未可言民情怨怒，止論可不可爾。''須使上下都無怨怒，方可行。'正叔言：'議法既大備，卻在所以行之之道。'子厚言：'豈敢！某止欲成書，庶有取之者。'正叔言：'不行於當時，行於後世，一也。'子厚曰：'徒善不足以為政，徒法不能以自行。須是行之之道。又雖有仁心仁聞，而政不行者，不由先王之道也。須是法先生。'正叔言：'孟子於此善為言。只極目力，焉能盡方圓平直？須是要規矩。'二程問：'官戶占田過制者如何？''如文曾有田極多，只消與五十里采地盡多。'又問'其他如何？''今之公卿，非如古之公卿。舊有田多者，與之采地多。概與之，則無以別有田者無田者。'……二程解'窮理盡性以至於命'：'只窮理便是至於命。'子厚謂：'亦是失於太快，此義盡有次序。須是窮理，便能盡得己之性，則推類又盡人之性；既盡得人之性，須是並萬物之性一齊盡得，如此然後至於天道也。其間煞有事，豈有當下理會了？學者須是窮理為先，如此則方有學。今言知命與至於命，盡有近遠，豈可以知便謂之至也？'正叔謂：'洛俗恐難化於秦人。'子厚謂：'秦俗之化，亦先自和叔有力焉，亦是士人敦厚，東方亦恐難肯向風。'正叔辨周都言：'轂、洛鬭，毀王宮，今轂、洛相合處在七里店南，既言毀王宮，則周室亦恐不遠於今之宮闕也。'子厚謂：'昔嘗謂伯淳優於正叔，今見之果然；其救世之志甚誠切，亦於今日天下之事盡記得熟。'子厚言：'今日之往來，俱無益，不如閒居，與學者講論，資養後生，卻成得事。'正叔言：'何必然？義當來則來，當往則往爾。'二程言：'人不易知。'子厚言：'人誠知之為艱，然至於伎術能否，人情善惡，便可知。惟以一作似。秦武陽殺人於市，見秦始皇懼，此則不可知。'"丁傳靖宋人軼事彙編卷九："張子厚知太常禮院，定龍女衣冠，以其封善濟夫人，故依夫人品服。正叔以為不然，曰：'聞龍女有五十三廟，皆三娘子。一龍耶？五十三龍耶？一龍不應有五十三廟，五十三龍不應盡為三娘子。'子厚默然。"河南程氏遺書卷二一上："張子厚罷太常禮院歸關中，過洛而見程子。子曰:"比太常禮院所議,可得聞乎?'子厚曰:'大事皆爲禮房檢正所奪,所議惟小事爾。'子曰:'小事何?'子厚曰:'如定諡及龍女衣冠。'子曰:'龍女衣冠如何?'子厚曰:'當依夫人品秩,蓋龍女本封善濟夫人。'子曰:'某則不然。既曰龍,則不當被人衣冠。矧大河之塞,本上天降祐,宗廟之靈,朝廷之德,而吏士之勞也。龍何功之有? 又聞龍有五十三廟,皆曰三娘子。一龍邪? 五十三龍邪? 一龍則不當有五十三廟,五十三龍則不應盡爲三娘子也。'子厚默然。"河南程氏遺書卷一五入關語録:"龍女衣冠不可定。龍,獸也。衣冠人所被,豈有禽獸可以被人衣冠? 若以爲一龍,不當立數十廟;若以爲數十龍,不當同爲濟善夫人也。"程顥永新初修龍氏族譜序:"張子厚罷太常禮歸關中,過洛陽而見顥。顥問曰:'比太常儀禮可得聞乎?'子厚曰:'大事皆檢正,所奇小事,如定諡及龍女衣冠,則載所議,以龍女封善濟夫人,衣夫人品服。'顥曰:'既云龍何能被夫人衣?'又云:'胄廟五十三所皆曰三娘,龍少不當廟多,何止娘子?'子厚默然。今龍氏譜如易象六龍皆是人事也。蕃衍雖百,宗廟不爲多,族衆雖千萬女子尚爲少。衣冠濟濟,又皆稱其人。子厚聞之欣然,是爲序。大宋元豐元年。"

按:關於洛陽議論的時間。洛陽議論的時間與邵雍卒時相關。武譜認爲:"九月邵雍疾,(張載)與司馬君實、二程晨夕候之,過洛見二程子。"武氏之論實據宋史而來。宋史卷四二七:"雍疾病,司馬光、張載、程顥、程頤晨夕候之,將終,共議喪葬事外庭,雍皆能聞衆人所言。"又云邵雍於"熙寧十年,卒,年六十七,贈祕書省著作郎"。然而,程顥邵堯夫先生墓誌銘云:"熙寧丁巳孟秋癸丑即公元一〇七七年七月五日,堯夫先生疾終於家。"邵伯溫邵氏聞見録卷一五載:"熙寧十年,吴充丞相當國,復召還舘。康節已病,子厚知醫,亦喜談命,診康節脈曰:'先生之疾無慮。'又曰:'頗信命否?'康節曰:'天命某自知之,世俗所謂命,某不知也。'子厚曰:'先生知天命矣,尚何言。'子厚入舘數月,以病歸,過洛,康節已捐舘,折簡慰撫伯溫勤甚。見二程先生曰:'某之病必不起,尚可及長安也。'行至臨潼縣,沐浴更衣而寢,及旦視之,亡矣。門生衰絰挽車,葬鳳翔之横渠,是謂横渠先生。"卷二〇又云:"先公(邵雍)與横渠先生張子厚同以熙寧十年丁巳捐舘。"據上述文獻可知,張載入舘過洛陽時,邵雍已病重,數月後卒。宋史所謂在邵雍臨終時,張載與二程"晨夕候之",當誤。武澄所謂"九月邵堯夫疾",更誤。張載歸郿過洛時,邵雍"已捐舘",即邵雍在是年七月已去世。因此,可以推測張載約在是年七月邵雍卒後纔過洛,並抱病與二程兄弟論學。

又按:關於論"龍女衣冠"的時間與參與者。武譜云:"(熙寧三年)張子歸郿,過洛見程子論龍女衣冠事。"歸譜亦從此說。然而,據上述史料,知論"龍女衣冠"之事,當發生在熙寧十年(一〇七七)張載罷太常禮院歸關中之時,此論與程氏遺書中所收錄的洛陽議論在同一時期。武氏誤以爲此事發生於熙寧三年(一〇七〇)張載因其弟張戩違逆王安石,而擔心受累返鄉過洛之時,實誤。關於參與者。丁傳靖宋人軼事彙編載録宋人莊季裕雞肋篇云,參與者爲張載與程頤。程顥永新初修龍氏族譜序則注明爲自己與張載論說。河南程氏遺書載爲"程子"與張載論說爲程門弟子張繹所記。據此看來,對這一問題的討論,三人均參加了,且在熙寧十一年(一〇七八)程顥在爲龍氏族譜作序時,仍思考"龍女衣冠"的問題;在元豐三年(一〇八〇)程頤入關中時,也提及該問題。

張載作詩上堯夫先生兼寄伯淳正叔云:

中華書局本張載集文集佚存載詩上堯夫先生兼寄伯淳正叔:"先生高臥洛城中,洛邑簪纓幸所同。顧我七年清渭上,並遊無侶又春風。病肺支離恰十春,病深樽俎久埃塵。人憐舊病新年減,不道新添別病深。"

按:續資治通鑑長編卷二八一載:"(熙寧十年三月)戊午,詔著作佐郎、前崇文院校書張載歸舘供職。載前以尋醫去,秦鳳路經署使呂大防請召還,故有是詔。"可以看出,早在熙寧三年(一〇七〇),張戩累章論王安石變法而獲罪時,張載就已身患病症。第一次西歸橫渠故里時,不僅僅因爲張戩之事,也存在求醫、治病的原因。再者,從詩上堯夫先生兼寄伯淳正叔云"病肺支離恰十春"知,張載所患乃是慢性肺病。又據司馬光又哀橫渠詩:"近應詔書起,尋取病告旋;舊廬不能到,丹旐風翩翩。"可見,熙寧十年時張載病情已十分嚴重。

十二月,張載卒。

行狀:"(熙寧)十年春復召還舘,同知太常禮院。是年冬謁告西歸。十有二月乙亥,行次臨潼,卒於舘舍,享年五十有八。"宋史卷四二七張載傳:"(張載)與有司議禮不合,復以疾歸,中道疾甚,沐浴更衣而寢,旦而卒。貧無以斂,門人共買棺奉其喪還。翰林學士許將等言其恬於進取,乞加贈恤,詔賜舘職半賻。"宋呂中宋大事記講義卷一四:"熙寧十年十二月張載卒。……抵掌談兵,初志實銳。一旦幡然名教之樂,屏居講授,敝衣蔬食,脫屣於利祿之塲,力行自信不負所學以針砭新法之謬,維持正道不溺他。好以障隉神怪之妄,秦漢而下其有能臻斯理者乎。……斯文未墜,正統未傳,寔濂溪導其源,橫渠浚其流。先生之學以樂天知命爲本,以尊禮貴德爲用,以大易、中庸爲宗,以孔孟淵源爲法,其宗且遠者,旣得其要。明井田、宅里之制,陳學校之法。與夫訂婚祭之儀,裁古今之禮,其近且粗,又極其備體用該本末具。"

按一:歷代關於張載的評價衆多,諸如:河南程氏遺書卷二上:"某接人多矣,不雜者三人:張子厚、邵堯夫、司馬君實","子厚以禮教學者,最善,使學者先有所據守","子厚則高才,其學更先從雜博中過來","橫渠昔嘗譬命是源,窮理與盡性如穿渠引源。然則渠與源是兩物,後來此議必改來","橫渠教人,本只是謂世學膠固,故說一個清虛一大,只圖得人稍損得沒去就是道理來,然而人又更別處走。今日且只道敬"。河南程氏遺書卷三:"張子厚、邵堯夫,善自開大者也。……張子厚聞生皇子,喜甚;見餓莩者,食便不美。"河南程氏遺書卷二三:"張子厚嘗謂佛如大富貧子,橫渠論此一事甚當。"河南程氏粹言卷一:"子厚之爲人,謹且嚴,是以其言似之,方之孟子,則寬宏舒泰有所不及也。"薛敬之思菴野錄云:"張子見道,最瀟灑大節上,尤分明。如說天地處便道太虛不能不散而爲萬物,萬物不能不聚而爲太虛。循是出入者,皆不得已而然。是何等胸次,今學者未易到得恁氣象。"王心敬諸儒評云:"橫渠先生氣質剛過,學力堅苦,前無所依,旁無與輔,超然入孔孟之門,而見宗廟之美、百官之富。嗚呼!卓矣!至如西銘大旨淵乎,通古大人之學,知禮成性。粹乎!會吾夫子之大化,雖未敢遽許,而在吾道宗傳中引弘毅二字,自不愧焉。"

按二:關於張載卒年。主要存在以下諸說:其一,熙寧十年說。吳榮光歷代名人年譜、錢大昕疑年錄、張懷驤疑年錄彙編、余嘉錫疑年錄輯疑、姜亮夫歷代人物年里碑傳綜表、今關壽麿宋元明清儒學年表等皆主此說。當前學術界,多數學者也定其卒年爲一○七七年。其二,熙寧十年十二月說。呂大臨行狀:"十有二月乙亥,行次臨潼,卒於舘舍,享年五十有八。"謝巍中國歷代人物年譜考錄載錄宋張同然橫渠先生張獻公年譜時云:"天禧四年庚申生,熙寧十年丁巳十二月二十三日卒,年五十八。"呂中宋大事記講義卷一四:"熙寧十年十二月張載卒。"武譜:"宋神宗熙寧十年張子至京師……冬十二月乙亥卒於臨潼舘舍。"此外,尚有宋元學案等亦持此說。其三,熙寧十年十一月說。宋陳均宋本皇朝編年綱目備要卷二○:"(熙寧十年)十一月張載卒。"清錢保塘歷代名人生卒錄:"熙寧十年十一月卒,年五十八。"歸譜於"十年丁巳五十八歲"條下云:"春知太常禮院。冬十一月再移疾西歸,乙亥卒於臨潼舘舍。"黃秀璣張載也認爲:"熙寧十年(西元一〇七七),十一月二十八日。終年五十七歲。"其四,西元一〇七八說。勞思光新編中國哲學史:"張氏生卒年應爲西元一〇二〇~一〇七八。因農曆十二月則太陽曆已進入第二年矣。"清畢沅續通鑑卷七三、吳乘權等綱鑑易知錄卷七二、王世貞镌王鳳洲先生會纂綱鑑歷朝正史全編卷七、吳康張橫渠學說等亦持此說。以上諸說,本應以行狀"十有二月乙亥"說最爲可信,但是,根據陳垣二十史朔月表、方詩銘中國歷史紀年表等均可推出:熙寧十年十二月初一爲丁丑日,本月有"己亥"日而無"乙亥"日,但後推至十一月二十八日,爲"乙亥"日,即公元一〇七七年十二月十六日。因此,可以推斷目前所看到的呂大臨所撰行狀在傳抄過程中或是"十有二月"爲"十有一月"之誤,或是"乙亥"爲"己亥"之誤。若是"十有二月"爲"十有一月"之誤,則符合陳均、錢保塘、黃秀璣十一月說。若是"乙亥"爲"己亥"之誤,則"十二月己亥"爲"十二月二十三日",即公元一〇七八年一月十日,符合呂中等"十二月二十三日"或"十二月"說,也符合吳康、勞思光等人卒年爲公元一〇七八年說。因此看,長期以來存在的兩種說法各有其依據,姑且暫誌張載卒年於公元一〇七七年,以俟新考。

  按三:關於張載病卒之因。今人劉榮慶張載卒時、卒因辨一文認爲:"張載被召封爲禮官,在封建禮儀上宣導復古,卻得不到趙宋皇帝和同僚的支持,處境十分孤立,就連最隆重的郊廟之禮'不致嚴','亟欲正之,而衆莫之助',生了滿肚子的窩囊氣,其實現平生主張與施展才能的寄託,連連碰壁,他心理上遭到的打擊和受到的壓力是很大的。'疾'是心裏吃力引起的,又是還鄉的藉口,政治上、精神上的雪上加霜當是他卒於驪山之下的橫渠書院今臨潼縣華清小學的重要原因之一。"劉氏認爲張載之"疾"乃"心裏吃力",政治、精神的雙重打擊是其真正卒因。然而,據行狀:"會弟天祺以言得罪,先生益不安,乃謁告西歸,居於橫渠故里,遂移疾不起。"張載詩上堯夫先生兼寄伯淳正叔云:"先生高臥洛城中,洛邑簪纓幸所同。顧我七年清渭上,並遊無侶又春風。病肺支離恰十春,病深樽俎久埃塵。人憐舊病新年減,不道新添別病深。"續資治通鑑長編卷二八一又載:"(熙寧十年三月)戊午,詔著作佐郎、前崇文院校書張載歸舘供職。載前以尋醫去,秦鳳路經畧使呂大防請召還,故有是詔。"可見在熙寧三年(一〇七〇)時,張載就已身患病症,第一次西歸橫渠故里。又據詩上堯夫先生兼寄伯淳正叔云"病肺支離恰十春"、司馬光又哀橫渠詩

"近應詔書起,尋取病告旋;舊廬不能到,丹旐風翩翩。"邵伯溫邵氏聞見錄卷一五"子厚入館數月,以病歸,過洛,康節已捐館,折簡慰撫伯溫勤甚。見二程先生曰:'某之病必不起,尚可及長安也。'"宋史卷四二七張載傳:"(張載)與有司議禮不合,復以疾歸。"可見,到了熙寧十年,張載已深感所患的慢性肺病十分嚴重,歸至臨潼時,已預感大限將至。之所以有此預感,乃是基於張載深知醫術邵氏聞見錄云其爲邵雍診脈事,及其具有存順沒寧、知天樂命的思想。劉氏以自我之臆測解釋張載卒因,實誤! 此外,劉文又認爲張載"卒於驪山之下的橫渠書院"。行狀云"卒於舘舍"。劉氏所據未知其詳。然而,清史傳遠纂修臨潼縣志卷八載崔紀重修橫渠書院記云:"因遍訪志乘中所載先賢遺蹟之存廢,而臨潼朱令,遂有重修橫渠書院之議。夫橫渠張子,千古之大儒也。生於郿邑,而臨潼寔皋座談經之地。其書院之應修,豈顧問哉?"趙于京建橫渠書院碑記又云:"行次臨潼,沐浴更衣而寢。旦視之,歿矣。……潼舊有祠,今無片瓦。將事時,蓍花數畝而已。挾羊執燭,夜露如水,京甚傷之。卜分司空基一區,極□器,乃築書院,儼先生像。思以時講學於中,使世知文武既往,道固至今在關西也。"據以上述記載看,橫渠書院乃是紀念張載壽終於臨潼而後建。劉氏誤將書院視爲張載病卒之所。

按四:關於張載的門人。宋元學案卷十八橫渠學案下載錄"橫渠門人"爲呂大忠、呂大鈞、呂大臨、范育四人,卷三一呂范諸儒學案又載錄了張載門人呂大忠、呂大鈞、呂大臨、蘇昞、范育、游師雄、种師道、潘拯、李復、田腴、邵清、張舜民、薛昌朝十三人,且全祖望案云:"橫渠弟子埒於洛中,而自呂、蘇、范以外寥寥者,呂、蘇、范皆以程氏而傳,而南渡後少宗關學者,故洛中弟子雖下中之才皆得見於著錄,而張氏諸公泯然,可爲三歎! 予於宋史得游、种二公,於晁景迂集得張舜民,於童蒙訓得田腴,於程子語錄得薛昌朝,於閩志得邵清。而潘拯乃關中一大弟子,竟莫得其詳。"此外,李復潏水集卷八劉君俞墓誌銘云:"友諱公彥,字君俞,姓劉氏,高密諸城人也,少從學於橫渠子張子,刻勵修潔,篤于孝友,恭謹恂恂,不妄言動。"可見,劉公彥亦爲張載門人。

按五:上述張載門人中并無呂希哲,然而武譜卻云:"澄按:張子門人最著名者,如河南呂希哲、藍田呂大鈞、武功蘇昞,皆名儒也。其餘諸公俟考。"武氏以呂希哲爲張載門人。據河南程氏外書卷一二:"伊川二十四五時,呂原明首師事之。"宋史卷四二七程頤傳云:"(呂希哲)首以師禮事頤。"卷三三六呂希哲傳又云:"希哲字原明,少從焦千之、孫復、石介、胡瑗學,復從程顥、程頤、張載遊，聞見由是益廣。"伊川先生年譜："呂希哲原明與先生鄰齋，首以師禮事焉。"朱熹伊洛淵源錄卷七："公（呂希哲）始從安定胡先生瑗於太學，後遍從孫先生復、石先生介、李先生覯、王公安石學。……始與程先生頤俱事胡先生，居並舍。公少程先生一、二歲，察其學問淵源，非他人比，首以師禮事之。而明道程先生顥及橫渠張先生載兄弟、孫公覺、李公常皆與公遊。"黃宗羲宋元學案置呂希哲於滎陽學案，視爲"胡（胡瑗）程（二程）門人"。可見，視呂希哲爲程頤門人無誤。雖然張載與呂希哲及其父呂公著存在諸多交往，但是視呂希哲爲張載門人並不妥帖。更何況呂氏本有家學，具有重涵養氣象，博雜兼收，甚至學佛的特點，這與張載思想並沒有繼承性。

按六：張載著述眾多：四庫全書總目卷九二云："考載所著書見於宋史藝文志者有易說三卷，正蒙十卷，經學理窟十卷，文集十卷。宋史藝文志載易說十卷、經學理窟三卷、詩說一卷、橫渠張氏雜儀一卷、雜述一卷，及司馬光、程顥、張載合撰三家冠婚喪雜禮五卷。虞澄作吳澄行狀稱：嘗校正張子書，以東、西銘冠篇，正蒙次之。今未見其本。此本不知何人所編，題曰'全書'，而止有西銘一卷，正蒙二卷，經學理窟五卷，易說三卷，語錄抄一卷，文集抄一卷，又拾遺一卷，又採宋、元諸儒所論及行狀等作爲附錄一卷，共十五卷。……嘉靖中呂柟作張子抄釋，稱'文集已無完本，惟存二卷。……張子之學主於深思自得，本不以著作繁富爲長。……橫渠之奧論，其精英業已備採矣。'"

按七：關於張子全書的最早版本。張岱年關於張載的思想和著作云："通行本張子全書，編於何時，編者何人，過去很少人注意。四庫全書總目提要曾說：'此本不知何人所編。'四庫提要的作者沒有進行深入的調查，只是以不了了之。其實這個問題還是可以解決的。明呂柟在嘉靖五年編著張子抄釋，序文中說：'橫渠張子書甚多，今其存者止二銘、正蒙、理窟、語錄及文集，而文集又未完，止得二卷於三原馬伯循氏。'可見當時還沒有張子全書，而張子全書中的語錄抄、文集抄是直接沿用呂柟所摘抄的，可見張子全書的編纂在呂柟之後。清乾隆年間宋廷尊刊本張子全書卷首有宋廷尊附記說：'張子撰著，明以前散見他書。萬曆中都門沈芳揚（芳揚，自彰先生字也）守鳳翔，搜集爲全書，說見原刻張某序中。'宋氏所說，當有所據。今存萬曆刊本張子全書，有袁應泰序、張能鱗序，都未談到這個問題。袁序中僅說：'郡伯沈公表章理學，……爲建橫渠書院，肖像以祀之，並刻其全書而屬序於余。'順治刊本張子全書喻三畏序，有幾句話很值得注意。他說：'遂求先生全集於文獻之家，而鄉先達果進予而言曰:先生著作,雖傳今古遍天下,惟吾郡實爲大備。前都門芳揚沈太公祖尊先生教,搜索殆徧,壽之木以廣其傳,至今家絃戶誦,衍先生澤使之靈長者,沈公力也。'根據喻三畏和宋廷尊的說法,我們可以斷定:張子全書是明萬歷年間沈自彰編纂的。明末徐必達刻張子全書,是在沈自彰以後了。"可見,張岱年認爲張子全書最早爲呂柟之後的沈自彰於萬曆四十六年(一六一八)所編刻的。但是,據現存版本看,徐必達於明萬曆三十四年(一六〇六)所輯刻合周張兩先生全書二十二卷中,就收錄了張子全書十五卷;且徐氏合刻周張兩先生全書序云:"橫渠書甚多,今止得二銘、正蒙、理窟、易說,而語錄、文集則止得呂公柟所抄者。其散見性理、近思錄、二程書者,稍採補之。遺言則曰拾遺,遺事則曰附錄。挂一漏萬,不無望於後之君子。萬曆丙午四月望檇李後學徐必達書於銓曹書院。"據此可知,在呂柟張子抄釋之後,徐必達整理出拾遺與附錄,並與張載其他諸書合刻爲張子全書。該書早沈自彰刻本十二年,理應爲最早刻本。此外,比較徐本與沈本,其卷次篇目、各卷内容相同,文字基本無差別,僅在一些標題落款、版式上有所不同,可知沈本延承徐本無疑。

按八:關於經學理窟編者、卷數、内容。關於編者:一爲金華先生。晁公武郡齋讀書志云:"理窟二卷。右題曰金華先生,未詳何人。蓋爲二程、張氏之學者。"趙希弁附志云:"橫渠先生經學理窟一卷。右張獻公載之說也。讀書志云:'理窟二卷。右題金華先生,未詳何人,爲程、張之學者。'希弁所藏橫渠先生經學理窟一卷,其目有所謂周禮、詩書、氣質、義理、學大原、自道、祭祀、月令統、喪紀,凡十二云。"二或爲張載自撰。汪偉橫渠經學理窟序云:"或以爲先生所自撰。……先生集所立言以爲正蒙,其平日所俯而讀,仰而思,妙契而疾書者,宜無遺矣。明年,遂捐舘舍,所謂文集、語錄及諸經說等,皆出於門人之所纂集。若理窟者,亦分類語錄之類耳,言有詳畧,記者非一手也。雖然,言之精者固不出於正蒙,謂是非先生之蘊不可也。……嘉靖元年夏五月朔旦,後學弋陽汪偉謹書。"三爲張載門人所編。黃鞏橫渠經學理窟跋:"右橫渠先生子張子經學理窟凡五卷。……考之近思錄,凡取之先生文集、語錄、諸經說者,乃皆出於理窟,意理窟亦其門人匯輯文集、語錄、諸經說之語而命以是名,殆非先生之所自著也。……嘉靖元年四月望日,後學莆陽黃鞏謹識。"就這三種說法而言,汪偉序、黃鞏跋均寫於明嘉靖元年,晚於宋晁公武的讀書志。而且,孫猛郡齋讀書志校證又云:"按朱熹近思錄採用羣書書目不載是書。然道命録卷九引魏了翁爲周、二程、張先生請謚奏實載是書,疑金華先生乃編者。"宋元學案卷三二周許諸儒學案中全祖望又云:"世知永嘉諸子之傳洛學,不知其兼傳關學。考'九先生'者,其六人及程門,其三則私淑也。而周浮沚、沈彬老又嘗從藍田呂氏遊,非橫渠之再傳乎?""九先生"即周行己、許景衡、劉安節、劉安上、戴述、趙霄、張輝、沈躬行、蔣元中。故暫遵循晁氏所說、孫氏所疑,視經學理窟爲"金華先生"所編,且贊同張載之學對永嘉學術有所影響。關於經學理窟的卷數。宋史藝文志載其爲三卷,郡齋讀書志載爲二卷,讀書志附志載爲一卷,直齋書録解題載爲一卷、經義考卷三七載爲一卷,四庫全書總目卷九二子部儒家二載爲十卷,宋諸儒鳴道本與明張子全書等均載爲五卷。故知此書歷來卷數不一,但是五卷本自宋即存在。關於經學理窟的內容。今人張岱年關於張載的思想和著作一文云:"今存的理窟,內容和趙希弁所述目次相同,但其中有些是程頤的語録,而從大部分的題材語氣來看,又確像張載的話。疑宋代理窟有兩個本子,一題金華先生,一題橫渠先生。金華先生可能是編者。這本書當是張載程頤語録的類編,後人因其中張載的話較多,所以算作張載的書了。書中只是門人的記録,不是張氏手著的,不完全可信。"然趙希弁附志云:"橫渠先生經學理窟一卷。右張獻公載之說也。"並未註明所藏橫渠先生經學理窟一卷本的編者爲張載,故而不取張氏"宋代理窟有兩個本子,一題金華先生,一題橫渠先生"之論,但張氏所云理窟中雜有程頤語録,確有其事,故置此論於此。

妻郭氏存。子因幼。

行狀:"先生娶南陽郭氏,有子曰因,尚幼。"宋張舜民乞追贈張子疏:"載之死於今十有五年,今載止有一妻一子,衣食不足寄託。"

按一:明崇禎十六年沈自彰受時任瀔州知州的吳方恩之請所撰瀔州橫渠書院碑則云:"二世曰因,金贈朝列大夫。三世曰炎,仕金中奉大夫。"據張載門人吕大臨行狀、張舜民疏、吳方恩碑記知,張載只有一子爲張因。這一記載也與匯溪張氏支譜等後世一些張載家族家譜相吻合。匯溪張氏支譜亦云:"(張載)配郭氏,封壽昌縣君,追封華陰郡太君。生宋天聖二年甲子,卒元符元年戊寅,年七十有五。子一:因。墓,葬陝西鳳翔府郿縣務本里","因,字仍之,宋元祐癸酉以范純仁薦,試秘書郎,出爲古城令。建炎丁未,以子時儉殉金難,贈中書舍人。紹興壬午,以曾孫德成歿王事,加贈司徒。生宋治平四年丁未,卒大觀四年庚寅,年四十有四"。據此,郭氏生於宋天聖二年(一〇二四),卒於元符元年(一〇九八)。張因生於宋治平四年(一〇六七),卒大觀四年(一一一〇)。

按二:現存明嘉靖八年(己丑,一五二九)許莊所撰灤州橫渠書院碑云:"有子曰貴,金贈朝列大夫。孫曰炎,仕金爲中奉大夫、石州刺史,封開國侯。"此處云張載子爲張貴,不云張因,但三世張炎則一致。連云港百忍堂張氏宗譜又記載:"(張載)配吳夫人,生宋真宗大中祥符八年八月初六子時,卒於宋神宗元豐二年四月二十亥時,享年六十五歲。生一子。"幷記其子爲張銘。此處記載張載除配郭氏夫人之外又有吳氏夫人,且有子爲張銘。此外,關於張載之子又有張泗春、張逢春、張沂春三子之說(見內鄉張氏族譜),張因、張圍二子說(見張禮鳳翔張氏宗譜序),張因、張宜、張旦三子說(見武進百忍堂張氏宗譜)等,均可另備說,有待於進一步詳考。

同年紀事:

葉夢得生。據疑年錄稽疑卷二。

正月,王安石撰相鶴經。據臨川先生文集卷七〇。

三月,蘇頌撰溫州開元寺重修大殿記。據蘇魏公文集卷六四。

四月,司馬光撰與吳丞相充書。據司馬太師溫國文正公年譜卷六。

五月,曾鞏撰江州景德寺新戒壇記。據南豐先生元豐類稿卷一九。監西京抽稅竹木務、太子中允程顥改太常丞。據續資治通鑑長編卷二八二。詔修仁宗、英宗兩朝正史,命宰臣吳充提舉;以龍圖閣直學士、右諫議大夫宋敏求爲修史;祕書監、集賢院學士蘇頌同修史;祕書丞、集賢校理王存,太子中允、集賢校理、崇政殿說書黃履,著作佐郎、集賢校理林希並爲編修官;勾當御藥院李舜舉管勾兼受奏事。據續資治通鑑長編卷二八二。詔以歐陽修五代史藏祕閣。據續資治通鑑長編卷二八二。

七月,邵雍卒,年六十七。據河南程氏文集卷四邵堯夫先生墓誌銘。范祖禹撰康節先生誄文。據太史范公文集卷三七。詔太常禮院續修禮閣新編。據續資治通鑑長編卷二八三。

九月,司馬光撰邵堯夫先生哀辭。據司馬太師溫國文正公年譜卷六。

十月,蘇軾撰表忠觀碑文。據皇朝文鑑卷一三、七七。

宋神宗元豐元年戊午(一〇七八)

一月,程顥作詩悼念張載。

程顥哭張子厚先生:"嘆息斯文約共修,如何夫子便長休!東山無復蒼生望,西土誰共後學求?千古聲名聯棣萼,二年零落去山丘。寢門慟哭知何限,豈獨交親念舊遊!"

一月,司馬光作論諡書、又哀橫渠詩。

司馬光論諡書:"光啟:昨日承問張子厚諡,倉卒奉對,以'漢魏以來此例甚多,無不可者'。退而思之,有所未盡。竊惟子厚平生用心,欲率今世之人,復三代之禮者也,漢魏以下蓋不足法。郊特牲曰:'古者生無爵,死無諡'。爵,謂大夫以上也。檀弓記禮所由失,以爲士之有誄自縣賁父始。子厚官比諸侯之大夫則已貴,宜有諡矣。然曾子問曰:'賤不誄貴,幼不誄長,禮也。惟天子稱天以誄之。諸侯相誄,非禮也。'諸侯相誄,猶爲非禮,況弟子而誄其師乎!孔子之沒,哀公誄之,不聞弟子復爲之諡也。子路欲使門人爲臣,孔子以爲欺天;門人厚葬顔淵,孔子歎不得視猶子也。君子愛人以禮,今關中諸君欲諡子厚而不合於古禮,非子厚之志。與其以陳文範、陶靖節、王文中、孟貞曜爲比,其尊之也。曷若以孔子爲比乎?承關中諸君決疑於伯淳,而伯淳謙遜,博謀及於淺陋,不敢不盡所聞而獻之以備萬一,惟伯淳擇而折衷之!光再拜。橫渠之沒,門人欲諡爲明誠夫子,質於明道先生。先生疑之,訪於溫公,以爲不可。此帖不見於文集,今藏龜山楊公家。"又哀橫渠詩:"先生負才氣,弱冠遊窮邊;麻衣揖巨公,決策期萬全,謂言叛羌輩,坐可執而鞭。意趣少參差,萬金莫留連。中年更折節,六籍事鑽研;羲農及周孔,上下皆貫穿。造次循繩墨,儒行無少愆。師道久廢闕,模範幾無傳;先生力振起,不絕尚聯緜。教人學雖博,要以禮爲先;庶幾百世後,復睹百王前。釋老比尤熾,羣倫將蕩然;先生論性命,指示令知天。聲光動京師,名卿爭薦延;寘之石渠閣,豈徒修簡編!丞相正自用,立有榮枯權;先生不可屈,去之歸臥堅。孤煢聚滿室,糊口耕無田;欣欣茹藜藿,皆不思肥鮮。近應詔書起,尋取病告旋;舊廬不能到,丹旐風翩翩。人生會歸盡,但問愚與賢;借令陽虎壽,詎足驕顔淵!況於朱紫貴,飄忽如雲煙;豈若有清名,高出太白巔!門人俱絰帶,雪涕會松阡。厚終信爲美,繼志仍須專。讀經守舊學,勿爲利祿遷;好禮效古人,勿爲時俗牽;修内勿修外,執中勿執偏。當令洙泗風,郁郁滿秦川。先生倘有知,無憾歸重泉。"

按:司馬光作論諡書的時間。清顧棟高司馬太師溫國文正公年譜"元豐元年戊午"下云:"正月十六日,答程伯淳書,署云:'昨承問張子厚諡,倉卒奉對,以漢、魏以來,此例甚多,無不可者。退而思之,有所未盡。……承關中諸君決疑於伯淳，而伯淳謙遜，博謀及於淺陋，不敢不盡所聞而獻之，惟伯淳裁擇而折衷之。"附龜山先生跋：'橫渠先生既沒，其門人欲諡明誠中子，以諡議質諸明道先生，先生與溫公參訂之，故有是書。其辭義典奧，而引據精密，足以是正先儒之謬，故寶藏之，以傳後學。'按龜山集中有司馬溫公與明道先生帖，下注云：'溫公家集中不載，故附見於此。'今按公傳家集具載此書，但無年月日可考，而龜山所藏帖末有云'光再拜伯淳大丞座右。正月十六日。'款式詳備，當是公之眞跡。而編集者脫去。龜山去溫公時未遠，猶當及見其手澤耳。橫渠卒於熙寧十年丁巳十一月。鄜去洛千餘里，逮明道致書，而公裁答，自當在明年正月，此書爲戊午正月無疑。"根據楊時所記載，司馬光於是年一月作論諡書，故從顧棟高按語，置此事於此。又因"鄜去洛千餘里"，程顥、司馬光得知張載去世的消息，也約在此時。故亦置程顥哭張子厚先生、司馬光又哀橫渠詩於此。

三月，張載依"古禮"下葬。

行狀："先生諱載，字子厚，世大梁人。……（熙寧）十年春復召還館，同知太常禮院。是年冬謁告西歸。十有二月乙亥，行次臨潼，卒於舘舍，享年五十八。是月以其喪歸殯於家，卜以元豐元年八月癸酉葬於涪州墓南之兆。……近世喪祭無法，喪惟致隆三年，自期以下，未始有衰麻之變；祭先之禮，一用流俗節序，燕褻不嚴。先生繼遭期功之喪，始治喪服，輕重如禮；家祭始行四時之薦，曲盡誠潔。聞者始或疑笑，終乃信而從之，一變從古者甚衆，皆先生倡之。……又卜以三月而葬，其治喪禮一用古，以終先生之志。某惟先生之學之至，備存於書，畧述於諡議矣，然欲求文以表其墓，必得行事之跡，敢次以書。"

按：據行狀"卜以三月而葬，其治喪禮一用古"知，張載葬禮沿用古禮。再從張載生平注重效仿"古禮"，主張"以禮爲教"的思想看，張載的安葬理應遵循古禮。行狀所記，當不誤。禮記王制云："天子七日而殯，七月而葬。諸侯五日而殯，五月而葬。大夫、士、庶人三日而殯，三月而葬。"又據宋史卷一二二禮志："嘉祐八年三月晦日，仁宗崩，英宗立，……九月二十八日，啟菆宮，以初喪服日一臨，易常服出。十月六日，靈駕發引，天子啟奠，梓宮升龍輴。祖奠徹，與皇太后步出宣德門，羣臣辭於板橋。十五日，奉安梓宮陵側。十七日，開皇堂皇堂爲安放皇帝棺槨的地宮，十一月二日，虞主虞主爲古代葬後虞祭時所立的神主至，皇太后奠於瓊林苑，天子步出集英殿門奉迎，奠於幄。七日，祭虞主。二十九日,祔太廟","治平四年正月八日,英宗崩,神宗即位。十一日,大斂。二月三日。殯。四月三日,請諡,十八日,奏告及讀諡冊於福寧殿。七月二十五日,啟菆。八月八日,靈駕發引。二十七日,葬永厚陵","元豐八年三月五日,神宗崩。十三日,大斂,帝成服。十七日,小祥。四月一日,禫除。七月五日,請諡於南郊。九月八日,讀諡實冊於福寧殿。二十三日,啟菆。十月一日,靈駕發引。二十一日,葬永裕陵。二十九日,虞主至,十一月一日,虞祭於集英殿。自復土,六虞在途,太常卿攝事,三虞行禮於殿。四日,卒哭,五日,祔廟"。可見,在張載時期的宋仁宗趙禎、宋英宗趙曙、宋神宗趙頊的葬禮均是遵循古代禮制,停喪期均在七月左右。這亦可佐證張載葬禮所遵循古禮的時間,即停喪期以大夫三月計。據續資治通鑑長編卷二八六、陳垣二十史朔月表知,元豐元年閏正月,故張載下葬時間則約至元豐元年二月左右。但是,在呂大臨行狀中又云"卜以元豐元年八月癸酉葬於涪州墓南之兆"。顯然,"八月癸酉"而葬,離張載去世已遠超過三個月。因此可以推測有兩種可能:一是,初卜以"元豐元年八月癸酉",違背古禮,故在實際葬禮實施中並未遵循,並另卜"三月"葬。二是,行狀在流傳過程中"元豐元年八月"之"八月"爲"二月"之誤,該年二月亦有"癸酉"日,後又改爲"三月"葬。

又按:武譜云:"行狀張子卒,'以其喪歸殯於家,卜以元豐元年八月癸酉葬於涪州墓南之兆'。考涪州墓在郿縣橫渠鎮南大振谷口,南嚮;張子墓在涪州墓左,里人訛呼曰'仙人墳'。戩墓與張子同塋傍涪州墓右。計地四十五畝,詳載郿志。"然而,今謁張載墓,訪現居於張載墓、祠附近的張載後裔知張載所葬處今名爲大鎮谷迷狐嶺,雖今日附近百姓並未以"仙人墳"稱呼張載墳,但流傳了張載庇護狐狸精,得其所答謝的仙丹,從而得道,著書立說等傳說。

呂大防撰橫渠先生墓表。

朱熹晦庵先生朱文公文集卷三五答呂伯恭論淵源錄:"橫渠墓表出於呂汲公,汲公雖尊橫渠,然不講其學而溺於釋氏,故其言多依違兩間,陰爲佛老之地,蓋非深知橫渠者。惜乎當時諸老先生莫之正也。如云學者苦聖人之微而珍佛老之易入,如此則是儒學異端皆可入道,但此難而彼易耳。又稱橫渠不必以佛老而合乎先王之道,如此則是本合由佛老然後可以合道,但橫渠不必然而偶自合耳。此等言論與橫渠著書立言,攘斥異學,一生辛苦之心全背馳了。今若存之,非但無所發明,且使讀者謂必由老佛易以入道,則其爲害有不可勝言者,非若前段所疑年月事蹟之差而已也。又行狀記事已詳,表文所記無居狀外者,亦不必重出。"

按:在張載歿後,呂大防曾撰有橫渠墓表,然而因其中多混佛老與儒爲一,且所記事蹟也有不確之處,故受到後世朱熹等儒家學者的詬病,進而致使墓表佚失。據朱熹的徵引,僅可知橫渠墓表中"學者苦聖人之微而珍佛老之易入""不必以佛老而合乎先王之道"二句而已。

五月,許將等乞加優恤張載。

續資治通鑑長編卷二八九:"(元豐元年五月)詔賜故著作佐郎、崇文院校書張載賻贈,視舘職之半。以翰林學士許將等言載恬於仕進,乞加優恤故也。"宋會要輯稿禮四四之一四:"崇文院校書張載,元豐元年五月,賜賻贈視舘職給半。"

同年紀事:

曾鞏撰王平甫文集序。據南豐先生元豐類稿卷一二。

陶弼卒,年六十四。據忠肅集卷一二。

游酢、楊時、謝良佐以師禮見程顥。據游廌山集卷四年譜。

秦觀撰黃樓賦、集瑞圖序。據皇朝文鑑卷九、九一。

蘇轍撰黃樓賦。據皇朝文鑑卷五。

正月,司馬光撰答程伯淳書。據司馬太師溫國文正公年譜卷六。判太常寺、樞密直學士陳襄,崇政殿說書、同修起居注、太子中允、集賢校理黃履,太常博士、集賢校理李清臣,秘書丞、集賢校理王存,詳定郊廟奉祀禮文;太常寺主簿、秘書丞楊完,御史臺主簿、著作佐郎何洵直,國子監直講、密縣令孫諤充檢討官。據續資治通鑑長編卷二八七。著作佐郎、權檢詳兵房文字范育復崇文院校書。據續資治通鑑長編卷二八七。

三月,御邇英閣,講官黃履進講周禮九式。據續資治通鑑長編卷二八八。

六月,丙午,以同知禮院、太常丞、舘閣校勘劉摯爲集賢校理。據續資治通鑑長編卷二九〇。

八月,舒州團練推官、崇文院校書、中書禮房習學公事蔡京爲大理評事、權檢正禮房公事。據續資治通鑑長編卷二九一。

九月,劉恕卒,年四十七。據山谷全書正集卷三一劉道原墓誌銘。范祖禹撰劉君墓碣。據太史范公文集卷三八。司馬光撰劉道原十國紀年序。據司馬太師溫國文正公年譜卷六。

十一月,蘇軾撰莊子祠堂記。據蘇東坡年譜。

宋神宗元豐二年己未(一〇七九)

呂大臨橫渠先生行狀現存本撰成。

原文見譜前。

按:關於呂大臨橫渠先生行狀的版本。現存呂大臨橫渠先生行狀云:"嘉祐初,見洛陽程伯淳、正叔昆弟於京師,共語道學之要,先生涣然自信曰:'吾道自足,何事旁求!'乃盡棄異學,淳如也。間起從仕,日益久,學益明。"而據河南程氏外書卷一一:"呂與叔作橫渠行狀,有'見二程盡棄其學'之語。尹子言之,先生曰:'表叔平生議論,謂與頤兄弟有同處則可;若謂學於頤兄弟,則無是事。'"朱熹伊洛淵源録:"按行狀今有兩本,一云'盡棄其學而學焉',一云'盡棄異學淳如也'。其他不同處亦多,要皆後本爲勝。疑與叔後嘗刪改如此,今特據以爲定。然龜山集中有跋橫渠與伊川簡云:'橫渠之學,其源出於程氏,而關中諸生尊其書,欲自爲一家。故予録此簡以示學者,使知橫渠雖細務必資於二程,則其他固可知已。'按橫渠有一簡與伊川,問其叔父葬事,末有'提耳悲激'之言,疑龜山所跋即此簡也。然與伊川此言,蓋退讓不居之意。而橫渠之學,實亦自成一家,但其源則自二先生發之耳。"可見,呂大臨橫渠先生行狀有兩個版本,現存行狀爲後來的改本。又據河南程氏遺書卷一九程頤云:"呂與叔守橫渠學甚固,每橫渠無說處皆相從,才有說了,便不肯回。"朱子語類卷九九亦云:"呂與叔難曉處似橫渠,好處卻多。"胡宏題呂與叔中庸解云:"某反覆究觀詞氣,大類橫渠正蒙書,而與叔乃橫渠門人之肖者。"爲什麼"守橫渠學甚固"的呂大臨初寫行狀時,違背張載"學有本原"的事實,不得而知,故暫置疑於此,以俟新考。

關於呂大臨橫渠先生行狀的寫作時間。就上述史料知,當程頤看到橫渠先生行狀初寫本後,令其刪改其中關於張載之學源于程氏的說法。故而,可以確定呂大臨撰寫現行本行狀必是在張載歿後繼學於二程之後,即約在元豐二年(一〇七九)東入洛陽求學於二程之後不久。

同年紀事:

正月,太常博士、檢詳樞密院禮房文字王伯虎爲舘閣校勘。降右諫議大夫蘇頌爲祕書監、集賢院學士、知濠州。據續資治通鑑長編卷二九六。

二月,太常丞程顥判武學。端明殿學士兼翰林侍讀學士、提舉崇福宮司馬光言:"同編修資治通鑑范祖禹已改京官罷任,乞留在局編修。"從之。據續資治通鑑長編卷二九六。

三月,庚辰,御集英殿策禮部進士。癸未,御集英殿試諸科、新科明法。龍圖閣待制、知秦州呂大防知審刑院。據續資治通鑑長編卷二九七。

四月,龍圖閣直學士、右諫議大夫宋敏求卒。據續資治通鑑長編卷二九七。

五月,資政殿學士、右諫議大夫蔡挺卒,贈工部尚書,諡敏肅。祠部員外郎、集賢校理趙彥若兼修百官公卿表。初命司馬光、宋敏求同修,敏求卒,光請以彥若繼成之。崇文院校書邢恕爲館閣校勘。據續資治通鑑長編卷二九八。

七月,劉公彥卒。據濼水集卷八。丁丑,起居舍人、集賢院學士沈括復龍圖閣待制。據續資治通鑑長編卷二九九。

八月,大理評事、崇文院校書、權檢正中書禮房公事蔡京爲太子中允、館閣校勘。光禄寺丞、集賢校理陸佃爲太子中允、崇政殿說書。據續資治通鑑長編卷二九九。

十二月,祠部員外郎、直史館蘇軾責授檢校水部員外郎、黃州團練副使、本州安置,不得簽書公事,令御史臺差人轉押前去。絳州團練使、駙馬都尉王詵追兩官勒停。著作佐郎、簽書應天府判官蘇轍監筠州鹽酒稅務,正字王鞏監賓州鹽酒務,令開封府差人押出門,趣赴任。太子少師致仕張方平、知制誥李清臣罰銅三十斤。端明殿學士司馬光、戶部侍郎致仕范鎮、知開封府錢藻、知審官東院陳襄、京東轉運使劉攽、淮南西路提點刑獄李常、知福州孫覺、知亳州曾鞏、知河中府王汾、知宗正丞劉摯、著作佐郎黃庭堅、衛尉寺丞戚秉道、正字吳琯、知考城縣盛僑、知滕縣王安上、樂清縣令周邠、監仁和縣鹽稅杜子方、監澶州酒稅顏復、選人陳圭錢世雄各罰銅二十斤。據續資治通鑑長編卷三○一。

譜　後

宋哲宗元祐五年庚午（一〇九〇）

范育作正蒙序。

皇朝文鑑卷九〇載范育正蒙序："子張子校書崇文，未伸其志，退而寓於太白之陰、橫渠之陽，潛心天地，參聖學之源，七年而道益明，德益尊，著正蒙書數萬言而未出也，間因問答之言，或窺其一二。熙寧丁巳歲，天子召以爲禮官，至京師，予始受其書而質問焉。其年秋，夫子復西歸，歿於驪山之下，門人遂出其書，傳者浸廣，至其疑義獨無從取正。十有三年於茲矣，痛乎微言之將絶也！友人蘇子季明離其書爲十七篇以示予。昔者夫子之書蓋未嘗離也，故有'枯株晬盤'之說。然斯言也，豈待好之者充且擇歟？特夫子之所居也。今也離而爲書，以推明夫子之道，質萬世之傳，予無加損焉爾。惟夫子之爲此書也，有六經之所未載，聖人之所不言，或者疑其蓋不必道。若'清虛一大'之語，適將取訾於末學，予則異焉。

"自孔孟沒，學絶道喪，千有餘年，處士橫議，異端間作，若浮屠老子之書，天下共傳，與六經並行。而其徒侈其說，以爲大道精微之理，儒家之所不能談，必取吾書爲正。世之儒者亦自許曰：'吾之六經未嘗語也，孔孟未嘗及也'，從而信其書，宗其道，天下靡然同風，無敢置疑於其間，況能奮一朝之辯，而與之較是非曲直哉？子張子獨以命世之宏才，曠古之絶識，參之以博聞強記之學，質之以稽天窮地之思，與堯、舜、孔、孟合德乎數千載之間。閔乎道之不明，斯人之迷且病，天下之理泯然其將滅也，故爲此言與浮屠老子辯，夫豈好異乎哉？蓋不得已也。浮屠以心爲法，以空爲眞，故正蒙闢之以天理之大，又曰：'知虛空卽氣，則有無、隱顯、神化、性命通一無二。'老子以無爲爲道，故正蒙闢之曰：'不有兩則無一。'至於談死生之際，曰'輪轉不息，能脫是者則無生滅'，或曰'久生不死'，故正蒙闢之曰：'太虛不能無氣，氣不能不聚而爲萬物,萬物不能不散而爲太虛。'夫爲是言者,豈得已哉!使二氏者眞得至道之要、不二之理,則吾何爲紛紛然與之辯哉?其爲辯者,正欲排邪說,歸至理,使萬世不惑而已。使彼二氏者,天下信之,出於孔子之前,則六經之言有不道者乎?孟子常勤勤闢楊朱、墨翟矣,若浮屠、老子之言聞乎孟子之耳,焉有不闢之者乎?故予曰正蒙之言不得已而云也。

"嗚呼!道一而已,亘萬世,窮天地,理有易乎是哉!語上極乎高明,語下涉乎形器,語大至於無間,語小入於無朕,一有窒而不通,則於理爲妄。故正蒙之言,高者抑之,卑者舉之,虛者實之,礙者通之,衆者一之,合者散之。要之立乎大中至正之矩。天之所以運,地之所以載,日月之所以明,鬼神之所以幽,風雲之所以變,江河之所以流,物理以辨,人倫以正,造端者微,成能者著,知德者崇,就業者廣,本末上下貫乎一道,過乎此者滛遁之狂言也,不及乎此者邪詖之卑說也。推而放諸有形而準,推而放諸無形而準,推而放諸至動而準,推而放諸至靜而準,無不包矣,無不盡矣,無大可過矣,無細可遺矣。言若是乎其極矣,道若是乎其至矣,聖人復起,無有間乎斯文矣。

"元祐丁卯歲,予居太夫人憂,蘇子又以其書屬余爲之敘,泣血受書,三年不能爲一辭,今也去喪而不死,尚可不爲夫子言乎?雖然,爝火之微,培塿之塵,惡乎助太陽之光而益太山之高乎?蓋有不得默乎云爾,則亦不得默乎云爾。門人范育謹序。"

按:元祐丁卯歲即元祐二年(一〇八七),范育憂喪。根據范育自述"三年不能爲一辭"看,正蒙序當作於范育服喪三年期後,時至元祐五年。正蒙序又云:"十有三年於茲矣",這恰符合張載卒於熙寧十年(以公元一〇七七年推算)之說,故置於是年。

同年紀事:
正月,程珦卒,年八十五。據河南程氏文集卷六書先公自撰墓誌後。

二月,龍圖閣直學士、左朝散大夫、提舉靈仙觀孫覺卒。據宋史卷三四四、續資治通鑑長編卷四三八。黃庭堅撰祭孫莘老文。據豫章先生遺文卷六。秦觀撰孫莘老挽詞。據淮海集卷四〇哀挽。太師、平章軍國重事、潞國公文彥博爲守太師、開府儀同三司、護國軍山南西道節度使致仕。據續資治通鑑長編卷四三九。

三月,翰林學士承旨、光禄大夫、知制誥兼侍讀蘇頌爲右光禄大夫、守尚書左丞。據續資治通鑑長編卷四三九。

四月,右光禄大夫、知樞密院事孫固卒,年七十。據續資治通鑑長編卷四四一、宋史卷三四一。

五月,新知延安府、觀文殿學士范純仁爲觀文殿大學士、知太原府。據續資治通鑑長編卷四四二。翰林學士蘇轍爲龍圖閣直學士、御史中丞。據續資治通鑑長編卷四四二。

六月,資政殿大學士、提舉崇福宮韓維知潁昌府,端明殿學士、知蔡州王存爲資政殿學士,寶文閣直學士、知鄭州謝景溫知真定府,新知潁昌府、龍圖閣待制蔡京知鄆州,集賢殿修撰、知潤州林希爲天章閣待制,左朝奉郎、知徐州彭汝礪爲集賢殿修撰。據續資治通鑑長編卷四四三。

九月,權知開封府、天章閣待制顧臨爲兵部侍郎兼侍讀,兵部侍郎范純禮爲給事中。據續資治通鑑長編卷四四八。

十二月,龍圖閣直學士、朝散郎、御史中丞蘇轍加龍圖閣學士。據續資治通鑑長編卷四五三。

宋哲宗元祐七年壬申(一〇九二)

張舜民上乞追贈張載奏。

全宋文卷一八一三載張舜民乞追贈張載奏,並注爲元祐四年,其奏云:"臣伏睹鳳翔府橫渠鎮居住故崇文院校書張載,學際天人,誠動金石。義之所在,白刃可蹈;心有不厭,萬鍾何加?口如不能言,體若不勝衣,議論感激,凜如秋霜,雖萬軍之將,不足言其勇也。平居與人言,退然若不知讀書者。坐而講貫,剖判是非,談辨如流,雖滔滔江漢,不足方其廣也。著書萬言,名爲正蒙。陰陽變化之端,仁義道德之理,死生性命之分,治亂國家之經,罔不究通。方之前人,其孟軻、揚雄之流乎!如荀況輩不足望於載也。關中學者,靡然就之,謂之橫渠先生。一登其門,言行皆知,孝悌仁義,有如夙成。雖去載千里之遠,十年之久,不敢一蹈非義,常若載之臨其左右前後也。自此,西土學者,灑然知先聖賢之學。乃知鄉者誦説之富,組繡之文,特小道爾。在熙寧中,累薦朝廷。召至闕下,授以崇文院校書。未幾,以疾辭歸。熙寧末年,再至闕下,神宗方將任用,使行其所言。其疾再作,謁告西歸,死於道路。當時議者以爲,載身逢明天子緣飾禮文、修明治具之時,再至朝廷,竟不能伸其一言以終,此載之短薄,則不幸也。有士如此,當年不能興舉,舉於老疾垂死之時,治國者亦不得無慊然於心也。載之死,於今十有五年,中外臣僚,猶錄其平生,以言於朝廷者,畧以十數。或乞賜田,或録其子,或乞降諡,然天聽高邈,未蒙響答。今載止有一妻一子,衣食不足,寄託親友。日來月往,人情慣煩,飢寒之憂,其勢甚迫。若不干告朝廷,何所赴愬?且君子平日修身謹行,固不爲身之與子孫也;朝廷褒賢録善,豈特爲其賢者之後乎?如孟軻、荀卿、揚雄,於今千有餘年,學者徒能誦其書而已。至於禮貌寂寥,孰肯來括?大朝一旦列之封爵,血食廟堂,使後世觀之,賢於孟軻、荀卿、揚雄乎?賢於本朝乎?故知臣今日之言,非爲載也。伏乞朝廷檢會累次臣寮奏陳,於録子、賜田、追諡三者之間,凡可以厚載者,舉一而足。庶使褒賢之典,獨見於本朝;爲善之風,不墜於今日。"

按:宋趙汝愚輯國朝諸臣奏議卷九五載張舜民上哲宗乞追贈張載奏:"臣伏睹鳳翔府橫渠鎮居住故崇文院校書張載,學際天人,誠動金石。……元祐四年上,時爲秦鳳路提點獄。"明黄淮、楊士奇等歷代名臣奏議卷二七四:"四年,秦鳳路提點張舜民乞追贈張載疏曰:臣伏睹鳳翔府橫渠鎮居住故崇文院校書張載,……載之死,於今十有五年,中外臣僚,猶録其平生,以言於朝廷者,畧以十數。"可見,國朝諸臣奏議、歷代名臣奏議、全宋文卷均置此文於元祐四年(一〇八九)。然而,乞追贈張載奏中云"載之死,於今十有五年",據張載卒於熙寧十年,即以公元一〇七七年推算推斷,張舜民當於是年上乞追贈張載奏。張舜民爲張載弟子,所云其"於今十有五年"不應有誤,故立此條目於是年。國朝諸臣奏議、歷代名臣奏議、全宋文等誤記。

同年紀事:

張九成生。據建炎以來繫年要録卷一八二。

趙抃卒,年七十七。據蘇東坡集卷三八。

蘇軾撰書韓魏公黄州詩後。據蘇東坡文集卷二三。

正月,晁補之撰石遠叔集序。據雞肋集卷三四。左朝請大夫、寶文閣待制、提舉洞霄宮鄭穆卒。據續資治通鑑長編卷四六九。知鄆州、觀文殿學士劉摯知大名府。知大名府、資政殿學士張璪知揚州。知潁州、龍圖閣學士蘇軾知鄆州。據續資治通鑑長編卷四六九。

二月,范祖禹撰告文正公廟文。據太史范公文集卷三七。

四月,蘇軾撰安國寺記、題李公擇山房。據東坡先生年譜。詔尚書左丞蘇頌撰渾天儀象銘。據續資治通鑑長編卷四七二。程頤撰辭免服除直祕閣判西京國子監狀。

據河南程氏文集卷六。

五月,詔程頤許辭免直祕閣、權判西京國子監,差管勾崇福宮。據續資治通鑑長編卷四七三。程頤撰謝管勾崇福宮狀。據河南程氏文集卷六。

七月,詔復置翰林侍講學士。翰林學士范祖禹爲翰林侍講學士兼修國史。據續資治通鑑長編卷四七四。

八月,兵部尚書、龍圖閣學士蘇軾兼侍讀。據續資治通鑑長編卷四七六。程頤撰申河南府乞尋醫狀。據河南程氏文集卷六。

十一月,張耒撰送秦少章赴臨安簿序。據皇朝文鑑卷九二。

宋寧宗嘉定十六年癸未(一二二三)

張載被賜謚"獻"。

李心傳道命錄卷九載魏了翁魏華父爲周二程張四先生請謚奏:"臣聞謚者,行之跡。昔人所以旌善而懲惡,節惠而尊名也。……然同時如崇文院校書、同知太常禮院張載講道關中。世所傳西銘、正蒙、理窟、禮說諸書,所以開警後學,爲功亦不在程顥兄弟下,而易名之議亦未有以爲言。其門人嘗欲謚"明誠中子",司馬光以爲弟子諜師不合於禮。今若自公朝舉行闕典,使之遍及諸儒,無復遺餘之憾,則正學益闡,善類胥奮,實斯道之幸,欲乞聖慈並下有司討論施行,伏候敕旨。……嘉定十年正月二十九奉聖旨依。"卷九又載魏華父爲橫渠先生請謚狀:"聖慈亟賜俞見,天光俯燭,正學昭明,藐然孤蹤,允謂榮幸,惟是第二次奏狀,貼黃,爲故崇文院校書同知太常禮院橫渠先生張載並致易名之請。蓋謂四人即周敦頤、二程、張載有功正學,事禮一同。竊聞已下禮官勘當,然至今四年未蒙施行,……乃自比歲,傳者如朱文公、張宣公、呂成公先已賜謚。爲之倡者,如周元公、程純公、程正公,繼亦得請,尚此獨闕,寧無遺憾,欲望朝廷特賜敷奏,檢會了翁。嘉定十一年內奏狀再下禮官,遵照近例,速與賜謚。……(嘉定十四年上)十六年正月一日,有官旨張某特賜謚。博士陳某擬謚曰'達',而考春官皆不以爲然。禮部侍郎衛某擬議於'明''誠''中'三字內取一字用之。華甫時爲太常少卿,擬用'誠'字,及考謚法,則至誠感神曰誠。議者以爲不可用。遷秘書監去奉常迄今未定也。"趙希弁郡齋讀書志附志:"橫渠先生語錄三卷。右張獻公載字子厚之語也。公秦人,舉嘉祐二年進士。歷崇文檢書、同知太常禮院。議禮不合,復以病請歸,卒。門人諡爲'明誠夫子'。呂大臨爲諡議。有正蒙、理窟二書行於世。嘉定中有旨賜諡，禮官議諡曰'達'，或者不以爲然，改議曰'誠'，或者又以諡法'至誠(筆者注：應爲誠)感神'爲疑。久之，乃諡曰'獻'。淳祐初，從祀於學，封郿伯云。"

按：關於張載諡號與贈諡的時間。宋史卷四二七張載傳："嘉定十三年，賜諡曰明公。"宋史所載亦廣爲後世史書所採用，諸如明王洙史質卷七張明公。然而，據道命錄可知，嘉定十年（一二一七）魏了翁等人向朝廷爲周敦頤、二程、張載請諡。直到嘉定十三年（一二二〇），朝廷纔復允，但也僅追諡周敦頤爲"元公"，程顥爲"純公"，程頤爲"正公"，並沒有追諡張載。嘉定十四年（一二二一）魏了翁再次爲張載請諡，直至十六年（一二二三）正月朝廷允以賜諡。但是，關於諡號名稱又出現了分歧：博士陳某擬諡"達"，禮部侍郎衛某擬在"明""誠""中"三者中取其一，魏了翁擬諡"誠"，道命錄僅以"奉常迄今未定"來記述。故可知，張載被賜諡，當約在是年正月之後。宋史所記"嘉定十三年"爲誤。又據趙希弁郡齋讀書志附志知所賜諡爲"獻"，而非"明"，宋史亦誤。

又按：關於張載的定諡，亦有諸說：王梓材於宋元學案補遺卷一七橫渠學案上案云："李氏序道命錄，時在嘉熙三年之五月，是先生之諡。時猶未定。或即定於是年。本傳所云嘉定十三年，殆嘉熙三年傳寫之誤。"筆者尚未見有嘉熙三年（一二三九）定諡史料，故暫置疑於此，不取此說。此外，宋林駉古今源流至論前集卷五朱子之學云："元祐初元擢用橫渠。人曰：吾道之幸，不知異日節惠之諡，此所以爲幸也。"下註云："哲宗元祐二年，陳襄薦三十六人，張載予其列。又至寧宗嘉定間諡節惠。"顯然，林氏云嘉定間以"節惠"爲張載立諡。林氏記載不詳，故另備此事於此。

同年紀事：

郝經生。據郝文忠公年譜。

元好問撰度太白嶺、葉縣雨中、中嶽廟記、少林藥局記等。據施國祁元遺山全集年譜。

葉適卒，年七十四。據宋史卷四三四。

眞德秀撰南嶽正廟疏文、蕭正肅公祠堂記。據眞文忠公文集卷五〇、三三。

三月，丘處機東歸。據湛然居士年譜。

五月，眞德秀撰潭州復稅酒頌。據眞文忠公文集卷三三。

七月,王應麟生。據錢大昕王深寧先生年譜、深寧先生文鈔。

宋理宗端平二年乙未(一二三五)

正月,張載等十人從祀孔子廟庭。

宋史卷四二理宗本紀二:"端平二年正月丁酉,太陰行犯太白。甲寅,詔議胡瑗、孫明復、邵雍、歐陽修、周敦頤、司馬光、張載、程顥、程頤等十人從祀孔子廟廷;陞孔伋,十哲。"續資治通鑑卷一六八:"(端平二年)甲寅,禮部尚書兼侍講李埴,奏胡瑗、孫復、邵雍、歐陽修、周敦頤、司馬光、蘇軾、張載、程顥、程頤十人,卓然爲學者所宗,宜在從祀之列,又請將子思並與陞祀,列在十哲之間;從之。"

同年紀事:

八思巴生。據薩迦·達欽阿美夏薩迦世系史之八思巴生平。

王恂生。據元史卷一六四。

揭來成生。據雪樓集卷九。

元好問撰移居八首、濟南雜詩十首等。據元遺山全集年譜。

正月,詔經筵所進讀通鑑綱目。據續資治通鑑卷一六八。

三月,以曾從龍兼同知樞密院事,真德秀參知政事,守吏部尚書兼給事中、侍讀陳卓爲端明殿學士同簽書樞密院事。據續資治通鑑卷一六八。

五月,參知政事真德秀卒,年五十八。據鶴山先生大全集卷六九魏了翁所撰神道碑、續資治通鑑卷一六八。

六月,時會要書成,召李心傳赴闕,爲工部侍郎。據續資治通鑑卷一六八。

七月,禮部尚書魏了翁上十事,不報。據續資治通鑑卷一六八。

閏七月,魏了翁進讀大學。據續資治通鑑卷一六八。

秋,元好問爲郝經大父晉卿先生撰墓誌銘。據郝文忠公年譜。

宋理宗淳祐元年辛丑(一二四一)

正月,封張載爲郿伯。

宋史卷四二七張載傳:"淳祐元年封郿伯,從禮孔子廟庭。"宋史卷四二理宗本紀二:"淳祐元年春正月……丙午,封周敦頤爲汝南伯,張載郿伯,程顥河南伯,程頤伊陽伯。"宋史卷一〇五禮志八:"淳祐元年正月,理宗幸太學,詔以周敦頤、張載、程顥、程頤、朱熹從祀,黜王安石。"李心傳道命錄卷一〇載濂溪明伊川橫渠晦菴五先生爵指揮:"正月十五日,又奉御筆。周敦頤、程顥、程頤、張載、朱熹宜令學宫列之從祀,所合各加封爵,除朱熹已封徽國公,公續奉。聖旨:周敦頤封汝南伯,程顥封河南伯,程頤封伊陽伯,張載封郿伯。淳祐元年"王圻續文獻通考卷五八封爵:"淳祐元年封周敦頤汝南伯,張載郿伯,程顥河南伯,程頤伊南伯,並列從祀。"袁了凡、王鳳洲綱鑑合編卷三六:"辛丑淳祐元年元太宗十三年春正月,詔追封周敦頤汝南伯、張載郿伯、程顥河南伯、程頤伊南伯、朱熹徽國公,並從祀孔子廟庭。黜王安石從祀。"續資治通鑑卷一七〇:"(淳祐元年正月)甲辰,詔曰:'朕惟孔子之道,自孟軻後不得其傳,至我朝周敦頤、張載、程顥、程頤,真見力踐,深探聖域,千載絶學,始有指歸。中興以來,又得朱熹,精思明辨,表裏渾融,使中庸、大學、語、孟之書,本末洞澈,孔子之道,益以大明於世。朕每觀五臣論著,啟沃良多。其令學宫列諸從祀,以示崇獎之意。'尋以王安石謂天命不足畏,祖宗不足法,人言不足信,萬世罪人,豈宜從祀孔子之廟庭!合與削去,於正人心、息邪説關係不少,詔黜之。"

同年紀事:

蕭㪺生。據滋溪文稿卷八。

王應麟登進士。從王埜受學,得吕祖謙、真德秀之傳。據王深寧先生年譜。

元好問撰郝先生銘、范陽先德碑、忠武任君銘等。據元遺山全集年譜。

正月,車駕幸太學大成殿,遂御崇化堂,命祭酒曹豳講禮記大學篇。據續資治通鑑卷一七〇。

二月,詔權禮部尚書高定子修四朝國史、寧宗實錄。據續資治通鑑卷一七〇。

三月,以經筵進讀仁皇訓典終篇,講、修注官各進一秩。據續資治通鑑卷一七〇。

十二月,觀文殿學士致仕余天錫卒。據續資治通鑑卷一七〇。

宋度宗咸淳三年丁卯(一二六七)

詔封張載爲郿伯。

宋史卷一〇五禮志八:"咸淳三年,詔封曾參郕國公,孔伋沂國公……西廡，單父侯宓不齊、高密侯公冶長……汝陽伯周敦頤、伊陽伯程頤、郿伯張載、徽周公朱熹、開封伯呂祖謙，凡五十二人，並東嚮。"

同年紀事：
袁桷生。據元史卷一二七、宋元學案卷八五深寧學案。
孟攀鱗卒。據元史卷一六四孟攀鱗傳。
劉因撰希聖解。據靜修文集卷一。
金履祥撰壽北山先生。據徐袍宋仁山金先生年譜。
程鉅夫受學於饒魯弟子程徽菴，與吳澄同門。據程世京楚國文獻公雪樓程先生年譜。
吳澄撰道統圖並敘、外書十篇、皇極經世續書等。據危素臨川吳文正公年譜。
正月，帝詣太學謁孔子，行釋菜禮。以顏淵、曾參、孔伋、孟軻配享，陞顓孫師於十哲，列邵雍、司馬光於從祀，雍封新安伯。據續資治通鑑卷一七八。許衡屢以疾告，蒙古主時賜藥诐；是月，乃聽其歸懷孟。據續資治通鑑卷一七八。
六月，知樞密院事王爚罷，知慶元府。據續資治通鑑卷一七八。
九月，郝經撰念母詩。據郝文忠公年譜。
十一月，王應麟遷起居舍人，兼權中書舍人書行吏右禮工房。據王深寧先生年譜。

元仁宗皇慶二年癸丑（一三一三）

六月，張載等九人從祀孔子廟庭。
元史卷二四仁宗本紀一："（皇慶二年）以宋儒周敦頤、程顥、顥弟頤、張載、邵雍、司馬光、朱熹、張栻、呂祖謙及故中書左丞許衡從祀孔子廟廷。"續資治通鑑卷第一九八："（皇慶二年六月）以宋儒周敦頤、程顥、程頤、張載、邵雍、司馬光、朱熹、張栻、呂祖謙及故中書左丞許衡從祀孔子廟廷。"

同年紀事：
郝天挺卒。據元史卷一七四。
同至都堂請以國子監祭酒詔吳澄還朝。據臨川吳文正公年譜。
虞集在太學移置石鼓於戟門廡下，甃砌爲臺。據虞文靖公年譜。
正月，召河南行省右丞郝天挺爲御史中丞。據續資治通鑑卷第一九八。

二月,命張珪綱領國子學。據續資治通鑑卷第一九八。

三月,御史中丞郝關挺上疏論時政。據續資治通鑑卷第一九八。

六月,建崇文閣於國子監。據續資治通鑑卷第一九八。

九月,行科舉。帝使程鉅夫及李孟、許師敬議其事。鉅夫建言:"經學當主程頤、朱熹傳、註,文章宜革唐宋宿弊。"於是命鉅夫草詔行之。據續資治通鑑卷第一九八。

元泰定帝泰定四年丁卯(一三二七)

七月,建橫渠書院於郿縣,祠宋儒張載。

元史卷三〇泰定帝本紀二:"(泰定四年)秋七月……建橫渠書院於郿縣,祠宋儒張載。"續資治通鑑卷二〇三:"(泰定四年七月)建橫渠書院於郿縣,祀宋儒張載。"

同年紀事:

鄭淵生。據宋文憲公全集卷一一。

虞集撰新昌州重修儒學宣聖廟記。據道園學古錄卷八。

正月,袁桷撰蓬萊閣詩序。據清容居士集卷二二。

二月,敕以金書西番字藏經。據續資治通鑑卷二〇三。

三月,翰林承旨阿林特穆爾、許師敬譯帝訓成,更名曰皇圖大訓,敕授皇太子。據續資治通鑑卷二〇三。徵前翰林學士吳澄,不起。據危素臨川吳文正公年譜。按:續資治通鑑卷二〇三作"正月",危素爲吳澄弟子,故從年譜説。

四月,以虞集爲翰林學士兼國子祭酒。據續資治通鑑卷二〇三。袁桷撰明遠堂記、隱仙記。據清容居士集卷二二。

六月,胡元爲陈梁四書發明作序。據定宇先生年表。

七月,乙卯,詔翰林侍講學士阿嚕衛、直學士雅克齊譯世祖聖訓,以備經筵進講。據續資治通鑑卷二〇三。虞集以奉訓大夫自國子司業上。據虞文靖公年譜。

十二月,召江浙行省右丞趙簡爲集賢大學士,領經筵事。據續資治通鑑卷二〇三。

明世宗嘉靖九年庚寅(一五三〇)

稱"先儒張氏"。

楊慶輯大成通志卷一五張子列傳："嘉靖九年稱'先儒張氏',隆慶五年改稱'先儒張子'。"

同年紀事：
李夢陽卒。據崔銑空同李君墓誌銘。
正月,鄒守益建復初書院。據明會要卷二六。羅洪先請告南歸。始識王艮,並見聶豹於蘇州。據羅念菴先生年譜。
二月,給事中夏言請更郊祀。據明史紀事本末卷五一。
四月,廷臣集議郊祀典禮。據明史紀事本末卷五一。
五月,薛侃建精舍於杭州天眞山,祀王陽明。據王陽明全集年譜。錢德洪刻王陽明先生詩錄。據錢德洪陽明先生詩錄序。
六月,薛侃撰瑞芝記。據薛中離先生全書卷一一。
七月,伍文定卒。據明史卷二〇〇伍文定傳。
十月,正孔子祀典,易木主及釐正從祀諸賢。據明史紀事本末卷五一。

明世宗嘉靖十年辛卯(一五三一)

國子監建啟聖公祠成,張載等九十一人兩廡從祀。

明史卷五〇禮志四："明年(嘉靖十年),國子監建啟聖公祠成。從尚書李時言,春秋祭祀,與文廟同日。籩豆牲帛視四配,東西配位視十哲,從祀先儒程晌、朱松、蔡元定視兩廡。輔臣代祭文廟,則祭酒祭啟聖祠。南京,祭酒於文廟,司業於啟聖祠。遂定制,殿中先師南向,四配東西向。稍後十哲:閔子損、冉子雍、端木子賜、仲子由、卜子商、冉子耕、宰子予、冉子求、言子偃、顓孫子師皆東西向。兩廡從祀:先賢澹臺滅明、宓不齊……王通、韓愈、胡瑗、周敦頤、程顥、歐陽修、邵雍、張載、司馬光、程頤、楊時、胡安國、朱熹、張栻、陸九淵、呂祖謙、蔡沈、眞德秀、許衡凡九十一人。"

同年紀事：
謝遷卒,年八十三。據明史卷一八一謝遷傳。
正月,桂萼卒。據明史卷一九六桂萼傳。
二月,羅欽順撰自題半影二首。據整菴先生存稿卷二〇。

四月,鄒守益與魏校諸人論知行合一之旨。據華陽館文集卷一一。

閏六月,行人薛侃上論孟古義。據國榷卷五五。

九月,光禄寺卿黃宗明上光禄須知撮要五卷。據國榷卷五五。

十一月,遣行人召大學士張孚敬還朝,建祈嗣醮欽安殿,以禮部尚書夏言充醮壇監禮使,侍郎湛若水、顧鼎臣充迎嗣導引官。據明史紀事本末卷五二。湛若水進聖學疏。據湛甘泉先生文集卷一五。

十二月,湛若水進勸收斂精神疏。據湛甘泉先生文集卷一九。

明穆宗隆慶五年辛未(一五七一)

改稱"先儒張子"。

楊慶輯大成通志卷一五張子列傳:"嘉靖九年稱'先儒張氏',隆慶五年改稱'先儒張子'。"

同年紀事:

王徵生。據王徵全集附三張縉彥僉憲王端節公墓誌銘。

劉元珍生。據高子遺書卷一一。

劉邦采卒,年八十六。據明史卷二八三劉邦采傳、明儒學案卷一九江右王門學案四。

歸有光卒。據震川先生集附王錫爵明太僕寺丞歸公墓誌銘。

呂坤舉進士。著四禮翼成。據理學宗傳卷二三。

劉元卿撰報沈少林大史。據劉聘君全集卷二。

胡直撰困學日記。據耿天台先生文集卷一二。

明熹宗天啟二年壬戌(一六二二)

以先儒張載裔孫文運爲博士。

明史卷七三職官志二:"衍聖公,孔氏世襲。正二品。袍帶、誥命、朝班一品。洪武元年授孔子五十六代孫希學襲封。……張氏一人。天啟二年以先儒張載裔孫文運爲博士。"

同年紀事：

李鄴嗣生。據南雷文定前集卷七。

張烈生。據清儒學案卷六六。

馮從吾、鄒元標創建首善書院。據明史卷二四三馮從吾傳。

正月，起吏部郎中趙南星爲太常寺卿。據明史紀事本末卷六六。

二月，劉宗周上亟申討罰之法以遏敵氛以扶國運疏。據劉宗周全集文編上。

三月，劉宗周代鄒元標撰請卹神廟罪廢諸臣疏。據劉宗周全集文編上。

六月，劉宗周改光祿寺寺丞。據劉宗周全集文編上之奉差事竣疏。

八月，王弘撰生。據王山史先生年譜附遺事。兵科給事中朱童蒙疏糾鄒元標、馮從吾講學，比之妖賊。元標致仕歸。據明史紀事本末卷六六。

十月，修撰文震孟上言勤政講學之實。據明史紀事本末卷七一。周宗建上請與鄒、馮二總憲疏。據周忠毅公奏議卷三。馮從吾撰辯講學疏。據馮少墟續集卷四。

十一月，高攀龍晉太僕卿。據高子遺書附年譜。

清世祖順治二年乙酉（一六四五）

祭祀"大成至聖文宣先師"孔子，張載等六十九人西廡從祀。

清史稿卷八四禮志三："順治二年，定稱大成至聖文宣先師孔子，春秋上丁，遣大學士一人行祭，翰林官二人分獻，祭酒祭啟聖祠，以先賢、先儒配饗從祀。……正中祀先師孔子，南向。四配：復聖顏子，宗聖曾子，述聖子思子，亞聖孟子。十哲：閔子損、冉子雍、端木子賜、仲子由、卜子商、冉子耕、宰子予、冉子求、言子偃、顓孫子師，俱東西向。西廡從祀：先賢澹臺滅明、宓不齊、原憲、公冶長、南宮適……周敦頤、張載、程顥、程頤、邵雍、朱熹，凡六十九人。"

同年紀事：

洪昇生。據章培恆洪昇年譜。

正月，陳確謁訪劉宗周。據陳乾初先生年譜。

二月，劉宗周輯中興金鑑錄成。據劉宗周年譜。

三月，劉宗周考訂大學參疑成。據劉宗周年譜。

四月，史可法卒。據明史卷二七四史可法傳。

五月，劉宗周改訂人譜成。據劉宗周年譜。

閏六月,劉宗周卒,年六十八。據劉宗周全集附蕺山先生行實。

七月,王吉相生。據詳請王天如太史入祀鄉賢事實八條。

清世宗雍正二年甲辰(一七二四)

張迪從祀崇聖祠,張載改稱"先賢"。

清史稿卷八四志五九:"(雍正)二年,視學釋奠,世宗以祔饗廟庭諸賢,有先罷宜復,或舊闕宜增,與孰應祔祀崇聖祠者,命廷臣考議。……復議上。於是復祀者六人:曰林放……入崇聖祠者一人,宋横渠張子迪。"清馮雲濠於宋元學案補遺卷一七橫渠學案上案云:"先生(張迪)爲橫渠之父,國朝雍正二年從祀崇聖祠。"清陳康祺郎潛紀聞初筆卷三:"雍正二年,詔以林放……公都子、公孫丑,從祀兩廡先賢;鄭康成……許謙、蔡清,從祀兩廡先儒;張迪從祀崇聖祠。"清馮雲濠於宋元學案補遺卷一七橫渠學案上案云:"先生淳祐元年從祀廟庭,國朝雍正二年改成'先賢'。"清康偉然釁祀紀蹟卷五:"張氏名迪,世大梁人。……雍正二年,上諭:道學之傳,有開必先濂、洛、關、閩五子並稱,而追崇未及張氏,殊爲缺典,詔從祀崇聖祠,稱'先儒張氏'。"

同年紀事:

王昶生。據碑傳集卷三七阮元所撰神道碑。

紀昀生。據碑傳集卷三八朱珪所撰墓誌銘。

二月,御制聖諭廣訓,頒行天下。清史稿卷九世宗本紀。查慎行周易玩辭集解成書。據查他山先生年譜。張伯行進續近思錄、廣近思錄、張南軒集等。據碑傳集卷一七。

三月,上詣太學釋奠,御彝倫堂講尚書、大學,廣太學鄉試中額。據清史稿卷九世宗本紀。

閏四月,續修會典。據清史稿卷九世宗本紀。設八旗宗學。據清史編年雍正二年。

七月丁巳,御制朋黨論,頒示諸臣。據清史稿卷九世宗本紀。

八月,王承烈召入養心殿,講大學"明明德",辨儒釋之分。碑傳集卷二三。

十二月,張伯行性理正宗成書。據白田草堂存稿卷八。

清世宗雍正三年乙巳(一七二五)

改稱"先賢張子"。

清康偉然鬯祀紀蹟卷五:"張子力行好古,爲關中士人宗師,世稱橫渠先生。……雍正三年,改稱'先賢張子'。"

同年紀事:

程瑤田生。據羅繼祖程易疇先生年譜。

汪縉生。據清儒學案卷四二南昀學案。

二月,張伯行卒。據清張師栻、張師載張清恪公年譜。

七月,衍聖公孔傳鐸、奏請頒賜聖諭廣訓、朋黨論二書。據清實錄雍正實錄卷三四。

八月,遣大學士馬齊祭先師孔子。據清實錄雍正實錄卷三五。頒發孔子及顏、曾、思、孟、閔子、仲子廟御書匾額。據清實錄雍正實錄卷三五。

九月,授先賢顓孫師六十六代孫顓孫誠道五經博士世職。據清實錄雍正實錄卷三六。

十月,李塨始註春秋。據清馮辰李恕谷先生(塨)年譜。

十二月,古今圖書集成編成。據清史編年雍正朝。

附録一　張載年譜二種

張子年譜[①]

岐山武澄子仙

張子全書舊無年譜。澄每讀，輒以爲憾，壬寅夏爰據綱目、宋史、行狀諸書參考成篇。

庚申宋眞宗天禧四年

帝諱元侃，更名恆，太宗第三子。在位二十五年，壽五十五，改元者五。

張子生於長安。一歲。諱載，字子厚。宋史："子厚，長安人。"

父迪，涪州公，未仕。行狀：子厚父迪，仕仁宗朝。母陸氏。

澄按："張子本籍，宋史謂爲'長安人'；行狀謂爲'大梁人'；撰大順城記自稱曰'汴人'。蓋其先世居大梁，及涪州公始僑於長安，生張子焉。故宋史直以爲'長安人'；自稱曰'汴人'者，不忘本也。"

辛酉宋眞宗天禧五年

張子二歲。

[①] 原載於清麓叢書本張子全書，亦被收入個別版本的張子全書、北京圖書舘出版社宋明理學家年譜、四川大學出版社儒藏史部儒林年譜等書籍中。整理本譜涉及的張載著述、呂大臨行狀，據明萬曆三十四年徐必達合刻周張兩先生全書本張子全書及其附錄覈校。

壬戌宋眞宗乾興元年

張子三歲。

癸亥宋仁宗天聖元年

帝諱禎，初名受益，眞宗第六子也。在位四十一年，壽五十四，改元者九。

張子四歲。

涪州公仕。行狀："父迪，仕仁宗朝，終於殿中丞，知涪州事。"然不能定其爲仁宗某年，故暫附於此，以俟考。

甲子宋仁宗天聖二年

張子五歲。

乙丑宋仁宗天聖三年

張子六歲。

丙寅宋仁宗天聖四年

張子七歲。

丁卯宋仁宗天聖五年

張子八歲。

戊辰宋仁宗天聖六年

張子九歲。

己巳宋仁宗天聖七年

張子十歲。

就外傅。行狀:"先生始就外傅,志氣不羣,知虔奉父命,守不可奪。"

澄按:"禮內則:'十年出就外傅。'"

庚午宋仁宗天聖八年

張子在涪州。十一歲。

父迪知涪州。行狀。

弟戩生。一歲。諱戩,字天祺,生于涪州。

澄按:"行狀'涪州公卒於西官。'涪州,即今四川地。在長安西,故曰'西官'。時諸孤之中惟戩尤幼,則可知戩之生適乃父仕涪州時耳。"

辛未宋仁宗天聖九年

張子十二歲。

弟戩二歲。

壬申宋仁宗明道元年

張子十三歲。

弟戩三歲。

癸酉宋仁宗明道二年

張子十四歲。

弟戩四歲。

甲戌宋仁宗景祐元年

張子十五歲。

弟戩五歲。

澄按:"行狀'涪州公卒於西官',未嘗實指爲何年,不敢臆斷。然據'諸孤皆幼'之文,則其時當亦在張子十五歲前也。遷郿事,亦可類推。

乙亥宋仁宗景祐二年

張子十六歲。

弟戩六歲。

丙子宋仁宗景祐三年

張子十七歲。

弟戩七歲。

丁丑宋仁宗景祐四年

張子十八歲。

與邠人焦寅遊。行狀。

弟戩八歲。

行狀云:"與邠人焦寅遊,寅喜談兵,先生説其言。"澄按:"謁范文正公,據宋史既在二十一歲,則所謂'當康定用兵時,年十八,慨然以功名自許'者,正是與寅遊時也。特'康定'二字誤耳。若十八以前,則其年太幼,斷非出交之時;且寅言能爲先生所悦,寅必非常人,亦無向一童子妄語用兵之理。"

又按:"宋史先生'少喜談兵,至欲結客取洮西之地',所謂客指焦寅也。"

戊寅宋仁宗寶元元年

張子十九歲。

弟戩九歲。

己卯宋仁宗寶元二年

張子冠。二十歲。
弟戩十歲。

庚辰宋仁宗康定元年

張子至延州。二十一歲。溫公哀先生詩云"先生負材氣,弱冠遊窮邊",即謂此也。
上書謁范文正公。宋史道學傳:"年二十一,以書謁范仲淹。"著邊議。其①九條載文集。
弟戩十一歲。
澄按:"行狀云:'當康定用兵時,先生十八,慨然以功名自許。上書謁范文正公。'又云:'先生卒於熙寧十年,享年五十有八。'考熙寧十年距康定元年共三十七年,則當康定時,先生乃二十一歲。而行狀云'年十八',則不當在康定時。在康定時則不當云'年十八',自相矛盾,其失不辯而明。至綱目又以謁范文正公時'年二十',亦誤。惟宋史道學傳以爲'年二十一'時,適當康定元年。証之綱目:是年夏,范文正公始爲陝西招討副使兼知延州,極爲有據。若年十八,則爲景祐四年;年二十,則爲寶元二年。彼時范文正公尚貶知饒州、越州,先生何由而以兵策謁之乎?"
澄又按:"上范文正公書恐即是文集所載邊議。是年,元昊猖獗極矣,官軍莫敢攖其鋒,惟鄜州將种世衡能守要地以禦寇。証之邊議,時事悉合,且其議論頗有策士風,的是先生少年文字無疑。"

辛巳宋仁宗慶曆元年

張子二十二歲。
訪諸釋老。宋史、行狀。
弟戩十二歲。

---

① 據張子全書卷一三邊議第六:"其"當作"共"。

澄按："先生少負材氣,見范文正公後,忽中庸爲淺近;又訪諸釋老,蓋能究極釋老之害,故能堅志孔孟之道也。李二曲謂:'釋氏諸書,吾儒不妨一寓目,如訊賊一般不見臟,如何與他定得罪?'此論極通。"

壬午宋仁宗慶曆二年

張子至慶州。二十三歲。

撰慶州大順城記。記載文集。大順城在慶陽府城西北,范仲淹所築,與白豹、金湯皆截然屹立。澄按:"大順城築於慶曆元年,於①慶曆二年。"

弟戩十三歲。

癸未宋仁宗慶曆三年

張子二十四歲。

弟戩十四歲。

甲申宋仁宗慶曆四年

張子二十五歲。

弟戩十五歲。

乙酉宋仁宗慶曆五年

張子二十六歲。

弟戩十六歲。

丙戌宋仁宗慶曆六年

張子二十七歲。

---

① 據張子全書卷一三慶州大順成記:"於"上脫"成"。

弟戩十七歲。

丁亥宋仁宗慶曆七年

張子二十八歲。
弟戩十八歲。

戊子宋仁宗慶曆八年

張子二十九歲。
弟戩十九歲。

己丑宋仁宗皇祐元年

張子三十歲。
弟戩二十歲。

庚寅宋仁宗皇祐二年

張子三十一歲。
弟戩二十一歲。

辛卯宋仁宗皇祐三年

張子三十二歲。
弟戩二十二歲。

壬辰宋仁宗皇祐四年

張子三十三歲。
弟戩二十三歲。

癸巳宋仁宗皇祐五年

張子三十四歲。

三月,岐山大旱。府志:"仁宗聖①祐五年三月,岐山大旱,無禾。"行狀:"歲適大歉,至人相食。家人惡米不鑿,將舂之。先生亟止之曰:'餓殍盈野,雖蔬食且自愧,又安忍有擇乎!'甚或咨嗟,對案不食者數四。"

弟戩舉進士,調陝州閿縣主簿。二十四歲。本天祺行狀、鄠志。

澄按:"天祺行狀'既冠,登進士第',鄠志'戩世家東都,策名入仕,歷中外二十四年。生四十七年而暴終,時熙寧九年三月朔旦也。'熙寧九年距皇祐五年適二十四年。是年,戩二十四歲,與行狀既冠之說極合,故知戩舉進士在是年。而鳳翔府志則以戩舉進士在慶元二年。考慶元乃南渡後宋寧宗年號,是時戩物故已百有餘年矣。或疑慶元'元'字恐是'曆'字之誤,不知慶曆二年戩方十三歲,非惟顯與行狀、鄠志背謬;且穉幼亦非舉進士之年。"

甲午宋仁宗至和元年

張子三十五歲。
弟戩二十五歲。

乙未宋仁宗至和二年

張子三十六歲。
弟戩二十六歲。

丙申宋仁宗嘉祐元年

張子三十七歲。
弟戩二十七歲。

---

① "聖"當作"皇"。見本譜前文。

丁酉宋仁宗嘉祐二年

張子至京師。三十八歲。

舉進士。行狀："先生嘉祐二年登進士第,始仕祁州司法參軍。"坐虎皮講易京師。本宋史。初見二程子。行狀："嘉祐初,見洛陽程伯淳、正叔昆弟於京師,共語道學之要。"受知於歐陽公。是年修知貢舉,先生與蘇子瞻兄弟同登進士第。

弟戩二十八歲。

宋史云："嘗坐虎皮講易京師。一①夕,二程至,與論易,遂②撤坐輟講。"行狀云："嘉祐初,見洛陽程伯淳、正叔昆弟於京師,共語道學之要。"澄按："嘉祐二年,先生因舉進士至京師,坐虎皮講易。故宋史特載之,而不云'嘉祐初'者,署也。行狀不及'撤坐輟講'事者,爲先生諱也。"

澄又按："行狀'先生嘉祐二年登進士第,始仕祁州司法參軍,遷丹州雲巖縣令,又遷著作佐郎',未詳遷於某年,姑闕疑以俟考。"

戊戌宋仁宗嘉祐三年

張子三十九歲。
弟戩二十九歲。

己亥宋仁宗嘉祐四年

張子四十歲。
弟戩三十歲。

庚子宋仁宗嘉祐五年

張子四十一歲。

---

① 據中華書局本宋史："一"上脫"聽從者甚眾"。
② 據中華書局本宋史："遂"上脫"次日語人曰:'比見二程深明易道,吾所弗及,汝輩可師之。'"

辛丑宋仁宗嘉祐六年

　　張子四十二歲。
　　弟戩三十二歲。

壬寅宋仁宗嘉祐七年

　　張子四十三歲。
　　聞立皇子喜甚。明道謂："子厚聞生皇子,喜甚;見餓殍者,食便不美。"澄按："'生'當作'立'。"
　　弟戩三十三歲。
　　程明道謂："子厚聞生皇子喜甚。"澄疑皇子不知何指？時二弟蔚亭彪在側,謂："皇子無可疑,疑在'立'字訛爲'生'字耳。"考宋紀仁宗春秋高,無嗣。包拯、范鎮論建儲事,帝不決。見綱目。司馬光見韓琦等曰："諸公不及今定議,異日禁中夜半出寸紙,以某人爲嗣,則天下莫敢違。"見宋史司馬光傳。壬寅秋八月,始立宗實爲皇子,則明道之所謂"生皇子"者,乃"立皇子"之訛無疑也。外此,終張子世並無生皇子事。

癸卯宋仁宗嘉祐八年

　　張子四十四歲。
　　弟戩三十四歲。

甲辰宋英宗治平元年

　　帝諱曙,濮安懿王允讓第十三子也。仁宗無嗣,養於宮中,立爲皇太子,更名宗實。在位四年,改元者一,壽三十六。
　　張子四十五歲。
　　弟戩三十五歲。

乙巳宋英宗治平二年

張子在長安。四十六歲。

應文潞公聘。行狀。按綱目文潞公時判長安。

弟戩三十六歲。

行狀云:"方未第時,文潞公以故相判長安,聞先生名行之美,聘以束帛,延之學官,異其禮際。"澄按:"潞公判永興軍在英宗時,永興軍即所謂長安也。時先生登進士第已八年矣。若方未第時,則潞公尚同平章事,並無以故相判長安之說。考潞公皇祐三年免知益州、嘉祐三年罷判河南,至治平二年始判長安。"

丙午宋英宗治平三年

張子在京兆。四十七歲。

應知京兆王公樂道聘。行狀。按:宋史王陶字樂道。賀蔡密學①載文集。綱目:是年,夏人寇邊,環慶經畧使蔡挺擊走之,故有是書。

弟戩三十七歲。

行狀云"知京兆王公樂道嘗延致郡學",未嘗實指為某年。澄按:"宋史王陶傳:英宗即位,以陶知永興軍召為太子詹事。永興軍即京兆也。何以知其在治平三年也。綱目:是年十二月,潁王頊始立為皇太子也。

丁未宋英宗治平四年

張子在渭州。四十八歲。

簽書渭州軍事。軍府大小政,先生贊助之力為多。詳行狀。與蔡帥邊事畫一②。載文集。澄按:"策內論諒祚身死事與綱目合,故知其在是年也。"涇原路經畧司論邊事狀。載文集。澄按:"狀內論誘殺楊知軍事與綱目合,故知其在是年也。"

弟戩三十八歲。

---

① 原本'學'後衍'書',據張子全書改。
② 原本'一'後衍'策',據張子全書改。

澄按："行狀云'簽書渭州軍事',又云'在渭,渭帥蔡公子正宋史蔡挺字子政。特所尊禮,軍府之政,大小咨之。'蓋先生四十八歲時事也。詳玩邊事、畫一諸書,且以綱目證之,不辯而自明矣。"

　　文集載送蘇修撰赴闕詩四首。澄按："宋史蘇寀使契丹還,半道聞英宗晏駕,謂送者爲之徹樂。進度支副使,以集賢殿修撰知鳳翔,時治平四年也。蓋寀長於刑名,民有盜改嫁母柩祔父事,法當死。寀請生之。故先生詩有'秦幣於今未息肩,高蕭從此法相沿'之句,特難定赴關之年爲何年耳。"

戊申宋神宗熙寧元年

帝諱頊,英宗長子,初封潁王,未幾立爲皇太子。英宗崩卽位一十八年,壽三十八,改元者二。

　　張子四十九歲。

　　講學於綠野亭。亭在武功縣。與武功主簿張山甫交。河南偃師人。康對山武功志:"熙寧間,張山甫簿武功,與子子厚善,故有綠野亭。時程伯淳簿鄠、朱光庭簿萬年,三子者齊名關中,號'三傑'焉。澄按:"綱目及宋史伯淳舉進士,調鄠、上元主簿,再調晉城令。熙寧二年八月,召爲監察御史裏行。武功志所謂'熙寧間'者必是熙寧元年無疑。"

　　弟戩三十九歲。

己酉宋神宗熙寧二年

　　張子至京師。五十歲。

　　見帝,論治道。帝初卽位,一新百度,思得才哲之士,謀之呂公著。薦載有古學。召見,問治道。載對曰:"爲政不法三代者,終苟道也。"帝悅。綱目。十二月,召爲崇文院校書,尋辭歸。書尋辭歸,予知幾也。見王安石。語新政不合。

　　弟戩召爲監察御史裏行。行狀。四十歲。

　　考行狀"旣命校書崇文,先生辭,未得謝,復命案獄浙東。獄①成,還朝。會弟天祺以言得罪,先生益不安,乃謁告西歸。"澄按:"天祺以言被黜在熙寧三年,則綱目之書'尋辭歸'乃統辭也,並非是年冬卽西歸也。"又按:"行狀'天祺以言得罪','得罪'二字殊欠斟酌,直云被黜可也。"

---

　　① 據張子全書:"獄"上脫"或有爲之言曰:'張載以道德進,不宜使之治獄。'執政曰:'淑問如皋陶,猶且獻囚,此庸何傷!'"

庚戌宋神宗熙寧三年

張子歸郿五十一歲。按:"行狀自涪州卒,先生幼不克歸,遂家郿橫渠鎮南大振谷口。"

案:"獄自浙東還朝。行狀:明州苗振獄也。別舘中諸公詩一首。七絶載文集。過洛見程子論龍女衣冠事。詳載郿志。移疾歸居橫渠。本行狀。著正蒙諸書。按:"宋史張子'移疾屏居南山下,終日危坐一室,左右簡編,俯而讀,仰而思,有得則識之;或中夜起坐,取燭以書。其志道精思,未始須臾息,亦未嘗須臾忘也。'"開井田渠。詳載郿志。張焜井田渠碑記:"先生仕宋神宗朝,慨然欲復井田,行三代之制,爲執事新法所礙,退而買田分井,疏東西二渠,期驗試於一鄉。"明范吉有"唯有橫渠祠下水,滔滔二泒與天長"之句。"二泒"指東西二渠也。澄按:"先生驗試井田之事,據張焜碑記當在庚戌初歸後,故附於此,以矣①考。"

四月,弟戩由監察御史裏行貶知公安縣。戩屢言王安石亂法,故黜。又諸中書爭之,安石舉扇掩面而笑。戩曰:"正直宜爲公笑,然天下之笑公者,不少矣。"陳昇之從旁解之,戩曰:"公亦不得爲無罪?"昇之有愧色。四十一歲。

澄按:"郿志:橫渠初罷太常禮院,歸關中。過洛,見程子論龍女衣冠事;或因橫渠言'大事皆爲禮房檢正所奪,所議惟小事耳'云云,遂疑爲再移疾西歸事。澄曰:'橫渠再移疾,過洛見二程時,據邵氏聞見録'病已不起矣',而二程相見,顧諄諄然論龍女衣冠事不已,有是理哉!"

辛亥宋神宗熙寧四年

張子在郿。五十二歲。
弟戩四十二歲。

壬子宋神宗熙寧五年

張子在郿。五十三歲。
弟戩四十三歲。

---

① "矣"當作"俟"。

癸丑宋神宗熙寧六年

張子在郿。五十四歲。

弟戩四十四歲。

甲寅宋神宗熙寧七年

張子在郿。五十五歲。

弟戩四十五歲。

乙卯宋神宗熙寧八年

張子在郿。五十六歲。

老大①一首。七絕載文集。澄按:"詩內有'個中終日面岿巍'之句,又有'六年無限詩書樂'之句,蓋先生自庚戌歸居南山下,於今六年矣。"

弟戩四十六歲。

丙辰宋神宗熙寧九年

張子在郿。五十七歲。

編正蒙十七篇。行狀:"熙寧九年秋②,先生感異夢,忽以書屬門人,迺集所立言,謂之正蒙。"爲弟戩疏哀辭。天祺行狀:"戩暴病卒,載哭失聲,如不欲生。將葬,手疏哀辭,納諸壙曰:'哀哀吾弟,而今而後,戩兢勉夫。'"

三月朔旦,弟戩感暴疾卒於官。本宋史、行狀。享年四十有七。

澄按:郿志:"戩策名入仕,歷中外二十四年,如移普潤、靈寶、金堂諸縣,皆無實年可考。自捫枵腹,曷勝浩歎。"

---

① 原本作"老大吟",據張子全書改。
② 原本脫"秋",據張子全書附行狀補。

丁巳宋神宗熙寧十年

張子至京師。五十八歲卒。

春,復召還館,同知太常禮院。本行狀、綱目。呂大防薦。與禮官議禮不合,引疾歸。行狀。九月,邵堯夫疾,與司馬君實、二程子晨夕候之。宋史邵雍傳:"雍疾病,司馬光、張載、程顥、程頤晨夕候之。"過洛見二程子。邵氏聞見錄曰:"橫渠再移疾西歸,過洛見二程先生曰:'載病不起,尚可及長安也。'"冬十二月乙亥,卒於臨潼舘舍。行狀。享年五十有八。澄按:"綱目作'冬十一月同知太常禮院張載卒'。鳳洲鑑作'冬十月知太常禮院張載卒'。"① 甥宋京從遊。行狀:先生"沒之日,惟一甥在側"。澄按:郿志所載:"宋京,先生甥也。"門人奔哭臨潼,奉柩歸。行狀:張子沒,"明日,門人在長安者,繼來奔哭,賻襚,始克斂,遂奉柩歸殯以葬"。澄按:"張子門人最著者,如河南呂希哲、藍田呂大鈞、武功蘇昞,皆名儒也。其餘者公俟考。"妻郭氏存。子因幼。行狀。澄按:"宋張舜民乞追贈張子疏有'載之死於今十有五年,今載止有一妻一子,衣食不足寄託'云云。"

澄按:"行狀張子卒,'以其喪歸殯於家,卜以元豐元年八月癸酉葬於涪州墓南之兆'。考涪州墓在郿縣橫渠鎮南大振谷口,南嚮;張子墓在涪州墓左,里人訛呼曰'仙人墳'。戬墓與張子同墳傍涪州墓右。計地四十五畝,詳載郿志。"

書橫渠年譜後

道光間,岐山武子鮮輯橫渠年譜,用心勤矣。其考辨亦頗持之有故,惟論龍女衣冠自是禮官職事,而誤譜之崇文移疾之年。賢裔述銘翻刻全書不欲輕移其次,屬余題跋正之。余感懷舊雨,而歎西銘意思鮮人知也。廣居之示,不能無望於尚論之人,敬誌之以俟。

同治庚午艮月丙辰冶亭鄭士範謹書

---

① 四庫禁毀叢刊史部第五十三冊載明刻本王世貞鐫王鳳洲先生會纂綱鑑歷朝正史全編卷七云:"(熙寧十年)十一月……知太常禮院張載卒。"據此,疑武譜誤引或所引鳳洲鑑在流傳中訛誤。

橫渠先生年譜[①]

常熟歸曾祁小宋譔集

先生諱載,字子厚,世大梁人。曾祖某,生唐末,歷五代,不仕;以子貴,贈禮部侍郎。祖復,仕眞宗朝,爲給事中集賢院學士,贈司空。父迪,仕仁宗朝,終於殿中丞、知涪州事。今四川重慶府涪陵。贈尚書都官郎中。涪州卒於西官,諸孤皆幼,不克歸,僑寓於鳳翔郿縣。今陝西鳳翔府郿縣。橫渠鎮之南大振谷口,因徙而家焉。

先生娶南陽郭氏,有子曰因。呂氏大臨張子行狀。

曾祁案:郿縣志:"張氏宗子在郿世系,一世迪,二世載、戩,三世因,四世炎,五世茝,六世晉。晉至郿徙酇,復食邑於灃,遂爲灃人。"

張子名載,字子厚。其先宋人,[②]世居大梁。父迪,仕仁宗朝,終於殿中丞、知涪州事,贈尚書都官郎中。涪州卒,諸孤皆幼,不克歸,僑居於鳳翔郿縣橫渠鎮之南大振谷口,因家焉。朱子伊洛淵源錄。

載學古力行,爲關中士人宗師,世稱橫渠先生。著正蒙、東西銘行於世。朱子綱目。

載學古力行,爲關中士人宗師,世稱爲橫渠先生。著書號正蒙,又作西銘。宋史四百二十七本傳。

宋眞宗天禧四年庚申,一歲。

曾祁案:朱子伊洛淵源錄"先生生於眞宗天禧四年庚申之歲"[③],僅知生

[①] 原載於孔教會雜誌第一卷第六號,後被收錄於四川大學出版社本儒藏史部儒林年譜。整理本譜涉及的張載著述、呂大臨行狀,據明徐必達萬曆三十四年輯刻合刻周張全書之張子全書及其附錄覈校。

[②] 朱熹伊洛淵源錄卷六無"其先宋人"語。

[③] 核查朱熹伊洛淵源錄,未見"先生生於眞宗天禧四年庚申之歲"語,但該句存在於清茅星來近思錄集註之附說中。

年,月日時無可考。吳氏榮光歷代名人年譜:張子厚一作生於天聖九年辛未,年四十七。此係先生之弟戩,非先生也。且戩生於天聖八年,亦非九年。詳下。

乾興①八年庚午,十一歲。

先生弟戩,字天祺,生。
曾祁案:張子全書"弟戩壙志,卒於熙寧九年,年四十七",則生於是年也。

康定元年庚辰,二十一歲。

先生上書謁范文正公。公勸之讀中庸。
曾祁案:先生年二十一謁范文正公。呂氏張子行狀:"康定用兵時,先生年十八,慨然以功名自許,上書謁范文正公。"葉氏分類近思錄集解及文正年譜引行狀作"年十八",孫氏理學宗傳、劉氏理學宗傳辨正、黃氏全氏宋元學案、祁州志均作"年十八"。朱子伊洛淵源錄:"先生生於真宗天禧四年庚申之歲,仁宗康定元年庚辰,年二十,嘗以書謁范文正公。"綱目亦作年二十。宋史本傳年二十一歲,以書謁范文正公。熊氏學統"先生年十八,慨然以功名自許,欲結客取洮西之地。年二十一上書謁范文正公",鳳翔府志人物亦作"年二十一"。行狀、淵源錄、綱目皆誤。以生年甲子考之,庚申至庚辰正二十一年,宋史、學統、府志是也。學統於先生年十八上云"當康定用兵時",則又非也。茅氏星來近思錄集註首列淵源錄,與下原列行狀,一作"二十",一作"十八",未深考也。江氏永近思錄集註同。

慶曆二年壬午,二十三歲。

著慶州大順城記。
曾祁案:記:"慶曆二年某月日,經署元帥范公仲淹鎮役總若干,建城於柔遠塞東北四十里故大順川。越某月日城成、汴人張載謹次其事,爲之文以記其功。"

---

① "乾興"當爲"天聖"。

嘉祐元年丙申,三十七歲。

先生初至京師。

曾祁案:呂氏行狀:"嘉祐初,見洛陽程伯淳正叔昆弟於京師,共語道學之要。先生渙然自信曰:'吾道自足,何事旁求,乃盡棄異學,淳如也。'"

二程外書:"横渠昔在京師,坐虎皮,説周易,聽從甚衆。一夕,二程先生至,論易。次日,横渠撤去虎皮,曰:'吾平日爲諸公説者皆亂道。有二程近到,深明易道,吾所弗及,汝輩可師之。'原注"逐日虎皮出,是日更不出虎皮也。"横渠乃歸陝西。"

朱子張子像贊:"勇撤皋比,一變至道。"

熊氏學統引廣平游氏曰:"子厚少時,自喜其才,故從之遊者多能道邊事。既而得聞先生明道論議,乃歸謝其徒,盡棄其舊學,以從事於道。其視先生雖外兄弟之子,而虚心求益之意懇懇如不及。逮先生之官,猶以書抵扈,以'定性未能不動'致問。先生爲破其疑,使内外動靜道通爲一。讀其書可考而知也。"

孫氏理學宗傳:"嘉祐初至京師。"

二年丁酉,三十八歲。

先生成進士,授祁州司法參軍,遷雲巖令。

曾祁案:呂氏行狀:"嘉祐二年,登進士第,始仕祁州今直隸保定府祁州司法參軍,遷丹州雲巖縣令今陝西延安府宜川縣。又其在雲巖,大抵以敦本善俗爲先。每以月吉具酒食,召鄉人高年會於縣庭,親爲勸酬,使人知養老事長之義。因問民疾苦,及告以訓誡子弟之意。有所告教,常患文檄之出不能盡達於民,每召鄉長於庭,諄諄口諭,使往告其里閭。間有民因事至庭,或行遇於道,必問'某時命某告某事'聞否? 聞即①已。否則罪其受命者。故一言之出,雖愚夫孺子無不預聞知②。"

---

① 原本脱"即",據張子全書附行狀補。
② 原本脱"知",據張子全書附行狀補。

李氏續資治通鑑長編:"嘉祐二年,賜進士章衡等及第出身,共三百八十八人。"

鳳翔府志選舉:"嘉祐二年,章衡榜登進士第。"陝西通志同。

神宗熙寧元年戊申,四十九歲。

遷著作佐郎、簽書渭州軍事判官。著與蔡帥邊事畫一、涇①原路經畧司論邊事狀、經畧司畫一。

曾祁案:先生遷著作佐郎、簽書渭州今甘肅平涼府平涼縣軍事判官。渭帥蔡子正特所尊禮,軍府之事,大小咨之。先生夙夜從事,所以贊助之力爲多。理學宗傳宗傳辨正、理學②學統。

二年己酉,五十歲。

先生爲崇文院校書。

曾祁案:吳氏歷代名人年譜,此條列在冬十二月,非。

弟戩爲監察御史裏行。呂氏張戩行狀、宋史。

閏十一月,先生案獄浙東。

曾祁案:明道文集論遣張載按獄,注:熙寧二年閏十一月上,時爲監察御史裏行。

曾祁案:呂氏行狀"熙寧二年,被召入對,除崇文院校書。又既命校書崇文,先生辭未得謝,復命案獄浙東。或有爲之言曰:'張載以道德進,不宜使之治獄。'執政曰:'淑問如皐陶,猶讞囚,此庸何傷?'"

宋史:"熙寧初,御史中丞呂公著言其有古學,神宗方一新百度,思得才哲士謀之,召見問治道。對曰:'爲政不法三代者,終苟道也。'帝悅,以爲崇文院校書。他日,見王安石。安石問以新政。載曰:'公與人爲善,則人以善歸公,如教玉人琢玉,則宜有不受命者矣。'明州今浙江寧波府苗振獄起,往治之。'末殺其罪。"

劉氏理學宗傳辨正,以呂公著薦被召入對,除崇文院校書。辭未得遂,命按獄浙東。明道程子爭之曰:"載以經術德義進,而使之按獄,非朝廷所以待

---

① 原本作"經",據張子全書改。
② 疑衍"理學"二字。

賢之意也。"安石曰:"淑問如皋陶,猶且讞囚,此何傷?"命竟下,實疏之也。

三年庚戌,五十一歲。

先生移疾歸橫渠。

曾祁案:行狀於二年下云:"明年移疾,則是年移疾歸也。又獄成還朝,會弟天祺以言得罪。二程外書、邵氏聞見錄:伯淳先生嘗曰"熙寧初,王介甫行新法。張天祺以御史面折介甫,被責。"先生益不安,乃謁告西歸,居於橫渠,遂移疾不起。橫渠至僻陋,有田數百畝,以供歲計,約而不足。人不堪其憂,而先生處之益安。終日危坐一室,左右簡編,俯而讀,仰而思,有得則識之,或中夜起坐,取燭以書。其志道精思,未始須臾息,亦未嘗須臾忘①也。"

劉氏理學宗傳辨正:"會先生弟戩與明道同為御史裏行,並以論新法得罪,同時補外。先生按獄還,明道等已出。乃謁告西歸,屏居終南山下。鄠縣志引通典"鄠有終南山",又引元和郡縣志"山在鄠縣南三十里"。敝衣疏食,危坐一室,俯而讀,仰而思,有得則識之。或中夜起坐②,取燭以書。其志道精思,未嘗須臾息也。"

又案:張子經學理窟宋元學案作橫渠理窟"某既閑居橫渠,說此義理,自有橫渠未嘗如此",則經學理窟、正蒙等書皆成於居橫渠之時。正蒙見下。

四年辛亥,五十二歲。

居橫渠。

五年壬子,五十三歲。

居橫渠。

六年癸丑,五十四歲。

居橫渠。

---

① 原本作"志",據張子全書附行狀改作"忘"。
② 理學宗傳辨正脫"坐",據張子全書附行狀補。

七年甲寅,五十五歲。

居橫渠。

八年乙卯,五十六歲。

居橫渠。有老大詩一首云:"老大心思久退消,個中終日面崷嶢。六年無限詩書樂,一種難忘是本朝。"

曾祁案:先生詩不多作,集中祇十餘首。除別舘中諸公一首外,大抵皆居橫渠時作,無年月可分錄。惟老大一首中有"六年"句,先生自居橫渠,至是正六年,當是是年作。

九年丙辰,五十七歲。

三月丙辰朔,弟戩暴疾卒,年四十七歲。<u>張子弟戩壙誌、呂氏張戩行狀、宋史、宋元學案</u>。

曾祁案:行狀"既冠,登進士第",則戩登進士,當在皇祐時;而陝西通志、鳳翔府志選舉皆作"寧宗慶元二年,鄒應龍榜"。張戩登進士,豈別有一張戩耶?抑紀年之誤耶?劉氏長華歷代同姓名錄二張戩:一唐表清河文琮子、江州刺史;一宋道學載弟字天祺、官監察御史裏行,知公安縣<u>今湖北荆州府公安縣</u>。是則宋祇一張戩也。

秋,先生感異夢。

曾祁案:行狀:"熙寧九年秋,先生感異夢。忽以書屬門人,乃集所立言,謂之正蒙。出①示門人曰:'此書予②歷年致思之③所得,其言殆於前聖合與,大要④發端示人而已。其觸類廣之,則吾將有待於學者。正如老木之株,枝別固多,所少者潤澤華葉爾。'"

---

① 原本脫"出",據張子全書附行狀補。
② 原本作"於",據張子全書附行狀改。
③ 原本脫"之",據張子全書附行狀補。
④ 原本作"凡",據張子全書附行狀改。

二程外書："張橫渠著正蒙時。處處置筆硯,得意即書。伯淳云:'子厚卻如此不熟。'"

朱子曰:"橫渠教人道,夜間自不合睡,只爲無可應接。他人皆睡了,己不得不睡。他做正蒙時,或夜裏默坐徹曉。他直是恁地勇,方做得。"

十年丁巳,五十八歲。

春知太常禮院。冬十一月,再移病西歸。乙亥,卒於臨潼館舍。

曾祁案:行狀:"十年春,復召還舘,同知太常禮院。是年冬,謁告西歸。十有二月乙亥,行次臨潼<u>今陝西西安府臨潼縣</u>卒於舘舍,享年五十有八。是月,以其喪歸殯①於家,卜以元豐元年八月癸酉葬於涪州墓南之兆。<u>郿縣志</u>、<u>橫渠鎮在郿縣五十里,張子故宅及墓祠皆在焉</u>。又歿之日,惟一甥在側,囊中索然。明日,門人之在長安者,繼來奔哭之,賻襚始克斂,遂奉柩歸殯以葬。"張氏舜民乞追贈張載疏:"熙寧末年,再至闕下,神宗方將任用,使行其所言,其疾再作,謁告西歸,死於道路。"孫氏理學宗傳、劉氏理學宗傳辨正、黃氏全氏宋元學案皆云"九年,以呂大防薦,召知太常禮院"。辨正又云:"冬十一月,至潼關,沐浴更衣而寢。比旦,視之,則卒矣。"九年誤,十一月是也。李氏長編"十一月戊申朔,十二月丁丑朔。以戊申下推之,二十八日乙亥,二十九日丙子,十二月朔丁丑,乙亥日明在十一月也。且吳氏歷代名人年譜十年十一月,同知太常禮院張載卒,年五十八,亦作十年十一月。是則九年及十二月皆非也。

又案:邵氏聞見錄:"橫渠再移疾西歸,過洛見二程先生,曰:'載病不起,尚可及長安也。行至臨潼,沐浴更衣而寢。及旦視之,亡矣。門人衰絰挽車以葬。'"

二程遺書:"張子厚罷太常禮院,歸關中,過洛而見程子。子曰:'比太常禮院所議,可得聞乎?'子厚曰:'大事皆爲禮房檢正所奪,所議惟小事爾。'子曰:'小事謂何?'子厚曰:'如定謐及龍女衣冠。'子曰:'龍女衣冠如何?'子厚曰:'當依夫人品秩。蓋龍女本封善濟夫人。'子曰:'某則不然。既曰龍,則不當被人衣冠。矧大河之塞,本上天降祐,宗廟之靈、朝廷之德,而吏士之勞也。龍何功之有?又聞龍有五十三廟,皆曰三娘子。一龍耶?五十三龍耶?

---

① 原本脫"殯",據張子全書附行狀補。

一龍則不當有五十三廟,五十三龍則不應盡爲三娘子也。'子厚默然。又子厚言:'今日之往來俱無益,不如閒居,與學者講論,資養後生,卻成得事。'正叔言:'何必然。義當來則來,當往則往爾。'"

二程外書:"正叔謂子厚在禮院所定龍女衣冠,使封號夫人品秩爲準。正叔語其非,此事合理會。夫大河之塞,莫非上天降鑒之靈,官吏勤職,士卒效命。彼龍,水獸也。何力焉?今最宜與他正人畜之分,不宜使畜産而用人之衣冠服。"

又案:先生嘗以禮教人,此行本儌可以有爲。所以有"吾是行也,不敢以疾辭,庶幾有遇焉"之語。及議行冠婚喪祭之禮不決,正郊廟之禮而衆莫之助,鬱鬱以疾卒於舘舍。惜哉!明道哭以詩,曰:"歎①息斯文約共修,如何夫子便長休。東山無復蒼生望,西土誰供後學求。千古聲名聯棣萼,二年零落去山丘。寢門慟哭知何限,豈獨交親念舊遊。"

又案:宋史"寧宗嘉定十二年,賜諡'明公'。理宗淳祐元年,封'郿伯',從祀孔子廟庭。"

宋元學案:"嘉定中,賜諡。淳祐初,追封'郿伯',從祀學宮。原注:太常初儌曰'達'。衆論未叶。再儌曰'誠',又儌曰'明',俱未用。最後定諡曰'獻'。"

學統:"嘉定中,賜諡曰'明',淳祐初,追封'郿伯',從祀孔子廟庭。明嘉靖中,祀稱'先儒張子'。"

東華錄:"雍正二年,先生父迪從祀夫子廟,稱'先儒張氏'。"

曾祁讀西銘既以註説集録一編,名曰西銘彙纂;又將先生行狀及宋史本傳等按年分註,成年譜一卷。惜事蹟少而著述又無年月可稽,寥寥數紙,不足盡先生萬一,願有道者鑒正焉。

宣統辛亥首夏,歸曾祁謹記於金陵小南強室

---

① 原本作"歎",據中華書局本二程集改作"歎"。

附録二　張載著述考略

張載的著述眾多,歷代的書目記載較爲複雜,僅就書名而論:宋史藝文志載張載集十卷、易說十卷、橫渠張氏祭儀一卷、詩說一卷、經學理窟三卷、正蒙書十卷、雜述一卷、三家冠婚喪祭禮五卷(司馬光、程頤、張載定)。宋晁公武郡齋讀書志又載橫渠春秋說一卷、橫渠孟子解十四卷、信聞記一卷、張橫渠注尉繚子一卷、張橫渠崇文集十卷、橫渠先生語錄三卷等。朱熹、呂祖謙近思錄列張載著作有:橫渠文集、正蒙、語錄、易說、孟子說、論語說、禮樂說等。今天,上述不少著作已經佚失,以下僅據各類文獻記載、現存著述作一介紹。

一、正蒙

正蒙,或作正蒙書,在郡齋讀書志、直齋書錄解題、宋史藝文志等書目中均作十卷。現存正蒙經過張載門人蘇昞編定,由十七篇文章組成:太和篇、參兩篇、天道篇、神化篇、動物篇、誠明篇、大心篇、中正篇、至當篇、作者篇、三十篇、有德篇、有司篇、大易篇、樂器篇、王禘篇、乾稱篇(包括西銘、東銘二文)。

宋晁公武郡齋讀書志卷三上云:"正蒙書十卷右皇朝張載子厚撰。張舜民嘗乞追贈載於朝云:'橫渠先生張載著書萬言,名曰正蒙,陰陽變化之端,仁義道德之理,死生性命之分,治亂國家之經,罔不究通,方以前人,其孟軻揚雄之流乎?'"

宋陳振孫直齋書錄解題卷九:"正蒙書十卷崇文校書長安張載子厚撰,凡十九篇。案晁公武讀書志:'是書初無篇次,其後門人蘇昞等區別成十七篇。'范育、呂大臨、蘇昞爲前後序,皆其門人也。又有待制胡安國所傳,編爲一卷,末有行狀一卷。"

1. 正蒙的版本

(1)橫渠正蒙八卷,諸儒鳴道集本,該本收入於宋叢書諸儒鳴道集中,宋端平中黃壯猷補刊本。

(2)正蒙二卷,朝鮮萬曆二十八年(一六〇〇)寫本。

(3)正蒙二卷,清初刻本。

(4)正蒙二卷,清光緒間刻本。

2. 正蒙的注釋本

宋代:

(1)正蒙諸解一卷收入黃瑞節所輯朱子成書中。

(2)正蒙句解二卷,宋熊禾撰。見清倪燦宋史藝文志補,現已佚。

元代:

(1)性理正蒙分節解十七卷,元許珍撰。見於補遼金元藝文志。

(2)補正蒙解,元鄭原善撰。見於補元藝文志,現已佚。

(3)正蒙疑解,元沈貴珎撰。見於千頃堂書目、補元藝文志,現已佚。

明代:

(1)正蒙會稿四卷,明劉璣撰。現存明正德十五年(一五二〇)刻本、明嘉靖十一年(一五三二)刊本等。

(2)正蒙釋四卷,明高攀龍集注、徐必達發明。現存明萬曆刻本、清初平江蔡氏刻本等。

(3)新刊正蒙解四卷,明劉儓撰。現存明嘉靖二十五年(一五四六)刻本。

(4)正蒙述解一卷,明曹端撰。現存文淵閣四庫全書本等。

(5)正蒙拾遺一卷,明韓邦奇撰。現存清乾隆間性理三解本。

(6)正蒙發微,明倪復撰。見於千頃堂書目,現已佚。

(7)正蒙直解,明王啟撰。見於千頃堂書目,現已佚。

(8)正蒙述解,明朱謐撰。見於千頃堂書目,現已佚。

(9)正蒙通義,明朱得之撰。見於千頃堂書目,現已佚。

(10)正蒙集解,明余本撰。見於千頃堂書目,現已佚。

(11)續正蒙發微二卷,明童品撰。見於千頃堂書目,現已佚。

(12)正蒙章句,明徐師曾撰。見於千頃堂書目,現已佚。

清代:

(1)張子正蒙注九卷,清王夫之撰。現存清康熙四十八年(一七〇九)所刻王船山先生書本、清同治四年(一八六五)所刻船山遺書本等。

(2)注解正蒙二卷(或作正蒙注、正蒙注解),清李光地撰。現存清乾隆元年(一七三六)所刻嘉慶六年(一八〇一)補刻李文貞公全集本、清乾隆間所刻榕村十二種本、文淵閣四庫全書本等。

(3)正蒙補訓四卷,清冉覲祖撰。現存清康熙四十一年(一七〇二)刻本。

(4)正蒙集說十七卷,清楊方達撰。現存清雍正乾隆間所刻楊符蒼七種本、清乾隆五年(一七四〇)復初堂刻本。

(5)張子正蒙不分卷,清張棠、周芳注。現存清康熙四十六年(一七〇七)序刊本。

（6）濂洛關閩書之張子,清張伯行撰。現存清康熙四十八年（一七〇九）正誼堂叢書本、四庫全書存目叢書本等。

（7）濂關三書之正蒙,清王植撰。現存清雍正元年（一七二三）刻本等。

（8）正蒙初義,清王植撰。現存清乾隆七年（一七四二）崇德堂刻本、文淵閣四庫全書本等。

（9）張子正蒙釋要,清李元春撰。清道光十年（一八三〇）關中道脈四種書本。

（10）正蒙軌物口義不分卷,清陳廣甹撰。清光緒八年（一八八二）陳氏叢書本。

（11）正蒙分目解按一卷,清方潛撰。清光緒十五年（一八八九）毋不敬齋全書本。

（12）正蒙集解九卷,清李文炤撰,見於四庫全書總目存目,現已佚。

事實上,在宋元明清時期,有關正蒙的注解尚多,仍有許多可以通過某些記載得知。諸如鍾人傑性理會通、王植正蒙初義、黃百家在宋元學案中的評介中,也收錄了明清兩代諸多正蒙注。民國以來,也屢有學者對正蒙作注,如唐文治撰張子大義四卷（民國性理學大義本）,錢穆撰正蒙大義發微（載中國思想史論叢第五冊）、牟宗三的心體與性體與唐君毅中國哲學原論篇、原教篇、哲學論集中也對正蒙作了諸多闡釋。今人喻博文亦著有正蒙譯注。

二、西銘、東銘

朱熹近思錄、晁公武郡齋讀書志、趙希弁郡齋讀書志附志等均載錄西銘、東銘;張子全書、張子抄釋、性理大全、儒宗理要、御纂性理精義等亦加以收錄。但是作爲單行本,二書存世甚少。

1.西銘的版本

此書著錄於明代楊士奇文淵閣書目卷四。其版本有：

（1）日本江戶（約一五〇七——一七七二）刻本。

（2）日本寬政十二年（一八〇〇）刻本。

2.西銘的注釋本

除了作爲正蒙注一部分外,單行的西銘注主要有：

宋代：

（1）東西銘解一卷,宋祝禹圭撰。見於宋史藝文志,現已佚。

西銘解一卷，朱熹撰。收入朱子成書、朱子三書、朱子五書、張子全書等中。

（2）西銘集解一卷，宋趙師俠集呂大臨、胡安國、張九成、朱熹四家說。見於陳振孫直齋書錄解題、焦竑國史經籍志，現已佚。

（3）通書西銘集解，宋王夢龍集。見於直齋書錄解題、馬端臨文獻通考，現已佚。

（4）二十先生西銘解義，集程顥、程頤、呂大臨、呂大防等二十家說。見於郡齋讀書志，現已佚。

元代：

（1）西銘補注一卷，元程時登撰。見於黃虞稷千頃堂書目、倪燦補遼金元藝文志、錢大昕補元藝文志，現已佚。

明代：

（1）西銘答問一卷，明施璜撰。文淵閣四庫全書所收誠齋文集本。

（2）西銘旁通一卷，明楊廉撰。見於千頃堂書目，現已佚。

（3）西銘解，明成勇撰。見於千頃堂書目，現已佚。

（4）西銘通，明張志淳撰。見於千頃堂書目，現已佚。

（5）西銘解義，見於明楊士奇文淵閣書目、葉盛菉朱堂書目，現已佚。

（6）西銘綱領，見於明楊士奇文淵閣書目、葉盛菉朱堂書目，現已佚。

（7）西銘發揮綱領，見於明楊士奇文淵閣書目、葉盛菉朱堂書目，現已佚。

清代：

（1）西銘約說一卷，清囂囂子撰。清乾隆間囂囂子四種本。

（2）西銘續生篇不分卷，清雷於霖撰。清道光間刻本。

（3）西銘講義一卷，清羅澤南撰。清咸豐同治間羅忠節公遺集本。

（5）西銘解拾遺一卷、後錄一卷，見於四庫全書總目存目，現已佚。

（6）西銘集釋一卷，清王植撰，見於清史稿藝文志，現已佚。

歷代注解或闡發西銘的各類著作，也較爲繁多。諸如，有熊節撰、熊剛大注性理羣書句解、楊時答胡康侯其四、程頤答楊時論西銘書、朱熹西銘解與西銘論、曹端西銘述解、（朝鮮）李滉西銘考證講義、施璜西銘問答、張伯行輯注濂洛關閩書、羅澤南西銘講義、李文炤西銘解拾遺等。

3. 東銘的注釋：

歷代學者多重視西銘，對於東銘的關注較少。除了在各種正蒙注中對東銘的闡釋外,在朱熹與劉子澄十、朱子語類卷九八、葉采近思錄集解、劉戢山聖學宗要、宋元學案補遺等著述中仍存在諸多對東銘的闡發。

三、易說

此書又作橫渠易說、橫渠先生易說。郡齋讀書志、宋史藝文志、文獻通考等均著錄爲十卷,直齋書錄解題著錄爲三卷。

四庫全書總目提要卷二:"橫渠易說三卷內府藏本宋張子撰。宋志著錄作十卷,今本惟上經一卷,下經一卷,繫辭傳以下至雜卦爲一卷,末有總論十一則,與宋志不合。然書錄解題已稱橫渠易說三卷,則宋志誤也。"

關於易說的現存版本:

(1)明嘉靖十七年(一五三八)呂柟刻本,三卷。

(2)清康熙十九年(一六八〇)納蘭性德所輯通志堂經解本,三卷。

(3)文淵閣四庫全書本,三卷。

四、詩說

此書又作橫渠詩說,宋史藝文志著錄爲一卷,遂初堂書目亦著錄,但未分卷。現已佚。

五、論語說

朱熹、呂祖謙近思錄載張載著有論語說。現已佚。

日本學者山際明利從朱子論語精義中統計出橫渠論語說一百二十一條其中三條重復。參見松川健二編:論語思想史,臺灣萬卷樓圖書出版股份有限公司,二〇〇六年,一七七頁。邱忠堂又從論孟精義、西山讀書記、性理大全等書中輯錄二百四十六條。參見邱忠堂碩士畢業論文張載論語說研究。

六、孟子說

此書又作橫渠孟子解、孟子張氏解,郡齋讀書志、玉海載錄爲十四卷,文獻通考經籍志、國史經籍志載錄爲二十四卷。近思錄載錄時稱孟子說。現已佚。

林樂昌根據朱熹孟子精義、孟子或問、孟子集注,朱熹、呂祖謙近思錄,黎靖德朱子語類,黃履翁古今源流至論別集,蔡謨孟子集疏,胡廣四書大全孟子集注大全等書,輯出張載孟子說一百三十三條。參見林樂昌:張載佚書孟子說輯考,中國哲學史,二〇〇三年,第四期。

七、橫渠春秋說

郡齋讀書志著錄爲一卷。現已佚。

八、禮記說

近思録列張載著作有禮樂說一書。經義考著録爲三卷。現已佚。

九、張氏祭禮

此書又作橫渠張氏祭禮、橫渠張氏祭儀、張氏祭禮,直齋書録解題、宋史藝文志、國史經籍志均載録爲一卷。現已佚。

十、經學理窟

此書又作橫渠先生經學理窟。郡齋讀書志、直齋書録解題等載録爲一卷。宋史藝文志録爲經學理窟三卷。

郡齋讀書志卷三上:"理窟二卷,右題曰金華先生,未詳何人,爲程張之學者。"

宋趙希弁郡齋讀書志附志:"橫渠先生經學理窟一卷,右張獻公載之說也。讀書志云:'理窟二卷,右題曰金華先生,未詳何人,爲程張之學者。'希弁所藏橫渠先生經學理窟一卷,其目有所謂周禮、詩書、宗法、禮樂、氣質、義理、學大原、自道、祭祀、月令統、喪紀,凡十二云。"

經學理窟的版本:

(1)宋諸儒鳴道本,五卷。
(2)宋端平年間黃壯猷補刻本,五卷。
(3)明嘉靖元年(一五二二)黃鞏刻本,五卷。
(4)明萬曆二十年(一五九二)李禎刻本等,五卷。

十一、信聞録

郡齋讀書志載録爲一卷。現已佚。

十二、雜述

宋史藝文志載録爲一卷。現已佚。

十三、張載崇文集

此書又作張橫渠崇文集,郡齋讀書志、國史經籍志載録爲十卷。現已佚。

郡齋讀書志卷一九下:"張橫渠崇文集十卷,右皇朝張載字子厚,京師人,後居鳳翔之橫渠鎮,學者稱曰橫渠先生。呂晦叔薦之於朝,命校書崇文。未幾,詔按獄浙東,既歸,卒。"

十四、張子語録

此書又作橫渠先生語録、橫渠語録,郡齋讀書志載録爲三卷。

張子語録的版本:

(1)諸儒鳴道本,三卷。

(2)宋吳堅福建漕治刻本。語録三卷,後録二卷。

(3)續古逸叢書本。語録三卷,後録二卷。

(4)四部叢刊續編本。語録三卷,後録二卷,校勘記一卷。

十五、張横渠注尉繚子

郡齋讀書志載録爲一卷。現已佚。

十六、張載集

宋史藝文志載録爲十卷。現已佚。

十七、張横渠文集

此書又作張横渠先生文集。不見於宋元書目,爲清代所刊刻。

張横渠文集的版本:

(1)清同治年間正誼堂全書本,十二卷。

(2)一九三七年周氏師古堂刻本,一卷。

(3)叢書集成新編本。

十八、張子抄釋

四庫全書總目提要卷九十三:"張子抄釋六卷_{兩江總督采進本} 明呂柟撰。是編摘録張子之書,以西銘東銘爲冠,次正蒙十九篇,次經學理窟十一篇,次語録,次文集,而終以行狀,亦每條各附以釋,如周子鈔釋之例。首有嘉靖辛丑柟自序,稱:'張子書存者止二銘、正蒙、理窟、語録、文集,而文集又未完,止得二卷于馬伯循氏。諸書皆言簡意實,出於精思力行之後。顧其書散見漫衍,澳無統紀,而一義重出,亦容有之。暇嘗鈔撮成帙,注釋數言,畧發大旨以便初學觀省。'蓋其官解州時作也。案虞集作吳澄行狀,稱澄'校正張子之書,挈東西銘於篇首,而正蒙次之',大意與柟此本合。澄本今未見,柟此本簡汰不苟,較世所行張子全書亦頗爲精要矣。"

張子抄釋的版本:

(1)明嘉靖十六年(一五三七)汪克儉刻本。

(2)文淵閣四庫全書本。

(3)惜陰軒叢書本。

(4)叢書集成初編本。

十九、張子全書

四庫全書總目提要卷九十二:"張子全書十四卷附録一卷_{編修勵守謙家藏本} 宋張載撰。考載所著書,見於宋史藝文志者,有易説三卷,正蒙十卷,經學理窟十卷,文集十卷。虞集作吳澄行狀,稱'嘗校正張子之書,以西銘冠篇,正蒙次之',今未見其本。此本不知何人所編,題曰'全書',而止有西銘一卷,正蒙二卷,經學理窟五卷,易說三卷,語錄鈔一卷,文集鈔一卷,又拾遺一卷,又採宋元諸儒所論及行狀等作爲附錄一卷,共十五卷。自易說西銘以外,與史志卷數皆不相符,又語錄文集皆稱曰'鈔',尤灼然非其完帙,蓋後人選錄之本,名以'全書',殊爲乖舛。然明徐必達所刻,已屬此本。嘉靖中呂柟作張子鈔釋,稱文集已無完本,惟存二卷。康熙己亥,朱軾督學於陝西,稱'得舊稿於其裔孫五經博士繩武家,爲之重刊',勘其卷次篇目,亦即此本,則其由來久矣。張子之學主於深思自得,本不以著作繁富爲長。此本所錄,雖卷帙無多,而去取謹嚴,橫渠之奧論微言,其精英業已備採矣。"

四庫全書總目提要卷九十五:"周張全書二十二卷 內府藏本 明徐必達編。周子書自太極圖說通書而外,僅得詩文尺牘數首,附以年譜、傳、志及諸儒之論爲七卷、張子書正蒙、理窟、易說而外,兼載語錄文集,其散見於性理近思錄二程書者,蒐輯薈粹,別爲拾遺、附錄,通十五卷。"

張子全書的版本:

(1)明萬曆三十四年(一六〇六)徐必達刻本(見於合刻周張兩先生全書)。

(2)明萬曆四十六年(一六一八)沈自彰刻本。

(3)清順治十年(一六五三)喻三畏補修本。

(4)清康熙元年(一六六二)李月桂刻本。

(5)清康熙五十八年(一七一九)朱軾、段志熙校刻本。

(6)清乾隆二十八年(一七六三)鄠縣張明行修補本。

(7)清乾隆三十八年(一七七三)文淵閣四庫全書本。

(8)清嘉慶十一年(一八〇六)葉世倬補刻本。

(9)清道光二十二年(一八四二)張連科刻本。

(10)清同治九年(一八七〇)鳳翔府祠堂重刻本。

(11)清光緒三年(一八七七)夔州李氏刊本。

(12)清光緒十七年(一八九一)西京清麓叢書本。

另外,尚有日本延寶三年(一六七五)京都田中長左衛門刻本、四庫備要本等。

附録三　張載學侶、同調、門人史傳

　　宋元學案以張戩、程顥、程頤、呂希哲爲張載學侶，以呂大防爲張載同調，以呂大忠、呂大鈞、呂大臨、范育、蘇昞、游師雄、种師道、李復、張舜民、潘拯、田腴、邵清、薛昌朝爲張載門人，茲又於李復潏水集得張載弟子劉公彦。循襲宋元學案之說，附錄張載學侶、同調、門人部分史傳。

張載學侶史傳

張戩史傳

張天祺墓誌銘①

張　載

　　哀哀吾弟，而今而後，戰兢免夫！

　　有宋太常博士張天祺，以熙寧九年三月丙辰朔，暴疾不禄。越是月哉生魄，越翌日壬申，歸祔大振社先大夫之塋。其兄載以報葬不得請銘他人，手疏哀詞十二，各使刊石置壙中，示後人知德者。

　　博士諱戩，世家東都，策名入仕，歷中外二十四年。立朝涖官，才德美厚，未試百一，而天下聳聞樂從，莫不以公輔期許。率己仲尼，踐修莊篤，雖孔門高弟，有所後先。不幸壽稟不遐，生四十七年而暴終他舘。志亨交戾，命也奈何！

　　治其喪者：外姻侯去惑、蓋節賁及婿李上卿、郭之才，從母弟質涼，甥宋京，攀號之不足，又屬辭爲之誌。

---

①　錄自呂祖謙皇朝文鑑卷一四四張天祺墓誌銘，標點署作改動。皇朝文鑑，見吳靈庚、吳戰壘主編呂祖謙全集，浙江古籍出版社二〇〇八年版。

張御史行狀①

呂大臨

君諱戩,字天祺,少而莊重,有老成之氣,不與羣童子狎戲。長而好學,不喜爲雕蟲之辭以從科舉。父兄敦迫,喻以爲貧,乃強起就鄉貢。既冠,登進士第,調陝州閺鄉縣主簿,移鳳翔普潤縣令,改祕書省著作佐郎,知陝州靈寶、渠州流江、淮安軍金堂縣事,轉太常博士。熙寧二年,超爲監察御史裏行。明年,以言事出知江陵府公安縣,改陝州夏縣轉運使,舉監鳳翔府司竹監。秩滿。以熙寧九年三月朔旦,感疾卒,享年四十有七。

君歷治六七邑,誠心愛人,而有術以濟之,力行不怠,所至皆有顯效。視民之不得其所若己致之,極其智力,必濟而後已。靈寶採梢,歲用民力,久爲困擾。至則訪其利害,纖悉得之。乃計一夫之役,採梢若干,以計其直,請命民納市於有司而罷其役,止就河壖爲場,立價募民,採伐以給用。言於郡守、監司,皆不之聽。後以御史言於朝廷,行之。竹監歲發旁縣夫伐竹,一月罷,君謂無名以使民,乃籍隸監園夫,以日月課伐,以足歲計。

其爲邑,養老恤窮皆有常,察惡勸善皆有籍,鈎考會計,密察不苟,府吏束手聽命,舉莫能欺。嘗攝令華州蒲城,蒲城劇邑,民悍使氣,不畏法令,鬥訟寇盜,倍蓰它邑。異時令長以峻法治之,姦愈不勝。君悉寬條禁,有訟至庭,必以理敦喻,使無犯法。間召父老,使之教篤子弟,服學省過。作記善簿,民有小善,悉以籍之。月吉,以俸錢爲酒食,召邑之高年,聚於縣廨以勞之,使子孫侍,因勸以孝弟之道。不數月,邑人化之,獄訟爲衰。

熙寧初,上初即位,登用大臣,將大有爲,以御史召。君喜,以爲千載之遇,間見進對,未嘗不以堯舜三代之事進於上前,惻怛之愛,無所遷避。其大要:啓君心,進有德,謂反經正本當自朝廷始。不先諸此而治其末,未見其可也。事有不關興衰者,人雖以爲可言,皆闊畧不辨。既見,而新政所更,寖異初議,左右邇臣不以德進。君爭之不可,乃告諸執政。執政笑而不答。君曰:"戩之狂易,宜其爲公所笑。然天下之士笑公爲不少矣。"章十數上,卒不納,乃歎曰:"茲未可已乎?"遂謝病不朝,居家待罪,卒罷言職。既去位,未嘗以諫

---

① 錄自朱熹伊洛淵源錄卷六張御史行狀,標點署作改動。伊洛淵源錄,見朱傑人等主編朱子全書第十二冊。

草示人,不說人以無罪。天下士大夫聞其風者,始則聳然畏之,終乃服其厚。

自公安改知夏縣,縣素號多訟,君待以至誠,反復教喻,不逆不億,不行小惠,訟者往往扣頭自引。不五六月,刑省而訟衰。未幾,靈寶之民遮使者車請曰:"今夏令張君,乃吾昔日之賢令也,願使君哀吾民,乞張君還舊治。"使者欣然,聽其辭而言於朝。去之日,遮道送,不得行。父老曰:"昔者人以吾邑之人無良喜訟,自公來,民訟幾希。是惟公知吾邑民之不喜訟也。"言已皆泣下。

君篤實寬裕,儼然正色。雖喜慍不見於容;然與人居,溫厚之意,久而益親。終日言未嘗不及於義。接人無貴賤疏戚,未嘗失色於一人。樂道人之善,而不及其惡;樂進己之德,而不事無益之言。其清不以能病人,其和不以物奪志。常雞鳴而起,勉勉矯強,任道力行,每若不及。德大容物,沛若有餘。常自省,小有過差,必語人曰:"我知之矣,公等察之,後此不復爲矣。"重然諾,一言之欺,以爲己病。

少孤,不得事親,而奉其兄以悌,就養無方,極其恭愛。推而及諸族姻故舊,罔不周恤。有妹寡居,子不克家,君力爲經其家事。別內外之限,制財用之節,男就傅,女有歸。誠意懇切,不馳其勞,人以爲難,而自處裕如也。有一二故人,死不克葬十餘年,君惻然不安,帥其知識,合力聚財,乃克襄事。其兄載重於世,常語人曰:"吾弟德性之美,吾有所不如。其不自假,而勇於不屈,在孔門之列,宜與子夏後先。晚而講,學而達。"又曰:"吾弟全器也,然語道而合,乃自今始。有弟如此,道其無憂乎?"

旣暴病卒,載哭失聲,如不欲生。將葬,手疏哀辭納諸壙,曰:"哀哀吾弟,而今而後,戰兢免夫!"是月還葬,以從先大夫之兆,將求有道者以銘其墓。大臨惟君之善,有不勝書,要其大者,蓋其力之厚,任天下之重而不辭;其氣之強,篤行禮義而無倦;其忠之盛,使死者復生而無憾。是宜得善言以傳諸後,敢次其狀以請。

張戩傳[①]

宋　史

戩,字天祺。起進士,調閿鄉主簿,知金堂縣。誠心愛人,養老恤窮,間召父老使教督子弟。民有小善,皆籍記之。以奉錢爲酒食,月吉,召老者飲勞,

---

[①] 錄自中華書局本宋史卷四二七,標點署有改動。

使其子孫侍，勸以孝弟。民化其德，所至獄訟日少。

熙寧初，爲監察御史裏行。累章論王安石亂法，乞罷條例司及追還常平使者。劾曾公亮、陳升之、趙抃依違不能救正，韓絳左右徇從，與爲死黨，李定以邪詔竊臺諫。且安石擅國，輔以絳之詭隨，臺臣又用定輩，繼續而來，芽蘗漸盛。呂惠卿刻薄辯給，假經術以文姦言，豈宜勸講君側。書數十上，又詣中書爭之。安石舉扇掩面而笑。戩曰：「戩之狂直宜爲公笑，然天下之笑公者不少矣！」趙抃從旁解之，戩曰：「公亦不得爲無罪。」抃有愧色。遂稱病待罪。

出知公安縣，徙監司竹監，至舉家不食筍。常愛用一卒，及將代，自見其人盜筍籜，治之無少貸；罪已正，待之復如初，畧不介意，其德量如此。卒於官，年四十七。

程顥史傳

明道先生行狀①

程 頤

曾祖希振，任尚書虞部員外郎；妣，高密縣君崔氏。祖遹，贈開府儀同三司吏部尚書；妣，孝感縣太君張氏、長安縣太君張氏。父珦，見任太中大夫，致仕；母，壽安縣君侯氏。先生名顥，字伯淳，姓程氏。其先曰喬伯，爲周大司馬，封於程，後遂以爲氏。先生五世而上，居中山之博野。高祖贈太子少師，諱羽，太宗朝以輔翊功顯，賜第於京師，居再世。曾祖而下，葬河南，今爲河南人。

先生生而神氣秀爽，異於常兒。未能言，叔祖母任氏太君抱之行，不覺釵墜，後數日方求之。先生以手指示，隨其所指而往，果得釵，人皆驚異。數歲，誦詩書，強記過人。十歲能爲詩賦。十二三時，羣居庠序中，如老成人，見者無不愛重。故戶部侍郎彭公思永謝客到學舍，一見異之，許妻以女。

踰冠，中進士第，調京兆府鄠縣主簿。令以其年少，未知之。民有借其兄宅以居者，發地中藏錢。兄之子訴曰：「父所藏也。」令曰：「此無證佐，何以決之？」先生曰：「此易辨爾。」問兄之子曰：「爾父藏錢幾何時矣？」曰：「四十年

---

① 録自中華書局本二程集河南程氏文集卷十一，標點畧有改動。此外，呂祖謙皇朝文鑑卷一四三載韓維撰程伯淳墓誌銘，與行狀多類似，不載録。

矣。""彼借宅居幾何時矣?"曰:"二十年矣。"卽遣吏取錢十千視之,謂借宅者曰:"今官所鑄錢,不五六年卽徧天下。此錢皆爾未居前數十年所鑄,何也?"其人遂服。令大奇之。

南山僧舍有石佛,歲傳其放光,遠近男女聚觀,晝夜雜處,爲政者畏其神,莫敢禁止。先生始至,詰其僧曰:"吾聞石佛歲現光,有諸?"曰:"然。"戒曰:"俟復見,必先白吾,職事不能往,當取其首就觀之。"自是不復有光矣。府境水害,倉卒興役,諸邑率皆狼狼;惟先生所部,飮食芘舍無不安便。時盛暑泄利大行,死亡甚衆,獨鄠人無死者。所至治役,人不勞而事集。嘗謂人曰:"吾之董役,乃治軍法也。"

當路者欲薦之,多問所欲。先生曰:"薦士當以才之所堪,不當問所欲。"再期,以避親罷,再調江寧府上元縣主簿。田稅不均,比他邑尤甚,蓋近府美田,爲貴家富室以厚價薄其稅而買之,小民苟一時之利,久則不勝其弊。先生爲令畫法,民不知擾,而一邑大均。其始,富者不便,多爲浮論,欲搖止其事,旣而無一人敢不服者。後諸路行均稅法,邑官不足,益以他官,經歲歷時,文案山積,而尚有訴不均者,計其力比上元不啻千百矣。

會令罷去,先生攝邑事。上元劇邑,訴訟日不下二百。爲政者疲於省覽,奚暇及治道?先生處之有方,不閱月,民訟遂簡。江南稻田,賴陂塘以漑。盛夏塘堤大決,計非千夫不可塞。法當言之府,府稟於漕司,然後計功調役,非月餘不能興作。先生曰:"比如是,苗槁久矣,民將何食?救民獲罪,所不辭也。"遂發民塞之,歲則大熟。

江寧當水運之衝,舟卒病者,則留之爲營以處,曰小營子,歲不下數百人,至者輒死。先生察其由,蓋旣留然後請於府,給券乃得食,比有司文具,則困於飢已數日矣。先生白漕司,給米貯營中,至者與之食,自是生全者大半。措置於纖微之間,而人已受賜,如此之比,所至多矣。先生常云:"一命之士,苟存心於愛物,於人必有所濟。"

仁宗登遐,遺制官吏成服,三日而除。三日之朝,府尹率羣官將釋服。先生進曰:"三日除服,遺詔所命,莫敢違也。請盡今日。若朝而除之,所服止二日爾。"尹怒不從。先生曰:"公自除之,某非至夜不敢釋也。"一府相視,無敢除者。

茅山有龍池,其龍如蜥蜴而五色。祥符中,中使取二龍。至中塗,中使奏一龍飛空而去。自昔嚴奉以爲神物,先生嘗捕而脯之,使人不惑。其始至邑,見人持竿道旁,以黏飛鳥,取其竿折之,教之使勿爲。及罷官,艤舟郊外。有數人共語:自主簿折黏竿,鄉民子弟不敢畜禽鳥。不嚴而令行,大率如此。

再期,就移澤州晉城令。澤人淳厚,尤服先生教明。民以事至邑者,必告之以孝弟忠信,入所以事父兄,出所以事長上。度鄉村遠近爲五保,使之力役相助、患難相卹,而姦僞無所容。凡孤煢殘廢者,責之親戚鄉黨,使無失所。行旅出於其塗者,疾病皆有所養。諸鄉皆有校。暇時親至,召父老而與之語;兒童所讀書,親爲正句讀;教者不善,則爲易置。俗始甚野,不知爲學。先生擇子弟之秀者,聚而教之。去邑纔十餘年,而服儒服者蓋數百人矣。

鄉民爲社會,爲立科條,旌別善惡,使有勸有恥。邑幾萬室,三年之間,無強盜及鬭死者。秩滿,代者且至,吏夜叩門,稱有殺人者。先生曰:"吾邑安有此? 誠有之,必某村某人也。"問之果然。家人驚異,問何以知之? 曰:"吾常疑此人惡少之弗革者也。"

河東財賦窘迫,官所科買,歲爲民患。雖至賤之物,至官取之,則其價翔踊,多者至數十倍。先生常度所需,使富家預儲,定其價而出之。富室不失倍息,而鄉民所費,比常歲十不過二三。民稅常移近邊,載往則道遠,就糴則價高。先生擇富民之可任者,預使購粟邊郡,所費大省,民力用紓。縣庫有雜納錢數百千,常借以補助民力。部使者至,則告之曰:"此錢令自用而不敢私,請一切不問。"使者屢更,無不從者。先時民憚差役,役及則互相糾訴,鄉鄰遂爲仇讎。先生盡知民產厚薄,第其先後,按籍而命之,無有辭者。

河東義勇,農隙則教以武事,然應文備數而已。先生至,晉城之民遂爲精兵。晉俗尚焚屍,雖孝子慈孫,習以爲安。先生教諭禁止,民始信之。而先生去後,郡官有母死者,憚於遠致,以投烈火,愚俗視效,先生之教遂廢,識者恨之。先生爲令,視民如子。欲辨事者,或不持牒,徑至庭下,陳其所以。先生從容告語,諄諄不倦。在邑三年,百姓愛之如父母;去之日,哭聲振野。

用薦者,改著作佐郎。尋以御史中丞呂公公著薦,授太子中允,權監察御史裏行。神宗素知先生名,召對之日,從容諮訪,比二三見,遂期以大用,每將退,必曰:"頻求對來,欲常相見爾。"一日,論議甚久,日官報午正,先生遽求退。庭中中人相謂曰:"御史不知上未食耶?"前後進說甚多,大要以正心窒欲,求賢育材爲先。先生不飾辭辨,獨以誠意感動人主。神宗嘗使推擇人才,先生所薦者數十人,而以父表弟張載暨弟頤爲首。所上章疏,子姪不得窺其稿。嘗言:人主當防未萌之欲。神宗俯身拱手曰:"當爲卿戒之。"及因論人才,曰:"陛下奈何輕天下士?"神宗曰:"朕何敢如是?"言之至於再三。

時王荊公安石日益信用,先生每進見,比爲神宗陳君道以至誠仁愛爲本,未嘗及功利。神宗始疑其迂,而禮貌不衰。嘗極陳治道。神宗曰:"此堯舜之事,朕何敢當?"先生愀然曰:"陛下此言,非天下之福也。"荊公浸行其說,先生意多不合,事出必論列,數月之間,章數十上。尤極輪者:輔臣不同心,小臣與大計,公論不行,青苗取息,賣祠部牒,差提舉官多非其人及不經封駁,京東轉運司剝民希寵不加黜責,興利之臣日進,尚德之風浸衰等十餘事。荊公與先生雖道不同,而嘗謂先生忠信。先生每與論事,心平氣和,荊公多爲之動。而言路好直者,必欲力攻取勝,由是與言者爲敵矣。

先生言既不行,懇求外補,神宗猶重其去,上章及面請至十數,不許,遂闔門待罪。神宗將黜諸言者,命執政除先生監司差權發遣京西路提點刑獄。上章曰:"臣言是願行之。如其妄言,當賜顯責。請罪而獲遷,刑賞混矣。"累請得罷。既而神宗手批,暴白同列之罪,獨於先生無責,改差簽書鎭寧軍節度判官事。

爲守者嚴刻多忌,通判而下,莫敢與辯事。始意先生嘗任臺憲,必不盡力職事,而又慮其慢己。既而先生事之甚恭,雖筦庫細務,無不盡心,事小未安,必與之辨,遂無不從者,相與甚歡。屢平反重獄,得不死者前後蓋十數。

河清卒於法不他役。時中人程昉爲外都水丞,怙勢,蔑視州郡,於盡取諸埽兵治二股河,先生以法拒之。昉請於朝,命以八百人與之。天方大寒,昉肆其虐,衆逃而歸。州官晨集城門,吏報河清兵潰歸,將入城。衆官相時,畏昉欲弗納。先生曰:"此逃死自歸,弗納必爲亂。昉有言,某自當之。"即親往,開門撫諭,約歸休三日復役,衆歡呼而入。具以事上聞,得不復遣。後昉奏事過州,見先生,言甘而氣懼,既而揚言於衆曰:"澶卒之潰,乃程中允誘之,吾必訴於上。"同列以告,先生笑曰:"彼方憚我,何能爾也?"果不敢言。

會曹村埽決,时先生方救護小吳,相去百里。州帥劉公渙以事告急,先生一夜馳至,帥俟於河橋。先生謂帥曰:"曹村決,京城可虞。臣子之分,身可塞亦爲之。請盡以廂兵見付。事或不集,公當親率禁兵以繼之。"帥義烈士,遂以本鎭印授先生,曰:"君自用之。"先生得印,不暇入城省親,徑走決堤,諭士卒曰:"朝廷養爾輩,正爲緩急爾。爾知曹村決則注京城乎?吾與爾曹以身捍之。"衆皆感激自効。論者皆以爲勢不可塞,徒勞人爾。先生命善泅者銜細繩以渡,決口水方奔注,達者百一,卒能引大索以濟衆,兩岸並進,晝夜不息,數日而合。其將合也,有大木自中流而下,先生顧謂衆曰:"得彼巨木橫流入口,則吾事濟矣。"語纔已,木遂橫,衆以爲至誠所致。其後曹村之下復决,遂久不塞,數路困擾,大爲朝廷憂。人以爲,使先生在職,安有是也?

郊祀霈恩,先生曰:"吾罪滌矣,可以去矣。"遂求監局,以便親養,得罷歸。自是醜正者競揚避新法之說。歲餘,得監西京洛河竹木務。薦者言其未嘗敍年勞,丐遷秩,特改太常丞。神宗猶念先生,會修三經義,嘗語執政曰:"程某可用。"執政不對。又嘗有登對者自洛至,問曰:"程某在彼否?"連言佳士。其後彗見翼軫間,詔求直言,先生應詔論朝政極切。還朝,執政屢進擬,神宗皆不許,既而手批與府界知縣,差知扶溝縣事。先生詣執政,復求監當。執政諭以上意不可改也。數月,右府同薦,除判武學。新進者言其新法之初,首爲異論,罷復舊任。

先生爲治,專尚寬厚,以教化爲先,雖若甚迂,而民實風動。扶溝素多盜,雖樂歲,強盜不減十餘發。先生在官,無盜者歲一年。廣濟蔡河出縣境,瀕河不逞之民,不復治生業,專以脅取舟人物爲事,歲必焚舟十數以立威。先生始至,捕得一人,使引其類,得數十人,不復根治舊惡,分地而處之,使以挽舟爲業,且察爲惡者。自是邑境無焚舟之患。

畿邑田稅重,朝廷歲常蠲除以爲惠澤。然而良善之民憚督責而先輸,逋負獲除者皆頑民也。先生爲約,前科獲免者,今必如期而足,於是惠澤始均。司農建言,天下輸役錢,達戶四等,而畿內獨止第三,請亦及第四。先生力陳不可,司農奏其議,謂必獲罪,而神宗是之,畿邑皆得免。

先生爲政,常權穀價,不使至甚貴甚賤。會大旱,麥苗且枯。先生教人掘井以溉,一井不過數工,而所灌數畝,闔境賴焉。水災民饑,先生請發粟貸之。鄰邑亦請。司農怒,遣使閱實。使至鄰邑,而令遽自陳穀且登,無貸可也。使至,謂先生盍亦自陳?先生不肯,使者遂言不當貸。先生力言民饑,請貸不已,遂得穀六千石,饑者用濟。而司農益怒,視貸籍戶同等而所貸不等,檄縣杖主吏。先生言,濟饑當以口之衆寡,不當以戶之高下;且令實爲之,非吏罪;乃得已。

內侍都知王中正巡閱保甲,權寵至盛,所至淩慢縣官,諸邑供帳,競務華鮮,以悅奉之。主吏以請,先生曰:"吾邑貧,安能傚他邑?且取於民,法所禁也。今有故青帳,可用之。"先生在邑歲餘,中正往來境上,卒不入。鄰邑有冤訴府,願得先生决之者,前後五六。有犯小盜者,先生謂曰:"汝能改行,吾薄汝罪。"盜叩首願自新。後數月，復穿窬。捕吏及門，盜告其妻曰："我與大丞約，不復爲盜，今何面目見之邪？"遂自經。

官制改，除奉議郎。朝廷遣官括牧地，民田當没者千頃，往往持累世契券以自明，皆弗用。諸邑已定，而扶溝民獨不服。遂有朝旨，改税作租，不復加益，及聽賣易如私田。民既倦於追呼，又得不加賦，乃皆服。先生以爲不可。括地官至，謂先生曰："民願服而君不許，何也？"先生曰："民徒知今日不加賦，而不知後日增租奪田，則失業無以生矣。"因爲言仁厚之道。其人感動，謝曰："寧受責，不敢違公。"遂去之他邑。

不踰月，先生罷去。其人復至，謂攝令者曰："程奉議去矣，爾復何恃而敢稽違朝旨？"督責甚急，數日而事集。鄰邑民犯盜，繫縣獄而逸，既又遇赦。先生坐是以特旨罷。邑人知先生且罷，詣府及司農丐留者千數。去之日，不使人知，老穉數百，追及境上，攀挽號泣，遣之不去。

以親老求近鄉監局，得監汝州酒税。今上嗣位，覃恩，改承議郎。先生雖小官，賢士大夫視其進退，以卜興衰。聖政方新，賢德登進，先生特爲時望所屬，召爲宗正寺丞。未行，以疾終，元豐八年六月十五日也，享年五十有四。士大夫識與不識，莫不哀傷，爲朝廷生民恨惜。

先生資稟既異，而充養有道。純粹如精金，温潤如良玉。寬而有制，和而不流。忠誠貫於金石，孝弟通於神明。視其色，其接物也，如春陽之温。聽其言，其入人也，如時雨之潤。胸懷洞然，徹視無間。測其藴，則浩乎若滄溟之無際；極其德，美言蓋不足以形容。

先生行己，内主於敬，而行之以恕。見善若出諸己，不欲弗施於人。居廣居而行大道，言有物而動有常。

先生爲學，自十五六時，聞汝南周茂叔論道，遂厭科舉之業，慨然有求道之志。未知其要，泛濫於諸家，出入於老釋者，幾十年。返求諸六經，而後得之。明於庶物，察於人倫。知盡性至命，必本於孝悌。窮神知化，由通於禮樂。辨異端似是之非，開百代未明之惑。秦漢而下，未有臻斯理也。

謂孟子没而聖學不傳，以興起斯文爲己任。其言曰："道之不明，異端害之也。昔之害近而易知，今之害深而難辨。昔之惑人也乘其迷暗，今之入人也因其高明。自謂之窮神知化，而不足以開物成物。言爲無不周徧，實則外於倫理。窮深極微，而不可以入堯舜之道。天下之學，非淺陋固滯，則必入於此。自道之不明也，邪誕妖異之説競起，塗生民之耳目，溺天下於污濁。雖高才明智,膠於見聞,醉生夢死,不自覺也。是皆正路之榛蕪、聖門之蔽塞,關之而後可以入道。"

先生進將覺斯人,退將明之書。不幸早世,皆未及也。其辨析精微,稍見於世者,學者之所傳爾。先生之門,學者多矣。先生之言,平易易知,賢愚皆獲其益。如羣飲於河,各充其量。

先生教人,自致知至於知止,誠意至於平天下,灑掃應對至於窮理盡性,循循有序。病世之學者捨近而趨遠,處下而窺高,所以輕自大而卒無得也。

先生接物,辨而不閒,感而能通。教人而人易從,怒人而人不怨。賢愚善惡,咸得其心。狡偽者獻其誠,暴慢者致其恭,聞風者誠服,覯德者心醉。雖小人以趨向之異,顧於利害,時見排斥,推而省其私,未有不以先生為君子也。

先生為政,治惡以寬,處煩以裕。當法令繁密之際,未嘗從衆,為應文逃責之事。人皆病於拘礙,而先生處之綽然。衆憂以為甚難,而先生為之沛然。雖當倉卒,不動聲色。方監司競為嚴急之時,其待先生,率皆寬厚。設施之際,有所賴焉。先生所為綱條法度,人可倣而為也。至其道之而從,動之而和。不求物而物應,未施信而民信,則人不可及也。

彭夫人封仁和縣君,嚴正有禮,事舅以孝稱,善睦其族,先一年卒。—有五字。子—有三早卒字。曰端懿,蔡州汝陽縣主簿;曰端本,治進士業。—有四字。女—有三夭二字。適假承務郎朱純之。卜以今年十月乙酉,葬於伊川先塋。謹書家世行業及歷官行事之大概,以求誌於作者,謹狀。元豐八年八月日弟頤狀。

程顥傳[①]

宋　史

程顥,字伯淳,世居中山,後從開封徙河南。

高祖羽,太宗朝三司使。父珦,仁宗錄舊臣後,以為黃陂尉。久之,知龔州。時宜獠區希範既誅,鄉人忽傳其神降,言"當為我南海立祠",於是迎其神以往。至龔,珦使詰之,曰:"比過潯,潯守以為妖,投祠具江中,逆流而上,守懼,乃更致禮。"珦使復投之,順流去,其妄乃息。徙知磁州,又徙漢州。嘗宴客開元僧舍,酒方行,人譁言佛光見,觀者相騰踐,不可禁,珦安坐不動,頃之遂定。熙寧法行,為守令者奉命唯恐後,珦獨抗議,指其未便。使者李元瑜

[①] 錄自中華書局本宋史卷四二七,標點畧有改動。

怒,卽移病歸,旋致仕,累轉太中大夫。元祐五年,卒,年八十五。

　　珦慈恕而剛斷,平居與幼賤處,唯恐有傷其意,至於犯義理,則不假也。左右使令之人,無日不察其飢飽寒燠。前後五得任子,以均諸父之子孫。嫁遣孤女,必盡其力。所得奉祿,分贍親戚之貧者。伯母寡居,奉養甚至。從女兄既適人而喪其夫,珦迎以歸,教養其子,均於子姪。時官小祿薄,克己爲義,人以爲難。文彥博、蘇頌等九人表其清節,詔賜帛二百,官給其葬。

　　顥舉進士,調鄠、上元主簿。鄠民有借兄宅居者,發地得瘞錢。兄之子訴曰:"父所藏。"顥問:"幾何年?"曰:"四十年。""彼借居幾時?"曰:"二十年矣。"遣吏取十千視之,謂訴者曰:"今官所鑄錢,不五六年卽遍天下,此皆未藏前數十年所鑄,何也?"其人不能答。茅山有池,產龍如蜥蜴而五色。祥符中嘗取二龍入都,半塗失其一,中使云飛空而逝。民俗嚴奉不懈,顥捕而脯之。

　　爲晉城令,富人張氏父死,旦有老叟踵門曰:"我,汝父也。"子驚疑莫測,相與詣縣。叟曰:"身爲醫,遠出治疾,而妻生子,貧不能養,以與張。"顥質其驗。取懷中一書進,其所記曰:"某年月日,抱兒與張三翁家。"顥問:"張是時纔四十,安得有翁稱?"叟駭謝。

　　民稅粟多移近邊,載往則道遠,就糴則價高。顥擇富而可任者,預使貯粟以待,費大省。民以事至縣者,必告以孝弟忠信,入所以事其父兄,出所以事其長上。度鄉村遠近爲伍保,使之力役相助,患難相卹,而奸僞無所容。凡孤煢殘廢者,責之親戚鄉黨,使無失所。行旅出於其塗者,疾病皆有所養。鄉必有校,暇時親至,召父老與之語。兒童所讀書,親爲正句讀,教者不善,則爲易置。擇子弟之秀者,聚而教之。鄉民爲社會,爲立科條,旌別善惡,使有勸有恥。在縣三歲,民愛之如父母。

　　熙寧初,用呂公著薦,爲太子中允、監察御史裏行。神宗素知其名,數召見,每退,必曰:"頻求對,欲常常見卿。"一日,從容諮訪,報正午,始趨出,庭中人曰:"御史不知上未食乎?"前後進說甚多,大要以正心窒慾、求賢育材爲言,務以誠意感悟主上。嘗勸帝防未萌之欲,及勿輕天下士,帝俯躬曰:"當爲卿戒之。"

　　王安石執政,議更法令,中外皆不以爲便,言者攻之甚力。顥被旨赴中堂議事,安石方怒言者,厲色待之。顥徐曰:"天下事非一家私議,願平氣以聽。"安石爲之愧屈。自安石用事,顥未嘗一語及於功利。居職八九月,數論時政,最後言曰:"智者若禹之行水,行其所無事也;舍而之險阻,不足以言智。自古興治立事,未有中外人情交謂不可而能有成者,況於排斥忠良,沮廢公議,用賤陵貴,以邪干正者乎?正使徼倖有小成,而興利之臣日進,尚德之風浸衰,尤非朝廷之福。"遂乞去言職。安石本與之善,及是雖不合,猶敬其忠信,不深怒,但出提點京西刑獄。顥固辭,改簽書鎮寧軍判官。司馬光在長安,上疏求退,稱顥公直,以爲己所不如。

程昉治河,取澶卒八百而虐用之,衆逃歸。羣僚畏昉,欲勿納。顥曰:"彼逃死自歸,弗納必亂。若昉怒,吾自任之。"即親往啟門犒勞,約少休三日復役,衆驩踴而入。具以事上,得不遣。昉後過州,揚言曰:"澶卒之潰,蓋程中允誘之,吾且訴於上。"顥聞之,曰:"彼方憚我,何能爲。"果不敢言。

曹村埽決,顥謂郡守劉渙曰:"曹村決,京師可虞。臣子之分,身可塞亦所當爲,盍盡遣廂卒見付。"渙以鎮印付顥。立走決所,激諭士卒。議者以爲勢不可塞,徒勞人爾。顥命善泅者度決口,引巨索濟衆,兩岸並進,數日而合。

求監洛河竹木務,歷年不敘伐閱,特遷太常丞。帝又欲使修三經義,執政不可,命知扶溝縣。廣濟、蔡河在縣境,瀕河惡子無生理,專脅取行舟財貨,歲必焚舟十數以立威。顥捕得一人,使引其類,貰宿惡,分地處之,令以挽縴爲業,且察爲奸者,自是境無焚剽患。內侍王中正按閱保甲,權焰章震,諸邑競侈供張悅之,主吏來請,顥曰:"吾邑貧,安能儗他邑。取於民,法所禁也,獨有令故青帳可用爾。"除判武學,李定劾其新法之初首爲異論,罷歸故官。又坐獄逸囚,責監汝州鹽稅。哲宗立,召爲宗正丞,未行而卒,年五十四。

顥資性過人,充養有道,和粹之氣,盎於面背,門人交友從之數十年,亦未嘗見其忿厲之容。遇事優爲,雖當倉卒,不動聲色。自十五六時,與弟頤聞汝南周敦頤論學,遂厭科舉之習,慨然有求道之志。氾濫於諸家,出入於老、釋者幾十年,返求諸六經而後得之。秦漢以來,未有臻斯理者。

教人自致知至於知止,誠意至於平天下,灑掃應對至於窮理盡性,循循有序。病學者厭卑近而騖高遠,卒無成焉,故其言曰:"道之不明,異端害之也。昔之害近而易知,今之害深而難辨。昔之惑人也乘其迷暗,今之惑人也因其高明。自謂之窮神知化,而不足以開物成務,言爲無不周遍,實則外於倫理,窮深極微,而不可以入堯舜之道。天下之學,非淺陋固滯,則必入於此。自道之不明也,邪誕妖妄之說競起,塗生民之耳目,溺天下於污濁,雖高才明智,膠於見聞,醉生夢死,不自覺也。是皆正路之蓁蕪,聖門之蔽塞,闢之而後可以入道。"

顥之死,士大夫識與不識,莫不哀傷焉。文彥博采衆論,題其墓曰明道先生。其弟頤序之曰:"周公沒,聖人之道不行;孟軻死,聖人之學不傳。道不行,百世無善治;學不傳,千載無眞儒。無善治,士猶得以明夫善治之道,以淑諸人,以傳諸後;無眞儒,則貿貿焉莫知所之,人欲肆而天理滅矣。先生生於千四百年之後,得不傳之學於遺經,以興起斯文爲己任,辨異端,闢邪說,使聖人之道煥然復明於世,蓋自孟子之後,一人而已。然學者於道不知所向,則孰知斯人之爲功;不知所至,則孰知斯名之稱情也哉。"

嘉定十三年,賜諡曰純公。淳祐元年封河南伯,從祀孔子廟庭。

程頤史傳

程頤傳①

宋　史

程頤,字正叔。年十八,上書闕下,欲天子黜世俗之論,以王道爲心。遊太學,見胡瑗問諸生以顏子所好何學,頤因答曰:

學以至聖人之道也。聖人可學而至歟?曰:然。學之道如何?曰:天地儲精,得五行之秀者爲人,其本也眞而靜,其未發也,五性具焉,曰仁、義、禮、智、信。形既生矣,外物觸其形而動其中矣,其中動而七情出焉,曰喜、怒、哀、樂、愛、惡、欲。情既熾而益蕩,其性鑿矣。是故覺者約其情使合於中,正其心,養其性;愚者則不知制之,縱其情而至於邪僻,梏其性而亡之。

然學之道,必先明諸心,知所養;然後力行以求至,所謂"自明而誠"也。誠之之道,在乎信道篤,信道篤則行之果,行之果則守之固,仁義忠信不離乎心,造次必於是,顚沛必於是,出處語默必於是,久而弗失,則居之安,動容周旋中禮,而邪僻之心無自生矣。

故顏子所事,則曰:"非禮勿視,非禮勿聽,非禮勿言,非禮勿動。"仲尼稱之,則曰:"得一善則拳拳服膺而弗失之矣。"又曰:"不遷怒,不貳過。""有不善未嘗不知,知之未嘗復行。"此其好之篤,學之得其道也。然聖人則不思而得,不勉而中;顏子則必思而後得,必勉而後中。其與聖

---

① 錄自中華書局本宋史卷四二七,標點署有改動。

人相去一息,所未至者守之也,非化之也。以其好學之心,假之以年,則不日而化矣。

後人不達,以謂聖本生知,非學可至,而爲學之道遂失。不求諸己,而求諸外,以博聞強記、巧文麗辭爲工,榮華其言,鮮有至於道者。則今之學,與顏子所好異矣。

珦得其文,大驚異之,即延見,處以學職。呂希哲首以師禮事頤。

治平、元豐間,大臣屢薦,皆不起。哲宗初,司馬光、呂公著共疏其行義曰:"伏見河南府處士程頤,力學好古,安貧守節,言必忠信,動遵禮法。年踰五十,不求仕進,眞儒者之高蹈,聖世之逸民。望擢以不次,使士類有所矜式。"詔以爲西京國子監教授,力辭。

尋召爲秘書省校書郎,既入見,擢崇政殿說書。即上疏言:"習與智長,化與心成。今夫人民善教其子弟者,亦必延名德之士,使與之處,以薰陶成性。況陛下春秋之富,雖睿聖得於天資,而輔養之道不可不至。大率一日之中,接賢士大夫之時多,親寺人宮女之時少,則氣質變化,自然而成。願選名儒入侍勸講,講罷留之分直,以備訪問,或有小失,隨事獻規,歲月積久,必能養成聖德。"頤每進講,色甚莊,繼以諷諫。聞帝在宮中盥而避蟻,問:"有是乎?"曰:"然,誠恐傷之爾。"頤曰:"推此心以及四海,帝王之要道也。"

神宗喪未除,冬至,百官表賀,頤言:"節序變遷,時思方切,乞改賀爲慰。"既除喪,有司請開樂置宴,頤又言:"除喪而用吉禮,尚當因事張樂,今特設宴,是喜之也。"皆從之。帝嘗以瘡疹不御邇英累日,頤詣宰相問安否,且曰:"上不御殿,太后不當獨坐。且人主有疾,大臣可不知乎?"翌日,宰相以下始奏請問疾。

蘇軾不悅於頤,頤門人賈易、朱光庭不能平,合攻軾。胡宗愈、顧臨詆頤不宜用,孔文仲極論之,遂出管勾西京國子監。久之,加直祕閣,再上表辭。董敦逸復摭其有怨望語,去官。紹聖中,削籍竄涪州。李清臣尹洛,即日迫遣之,欲入別叔母亦不許,明日贐以銀百兩,頤不受。徽宗即位,徙峽州,俄復其官,又奪於崇寧。卒年七十五。

頤於書無所不讀。其學本於誠,以大學、語、孟、中庸爲標指,而達於六經。動止語默,一以聖人爲師,其不至乎聖人不止也。張載稱其兄弟從十四五時,便脫然欲學聖人,故卒得孔孟不傳之學,以爲諸儒倡。其言之旨,若布帛菽粟然,知德者尤尊崇之。嘗言:"今農夫祁寒暑雨,深耕易耨,播種五穀,吾得而食之;百工技藝,作爲器物,吾得而用之;介冑之士,被堅執鋭,以守土宇,吾得而安之。無功澤及人,而浪度歲月,晏然爲天地間一蠹,唯綴緝聖人遺書,庶幾有補爾。"於是著易、春秋傳以傳於世。易傳序曰:

易,變易也,隨時變易以從道也。其爲書也,廣大悉備,將以順性命之理,通幽明之故,盡事物之情,而示開物成務之道也。聖人之憂患後世,可謂至矣。去古雖遠,遺經尚存,然而前儒失意以傳言,後學誦言而忘味,自秦而下,蓋無傳矣。予生千載之後,悼斯文之湮晦,將俾後人沿流而求源,此傳所以作也。

"易有聖人之道四焉:以言者尚其辭,以動者尚其變,以制器者尚其象,以卜筮者尚其占"。吉凶消長之理、進退存亡之道備於辭,推辭考卦可以知變,象與占在其中矣。"君子居則觀其象而玩其辭,動則觀其變而玩其占",得於辭不達其意者有矣,未有不得於辭而能通其意者也。至微者理也,至著者象也。體用一源,顯微無間,觀會通以行其典禮,則辭無所不備。故善學者,求言必自近,易於近者,非知言者也。予所傳者辭也,由辭以得意,則在乎人焉。

春秋傳序曰:

天之生民,必有出類之才起而君長之,治之而爭奪息,導之而生養遂,教之而倫理明,然後人道立,天道成,地道平。二帝而上,聖賢世出,隨時有作,順乎風氣之宜,不先天以開人,各因時而立政。暨乎三王迭興,三重既備,子、丑、寅之建正,忠、質、文之更尚,人道備矣,天運周矣。聖王既不復作,有天下者雖欲倣古之跡,亦私意妄爲而已。事之繆,秦至以建亥爲正;道之悖,漢專以智力持世,豈復知先王之道也。

夫子當周之末,以聖人不復作也,順天應時之治不復有也,於是作春秋,爲百王不易之大法。所謂"考諸三王而不繆,建諸天地而不悖,質諸鬼神而無疑,百世以俟聖人而不惑"者也。先儒之傳,游、夏不能贊一辭,辭不待贊者也,言不能與於斯爾。斯道也,唯顔子嘗聞之矣。"行夏之時,乘殷之輅,服周之冕,樂則韶舞",此其準的也。後史以史視春秋,謂褒善貶惡而已,至於經世之大法,則不知也。

春秋大義數十,其義雖大,炳如日星,乃易見也。惟其微辭隱義、時措從宜者,爲難知也。或抑或縱,或予或奪,或進或退,或微或顯,而得乎義理之安,文質之中,寬猛之宜,是非之公,乃制事之權衡,揆道之模範也。夫觀百物然後識化工之神，聚眾材然後知作室之用，於一事一義而欲窺聖人之用心，非上智不能也。故學春秋者，必優遊涵泳，默識心通，然後能造其微也。後王知春秋之義，則雖德非禹、湯，尚可以法三代之治。

自秦而下，其學不傳，予悼夫聖人之志不明於後世也，故作傳以明之，俾後之人通其文而求其義，得其意而法其用，則三代可復也。是傳也，雖未能極聖人之蘊奧，庶幾學者得其門而入矣。

平生誨人不倦，故學者出其門最多，淵源所漸，皆爲名士。涪人祠頤於北巖，世稱爲伊川先生。嘉定十三年，賜諡曰正公。淳祐元年，封伊陽伯，從祀孔子廟庭。

門人劉絢、李籲、謝良佐、游酢、張繹、蘇昞皆班班可書，附於左。呂大鈞、大臨見大防傳。

呂希哲史傳

呂侍講家傳略[①]

伊洛淵源錄

公諱希哲，字原明，正獻公之長子也，以恩補官。元祐中爲講官，遷諫官，不拜。紹聖初，出知太平州，坐黨謫居和州。徽宗召爲光禄少卿，出守奉祠而卒。

正獻公居家簡重寡默，不以事物經心，而申國夫人性嚴有法度，雖甚愛公，然教公事事循蹈規矩。甫十歲，祁寒暑雨，侍立終日，不命之坐，不敢坐也。日必冠帶以見長者，平居雖天甚熱，在父母長者之側，不得去巾韈，縛袴衣服惟謹。行步出入，無得入茶肆酒肆。市井里巷之語、鄭衛之音，未嘗一經於耳。不正之書、非禮之色，未嘗一接於目。正獻公通判潁州，歐陽文忠公適知州事，焦先生千之伯強客文忠公所，嚴毅方正，正獻公招延之，使教諸子。諸生少有過差，先生端坐，召與相對，終日竟夕，不與之語。諸生恐懼畏服，先生方畧降辭色。時公方十餘歲，内則正獻公與申國夫人教訓如此之嚴，外則焦先生化導如此之篤，故公德器成就，大異眾人。公嘗言人生内無賢父兄，外

[①] 録自朱熹伊洛淵源録卷七，載朱子全書第十二冊。

無嚴師友,而能有成者少矣。

公始從安定胡先生瑗於太學,後徧從孫先生復、石先生介、李先生覯、王公安石學。安石以爲凡士未官而事科舉者爲貧也,有官矣而復事科舉,是僥倖富貴利達,學者不由。公聞,遽棄科舉,以意古學。

始與程先生頤俱事胡先生,居並舍。公少程先生一二歲,察其學問淵源,非他人比,首以師禮事之。而明道程先生顥及橫渠張先生載兄弟、孫公覺、李公常皆與公遊,由是知見日益廣大。然公亦未嘗專主一說,不私一門,務畧去枝葉,一意涵養,直截徑捷,以造聖人。嘗言往與二程諸公遊,一日,會相國寺,論事詳盡。伯淳忽歎曰:"不知此地自古至今,更曾有人來此地話邪。"蓋此處氣象,自有合得如此人說此等話道理也。然公取人,先論知見,次乃考其所爲。嘗言正叔先生自小說話過人,嘗笑人專取有行,不論知見者;又說世人喜說某人只是說得,正叔言"只說得好話亦大難,好話亦豈易說也"。公以爲二程遠過衆人者,學皆類此。

王公安石與正獻公旣相推重,而公有從之學。自嘉祐間,內外事多不甚治,王公與當世諸賢務於變更,畧放前代,別立法度,登進善人,修建學校。其所施設者,公皆預聞之矣。然自秉政,施設次第往往與舊說不合,又愎諫自信,動失衆心,寖與公父子不同。後欲用其子雱侍講殿中,乃欲先引公,公固辭乃止。

公爲說書凡二年,日夕勸導人主,以修身爲本,修身以正心誠意爲主。心正意誠,天下自化,不假他術;身不能修,雖左右之人且不能喻,況天下乎。

公雖性至樂易,然未嘗假人辭色,悅人以私。在邢州日,劉公安世適守潞州。邢、潞,鄰州也,公之子好問嘗勸公與劉公書通勤懇,公曰:"吾素與劉往還不熟,今豈可先意相結,私相附託邪?"卒不與書。

公晚居宿州眞陽間十餘年,衣食不給,有至絕糧數日者。公處之晏然,靜坐一室,家事一切不問,不以毫髮事託州縣。其在和州,嘗作詩云:"除卻借書沽酒外,更無一事擾公私。"閑居日讀易一爻,徧考古今諸儒之說,默坐沉思,隨事解釋;夜則與子孫評論古今,商榷得失,久之方罷。

公之行己,務自省察校量,以自進益。晚年嘗言:"十餘年前在楚州,橘壞,墮水中,時覺心動;數年前大病,已稍勝前;今次疾病,全不動矣。"其自力如此。

元祐初,程先生議請封建,欲自封孔子後。始,公曰:"方今母后臨朝,衆議不一,傷敗如是足矣,此豈大有爲時邪?"程先生默然而去。案程氏文集修立孔氏條制但云:"添賜田并舊賜爲五百頃,設溝封,爲奉聖鄉,世襲奉聖公爵,以奉祭祀。"未嘗遽請便行封建也。

公自少年既從諸老先生學,當世善士悉友之矣。晚更從高僧圓照師宗本、證悟師修顒遊,盡究其道,別白是非,斟酌深淺而融通之,然後知佛之道與吾聖人合。本中嘗問公:"二程先生所見如此高遠,何以卻佛學?"公曰:"只爲見得太近。"

呂希哲傳①

宋 史

希哲字原明,少從焦千之、孫復、石介、胡瑗學,復從程顥、程頤、張載遊,聞見由是益廣。以蔭入官,父友王安石勸其勿事科舉,以僥倖利祿,遂絕意進取。安石爲政,將寘其子雱於講官,以希哲有賢名,欲先用之。希哲辭曰:"辱公相知久,萬一從仕,將不免異同,則疇昔相與之意盡矣。"安石乃止。

公著作相,二弟已官省寺,希哲獨滯管庫,久乃判登聞鼓院,力辭。公著歎曰:"當世善士,吾收拾畧盡,爾獨以吾故置不試,命也夫!"希哲母賢明有法度,聞公著言,笑曰:"是亦未知其子矣。"

終公著喪,始爲兵部員外郎。范祖禹,其妹婿也,言於哲宗曰:"希哲經術操行,宜備勸講,其父常稱爲不欺暗室。臣以婦兄之故,不敢稱薦,今方將引去,竊謂無嫌。"詔以爲崇政殿說書。其勸導人主以修身爲本,修身以正心誠意爲主。其言曰:"心正意誠,則身修而天下化,若身不能修,雖左右之人且不能諭,況天下乎?"

擢右司諫,辭,未聽,私語祖禹曰:"若不得請,當以楊畏、來之邵爲首。"既而不拜。會紹聖黨論起,御史劉拯論其進不由科第,以秘閣校理知懷州。中書舍人林希又言:"呂大防由公著援引,故進希哲以酬私恩。凡大防輩欺君賣國,皆公著爲之唱;而公著之惡,則希哲導成之,豈宜污華職。"於是但守本秩,俄分司南京,居和州。

徽宗初,召爲秘書少監,或以爲太峻,改光禄少卿。希哲力請外,以直秘閣知曹州。旋遭崇寧黨禍,奪職知相州,徙邢州,罷爲宮祠。羈寓淮、泗間,十餘年卒。

---

① 錄自中華書局本宋史卷三三六,標點署有改動。

希哲樂易簡儉,有至行,晚年名益重,遠近皆師尊之。子好問,有傳。

張載同調史傳

呂大防史傳

呂大防傳①

宋　史

呂大防字微仲,其先汲郡人。祖通,太常博士。父賁,比部郎中。通葬京兆藍田,遂家焉。大防進士及第,調馮翊主簿、永壽令。縣無井,遠汲於澗,大防行近境,得二泉,欲導而入縣,地勢高下,衆疑無成理。大防用考工水地置泉之法以準之,有旬日,果疏爲渠,民賴之,號曰"呂公泉"。

遷著作佐郎、知青城縣。故時,圭田粟入以大斗而出以公斗,獲利三倍,民雖病不敢訴。大防始均出納以平其直,事轉聞,詔立法禁,命一路悉輸租於官概給之。青城外控汶川,與敵相接。大防據要置邏,密爲之防,禁山之樵採,以嚴障蔽。韓絳鎮蜀,稱其有王佐才。入權鹽鐵判官。

英宗即位,改太常博士。御史闕,内出大防與范純仁姓名,命爲監察御史裏行。首言:"紀綱賞罰,未厭四方之望者有五:進用大臣而權不歸上;大臣疲老而不得時退;外國驕蹇而不擇將帥;議論之臣裨益闕失,而大臣沮之;疆埸左右之臣,有敗事而被賞、舉職而獲罪者。"又言:"富弼病足請解機務,章十餘上而不納;張昇年幾八十,聰明已耗,哀乞骸骨而不從;吳奎有三年之喪,以其子召之者再,遣使召之者又再;程戡辭老不能守邊,恐死塞上,免以尸柩還家爲請,亦不許。陛下欲盡君臣之分,使病者得休,喪者得終,老者得盡其餘年,則進退盡禮,亦何必過爲虛飾,使四人之誠,不得自達邪?"

是歲,京師大水,大防曰:"雨水之患,至入宮城廬舍,殺人害物,此陰陽之沴也。"即陳八事,曰:主威不立,臣權太盛,邪議干正,私恩害公,遼夏連謀,盜賊恣行,羣情失職,刑罰失平。會執政議濮王稱考,大防上言:"先帝起陛下爲皇子,館於宮中,憑几之命,緒言在耳,皇天后土,實知所託。設使先帝萬壽,陛下猶爲皇子,則安懿之稱伯,於理不疑。豈可生以爲子,沒而背之哉?夫人

---

① 録自中華書局本宋史卷三四〇,標點署有改動。

君臨御之始,宜有至公大義厭服天下,以結其心。今大臣首欲加王以非正之號,使陛下顧私恩而違公義,非所以結天下之心也。"章累十數上,出知休寧縣。

神宗立,通判淄州。熙寧元年,知泗州,爲河北轉運副使。召直舍人院。韓絳宣撫陝西,命爲判官,又兼河東宣撫判官,除知制誥。四年,知延州。大防昉欲城河外荒堆砦,衆謂不可守,大防留戍兵修堡障,有不從者斬以徇。會環慶兵亂,絳坐黜,大防亦落知制誥,以太常博士知臨江軍。

數月,徙知華州。華嶽摧,自山屬渭河,被害者衆。大防奏疏,援經質史,以驗時事。其畧曰:"'畏天之威,於時保之',先王所以興也;'我生不有命在天',後王所以壞也。書云:'惟先格王,正厥事。'願仰承天威,俯酌時變,爲社稷至計。"除龍圖閣待制、知秦州。

元豐初,徙永興。神宗以彗星求言,大防陳三說九宜:曰治本,曰緩末,曰納言。養民、教士、重穀,治本之宜三也;治邊、治兵,緩末之宜二也;廣受言之路,寬侵官之罰,恕誹謗之罪,容異同之論,此納言之宜四也。累數千言。時用兵西夏,調度百出,有不便者輒上聞,務在寬民。及兵罷,民力比他路爲饒,供億軍須亦無乏絕。進直學士。居數年,知成都府。

哲宗即位,召爲翰林學士、權開封府。有僧誑民取財,因訟至廷下。驗治得情,命抱具獄,即其所杖之,他挾姦者皆遁去。舘伴契丹使。其使黠,語頗及朝廷,大防密摘其隱事,詰之曰:"北朝試進士至心獨運賦,不知此題於書何出?"使錯愕不能對,自是不敢復出嫚詞。

遷吏部尚書。夏使來,詔訪以待遇之計,且曰:"向者所得邊地,雖建立城堡,終慮孤絕難保,棄之則弱國,守之又有後悔,爲當奈何?"大防言:"夏本無能爲,然屢遣使而不布誠款者,蓋料我急於議和耳。今使者到闕,宜令押伴臣僚,扣其不賀登極,以觀厥意,足以測情僞矣。新收疆土,議者多言可棄,此慮之不熟也。至於守禦之策,惟擇將帥爲先。太祖用姚內斌、董遵誨守環、慶,西人不敢入侵。昔以二州之力,禦敵而有餘;今以九州之大,奉邊而不足。由是言之,在於得人而已。"

元祐元年,拜尚書右丞,進中書侍郎,封汲郡公。西方息兵,青唐羌以爲中國怯,使大將鬼章青宜結犯邊。大防命洮州諸將乘間致討,生擒之。

三年,呂公著告老,宣仁后欲留之京師。手札密訪至於四五,超拜大防尚書左僕射兼門下侍郎,提舉修神宗實錄。大防見哲宗年益壯,日以進學爲急,請敕講讀官取仁宗邇英御書解釋上之,真於坐右。又撫乾興以來四十一事足以爲勸戒者,分上下篇,標曰仁祖聖學,使人主有欣慕不足之意。

哲宗御邇英閣,召宰執、講讀官讀寶訓,至"漢武帝籍南山提封爲上林苑,仁宗曰:'山澤之利當與衆共之,何用此也。'丁度曰:'臣事陛下二十年,每奉德音,未始不及於憂勤,此蓋祖宗家法爾。'"大防因推廣祖宗家法以進,曰:"自三代以後,唯本朝百二十年中外無事,蓋由祖宗所立家法最善,臣請舉其畧。自古人主事母后,朝見有時,如漢武帝五日一朝長樂宮。祖宗以來事母后,皆朝夕見,此事親之法也。前代大長公主用臣妾之禮。本朝必先致恭,仁宗以姪事姑之禮見獻穆大長公主,此事長之法也。前代宮闈多不肅,宮人或與廷臣相見,唐入閣圖有昭容位。本朝宮禁嚴密,內外整肅,此治內之法也。前代外戚多預政事,常致敗亂。本朝母后之族皆不預,此待外戚之法也。前代宮室多尚華侈。本朝宮殿止用赤白,此尚儉之法也。前代人君雖在宮禁,出輿入輦。祖宗皆步自庭,出御後殿。豈乏人力哉,亦欲涉歷廣庭,稍冒寒暑,此勤身之法也。前代人主,在禁中冠服苟簡。祖宗以來,燕居必以禮。竊聞陛下昨郊禮畢,具禮謝太皇太后,此尚禮之法也。前代多深於用刑,大者誅戮,小者遠竄。惟本朝用法最輕,臣下有罪,止於罷黜,此寬仁之法也。至於虛己納諫,不好畋獵,不尚玩好,不用玉器,不貴異味,此皆祖宗家法,所以致太平者。陛下不須遠法前代,但盡行家法,足以爲天下。"哲宗甚然之。

大防樸厚蠢直,不植黨朋,與范純仁並位,同心戮力,以相王室。立朝挺挺,進退百官,不可干以私,不市恩嫁怨,以邀聲譽,凡八年,始終如一。

懇乞避位,宣仁后曰:"上方富於春秋,公未可即去,少須歲月,吾亦就東朝矣。"未果而后崩。爲山陵使,復命以觀文殿大學士、左光祿大夫知潁昌府。尋改永興軍,使便其鄉社。入辭,哲宗勞慰甚渥,曰:"卿暫歸故鄉,行即召矣。"未幾,左正言上官均論其隳壞役法,右正言張商英、御史周秩、劉拯相繼攻之,奪學士,知隨州,貶祕書監,分司南京,居郢州。言者又以修神宗實錄直書其事爲誣詆,徙安州。

兄大忠自渭入對,哲宗詢大防安否,且曰:"執政欲遷諸嶺南,朕獨令處安陸,爲朕寄聲問之。大防樸直爲人所賣,三二年可復相見也。"大忠泄其語於章惇,惇懼,繩之愈力。紹聖四年,遂貶舒州團練副使,安置循州。至虔州信豐而病,語其子景山曰:"吾不復南矣!吾死汝歸,呂氏尚有遺種。"遂薨,年七十一。大忠請歸葬,許之。

大防身長七尺,眉目秀發,聲音如鐘。自少持重,無嗜好,過市不左右遊目,燕居如對賓客,每朝會,威儀翼如,神宗常目送之。與大忠及弟大臨同居,相切嗟論道考禮,冠昏喪祭一本於古,關中言禮學者推呂氏。嘗爲鄉約曰:"凡同約者,德業相勸,過失相規,禮俗相交,患難相卹,有善則書於籍,有過若違約者亦書之,三犯而行罰,不悛者絕之。"

　　徽宗即位,復其官。高宗紹興初,又復大學士,贈太師、宣國公,謚曰正愍。

張載門人史傳

呂大忠史傳

呂大忠傳[①]

宋　史

　　大忠字進伯,登第,爲華陰尉、晉城令。韓絳宣撫陝西,以大忠提舉永興路義勇。改祕書丞,檢詳樞密院史、兵房文字。令條義勇利害。大忠言:"養兵猥衆,國用日屈,漢之屯田,唐之府兵,善法也。弓箭手近於屯田,義勇近於府兵,擇用一焉,兵屯可省矣。"爲簽書定國軍判官。

　　熙寧中,王安石議遣使諸道,立緣邊封溝,大忠與范育被命,俱辭行。大忠陳五不可,以爲懷撫外國,恩信不洽,必致生患。罷不遣。令與劉忱使契丹,議代北地,會遭父喪,起復,知代州。契丹使蕭素、梁穎至代,設次,據主席,大忠與之爭,乃移次於長城北。換西上閤門使、知石州。

　　大忠數與素、穎會,凡議,屢以理折之,素、穎稍屈。已復使蕭禧來求代北地,神宗召執政與大忠、忱議,將從其請。大忠曰:"彼遣一使來,即與地五百里,若使魏王英弼來求關南,則何如?"神宗曰:"卿是何言也?"對曰:"陛下既以臣言爲不然,恐不可啟其漸。"忱曰:"大忠之言,社稷大計,願陛下熟思之。"執政知不可奪,議卒不決,罷忱還三司,大忠亦終喪制。其後竟以分水嶺爲界焉。

　　元豐中,爲河北轉運判官,言:"古者理財,視天下猶一家。朝廷者家,外

---

① 録自中華書局本宋史卷三四〇,標點署有改動。

計者兄弟,居雖異而財無不同。今有司惟知出納之名,有餘不足,未嘗以實告上。故有餘則取之,不足莫之與,甚大患也。"乃上生財、養民十二事。徙提點淮西刑獄。時河決,飛蝗爲災,大忠入對,極論之,詔歸故官。

元祐初,歷工部郎中、陝西轉運副使、知陝州,以直龍圖閣知秦州,進寶文閣待制。夏人自犯麟府、環慶後,遂絶歲賜,欲遣使謝罪,神宗將許之。大忠言:"夏人彊則縱,困則服,今陽爲恭順,實懼討伐。宜且命邊臣詰其所以來之辭,若惟請是從,彼將有以窺我矣。"

時郡糴民粟,豪家因之制操縱之柄。大忠選僚寀自旦入倉,雖斗升亦受,不使有所壅閼。民喜,爭運粟於倉,負錢而去,得百餘萬斛。

馬涓以進士舉首入幕府,自稱狀元。大忠謂曰:"狀元云者,及第未除官之稱也。既爲判官則不可。今科舉之習既無用,修身爲己之學,不可不勉。"又教以臨政治民之要,涓自以爲得師焉。謝良佐教授州學,大忠每過之,聽講論語,必正襟斂容曰:"聖人言行在焉,吾不敢不肅。"

嘗獻言:"夏人戍守之外,戰士不過十萬,吾三路之衆,足以當之矣。彼屢犯王畧,一不與校,臣竊羞之。"紹聖二年,加寶文閣直學士、知渭州,付以秦、渭之事,奏言:"關、陝民力未裕,士氣沮喪,非假之歲月,未易枝梧。"因請以職事對。大抵欲以計徐取橫山,自汝遮殘井迤邐進築,不求近功。

既而鍾傳城安西,王文郁亦用事,章惇、曾布主之,大忠議不合;又乞以所進職爲大防量移,惇、布陳其所言與元祐時異,徙知同州,旋降待制致仕。卒,詔復學士官,佐其葬。

呂大鈞史傳

呂和叔墓表①

范　育

元豐五年,歲次壬戌,六月癸酉,呂君和叔卒。九月乙巳,從葬驪山之趾先大夫之墓。其孤義山,請職以文。惟君明善至學,性之所得者,盡之於心,心之所知者,踐之於身。妻子刑之,朋友信之,鄉黨宗之,可謂至誠敏德者矣。乃表其墓曰:"誠德君子",而係其身行云。

---

① 録自呂祖謙皇朝文鑑卷一四五,標點署作改動。

君諱大鈞,字和叔,其先汲郡人。皇考鵠,贈司封員外郎。王考通,太常博士,贈兵部侍郎。考賁,比部郎中,贈左諫議大夫。由兵部葬京兆之藍田,故子孫爲其縣人焉。初,諫議學遊未仕,教子六人,後五人相繼登科,知名當世,其季賢而早死,縉紳士大夫傳其家聲,以爲美談。君其第三子也。中進士乙科,調秦州右司理參軍,監延州折博務,改光祿寺丞,知耀州三原縣。請代親入蜀,移綿州巴西縣。諫議致仕居里,君亦移疾不行。丞相韓公子華,宣撫陝西河東,辟書寫機密文字。府罷,移福州侯官縣。故相曾宣靖公鎮京兆,薦涇陽縣,皆不赴。丁諫議憂,服除,獨家居講道數年。仲兄龍圖閣待制大防,請監鳳翔府造船務,君起就之。官制改,爲宣議郎。會詔伐西夏,鄜延路轉運司檄君從事,法爲可辭,使者請於朝,君亦以禮際善而得行,乃往從。君亦盡力,不苟以避,使者愈賢之,薦爲管勾文字。數月,感疾,卒於延州官舍。享年五十有二。

君性純厚易直,強明正亮,所行不二於心,所知不二於行。其學以孔子下學上達之心立其志,以孟子集義之功養其德,以顏子克己復禮之用厲其行,其要歸之誠明不息,不爲衆人沮之而疑,小辨奪之而屈,勢利刼之而回,知力窮之而止。其自任以聖賢之重如此。蓋大學之教不明於世者千五百年。先是扶風張先生子厚聞而知之,而學者未知信也。君於先生爲同年友,一言而契,往執弟子禮問焉。君謂:"始學必先行其所知而已。若夫道性命之際,正惟躬行禮義,久則至焉。"先生以謂:"學不造約,雖勞而艱於進德。"且謂:"君勉之,當自悟。"君乃信己不疑,設其義,陳其數,倡而行之,將以抗橫流,繼絕學,毅然不卹人之非間己也。先生亦歎其勇爲不可及。始居諫議喪,衰麻斂喪祭之事,悉捐俗習事尚,一做諸禮。後乃寖行於冠昏飲酒相見慶弔之間。其文節粲然可觀,人人皆識其義,相與起好矜行,一朝知禮義之可貴。久之,君之志既克少施,而於趣時求中,未能沛然不疑,然後信先生之學,本末不可踰,以造約爲先務矣。先生既歿,君益修明其學,援是道推之以善俗,且必於吾身親見之。既而曰:"有命,不得於今,必得於後世。"其始講修先生之法曰:"如有用我者,舉而錯之而已。"既又知夫君子之德不存焉,雖不信而不悔。始也急於行,既乃至而不迫,優遊乎道之可樂;始也嚴於率人,既乃和而不解,使學者趨而不厭。嗚呼!非持久不已,孰能與於此?君疾,命掃室正席,默坐,問者至,語未終而歿。其徒聞疾,或自家於官所,及訃至,相率迎其喪,遠至數十里,貧者位於別舘哭之。卒時,夫人种氏治其喪,如君所以治諫議之喪。其孤既葬而祭於家,必以禮。

嗚呼!死生之際,安而不惑,可以見養之至。道行乎妻子,善信乎朋友鄉黨,可以見誠之感。君與人語,必因其所可及而喻諸義,治經説德於身踐而心解。其文章不作於無用,嘗讒次井田兵制爲圖籍,按之易易。大臣有薦官邸教授者,法當獻文,君上天下爲一家中國一人賦,推是道也,悕乎天下矣。

君始娶馬氏,再娶种氏夫人也。子義山,能傳其父之學。孫男麟、愈、舟,女一。

嗚呼!仲尼七十而變化不息,顔子短命,未見其止,曾子老而德優。先生有言:"樂正子與舜同術,顧其行有未至。"至若君子之術,與聖人同,其至足以觀之,惜乎不得見其老,放乎致極,以立乎聖人之門。一朝之遇,措乎天下國家,乃中身而止矣。嗚呼!君之自信其所行,以致其所及,可爲衆人道者也。若信諸己而知乎天者,則又非衆人之所可知,必有君子而知君者矣。安得孔子之門人與論君之德者乎?

呂大鈞傳①

宋 史

大鈞字和叔。父蕡,六子,其五登科,大鈞第三子也。中乙科,調秦州右司理參軍,監延州折博務。改光禄寺丞、知三原縣。請代蕡入蜀,移巴西縣。蕡致仕,大鈞亦多疾不行。

韓絳宣撫陝西、河東,辟書寫機密文字。府罷,移知侯官縣,故相曾公亮鎮京兆,薦知涇陽縣,皆不赴。丁外艱,家居講道。數年,起爲諸王宮教授。求監鳳翔船務,制改宣義郎。

會伐西夏,鄜延轉運司檄爲從事。既出塞,轉運使李稷餽餉不繼,欲還安定取糧,使大鈞請於种諤。諤曰:"吾受命將兵,安知糧道?萬一不繼,召稷來,與一劍耳。"大鈞性剛直,即曰:"朝廷出師,去塞未遠,遂斬轉運使,無君父乎?"諤意折。彊謂大鈞曰:"君欲以此報稷,先稷受禍矣!"大鈞怒曰:"公將以此言見恐邪?吾委身事主,死無所辭,正恐公過耳。"諤見其直,乃好謂曰:"子乃爾邪?今聽汝矣!"始許稷還。是時,微大鈞盛氣誚諤,稷且不免。未幾,道得疾,卒,年五十二。

---

① 錄自中華書局本宋史卷三四〇,標點署有改動。

大鈞從張載學,能守其師說而踐履之。居父喪,衰麻葬祭,一本於禮。後乃行於冠昏、膳飲、慶弔之間,節文粲然可觀,關中化之。尤喜講明井田後制,謂治道必自此始,悉撰次爲圖籍,可見於用。雖皆本於載,而能自信力行,載每歉其勇爲不可及。

呂大臨史傳

呂大臨傳①

宋　史

　　大臨字與叔。學於程頤,與謝良佐、游酢、楊時在程門,號"四先生"。通六經,尤邃於禮。每欲掇習三代遺文舊制,令可行,不爲空言以拂世駭俗。

　　其論選舉曰:"古之長育人才者,以士衆多爲樂;今之主選舉者,以多爲患。古以禮聘士,常恐士之不至;今以法待士,常恐士之競進。古今豈有異哉,蓋未之思爾。夫爲國之要,不過得人以治其事,如爲治必欲得人,惟恐人才之不足,而何患於多。如治事皆任其責,惟恐士之不至,不憂其競進也。今取人而用,不問其可任何事;任人以事,不問其才之所堪。故入流之路不勝其多,然爲官擇士則常患乏才;待次之吏歷歲不調,然考其職事則常患不治。是所謂名實不稱,本末交戾。如此而欲得人而事治,未之有也。今欲立士規以養德厲行,更學制以量才進藝,定試法以區別能否,修辟法以興能備用,嚴舉法以覈實得人,制考法以責任考功,庶幾可以漸復古矣。"

　　富弼致政於家,爲佛氏之學。大臨與之書曰:"古者三公無職事,惟有德者居之,内則論道於朝,外則主教於鄉。古之大人當是任者,必將以斯道覺斯民,成己以成物,豈以爵位進退、體力盛衰爲之變哉?今大道未明,人趨異學,不入於莊,則入於釋。疑聖人爲未盡善,輕禮義爲不足學,人倫不明,萬物憔悴,此老成大人惻隱存心之時。以道自任,振起壞俗,在公之力,宜無難矣。若夫移精變氣,務求長年,此山谷避世之士獨善其者之所好,豈世之所望於公者哉?"弼謝之。

　　元祐中,爲太學博士,遷祕書省正字。范祖禹薦其好學修身如古人,可備勸學,未及用而卒。

---

① 録自中華書局本宋史卷三四〇,標點畧有改動。

范育史傳

范育傳①

宋　史

育字巽之，舉進士，爲涇陽令。以養親謁歸，從張載學。有薦之者，召見，授崇文校書、監察御史裏行。神宗喻之曰："書稱'堲讒說殄行'，此朕任御史之意也。"育請用大學誠意、正心以治天下國家，因薦載等數人。西夏入環慶，詔育行邊，還言："寶元、康定間，王師與夏人三大戰而三北，今再舉亦然。豈中國之大，不足以支夏人數郡乎？由不察彼已，妄舉而驟用之爾。昨荔原之役，夏人聲言：'我自修壘，不與漢爭。'三犯之，然後掩殺，雖追奔亦不至境。由是觀之，其情大可見矣。"

又使河東，論韓絳築囉兀二砦："始調外郡稍遠邊城前後三十萬夫，遼州最爲窮僻，然猶上戶配夫四百三十四，僦直計三千緡，下者十六人，其直十萬。輦運所經二十二驛，宣撫司不先告期，轉運使臨時督辦，致民皆破產，上下莫敢言。獨遼守李宏能約民力所勝，而餽不失期，顧以訴其實，翻令鞫罪。願貸被劾官吏，其芻糧在道者隨所至受之，使已困之民咸蒙德澤。"神宗皆從之。坐劾李定新喪匿服，罷御史，檢正中書戶房，固辭，乃知韓城縣。

詔往鄜延議畫地界，育言："保疆不如持約，持約不如敦信。前日疆場嘗嚴矣，一旦約敗兵笀，鬥者跌於前，耕者侵於後，是對溝不足恃也。使人左去而兵革右興，金繒朝委而烽煙夕舉，是持約不足恃也。今我見利而加兵，當講好之後，復自立界，不亦愧乎！"安南行營郭逵、趙卨以兵十萬伐交阯，行及長沙，病死相屬，逵、卨又不輯睦，育疏其不便，不從。久之，知河中府，加直集賢院，徙鳳翔，以直龍圖閣鎮秦州。

元祐初，召爲太常少卿，改光祿卿、樞密都承旨。劉安世暴其閨門不肅，出知熙州。時又議棄質孤、勝如兩堡，育爭之曰："熙河以蘭州爲要塞，此兩堡者蘭州之蔽也。棄之則蘭州危，蘭州危則熙河有腰膂之憂矣。"又請城李諾平、汝遮川，曰："此趙充國屯田古榆塞之地也。"不報。入爲給事中、戶部侍郎，卒。高宗紹興中，採其抗論棄地及進築之策，贈寶文閣學士。

---

① 録自中華書局本宋史卷三〇三，標點署有改動。

蘇昞史傳

蘇昞傳①

宋　史

蘇昞字季明,武功人。始學於張載,而事二程卒業。元祐末呂大忠薦之,起布衣爲太常博士。坐元符上書入邪籍,編管饒州,卒。

季明蘇先生②

關學編

先生名昞,字季明,武功人。同邑人游師雄,師橫渠張子最久,後又卒業於二程子。時尹焞彥明方舉業,造之,先生謂曰:"子以狀元及第卽學乎?唯復科舉之外,更有所謂學乎?"彥明未達。一日,先生因會茶,舉盞以示曰:"此豈不是學?"彥明大悟。先生令詣程門受學焉。

元祐末,呂進伯大忠薦曰:"臣某伏見京兆府處士蘇昞,德性純茂,強學篤志,行年四十,不求仕進,從故崇文校書張載學,爲門人之秀,秦之賢士大夫亦多稱之。如蒙朝廷擢用,俾充學宮之選,必能盡其素學,以副朝廷樂育之意。"乃自布衣召爲太常博士。後坐元符上書入黨籍,編管饒州。行過洛舘彥明所,伊川訪焉。旣行,伊川謂:"季明殊以遷貶爲意?"彥明曰:"然。焞嘗問季明,當初上書爲國家計邪,爲身計邪?若爲國家計,自當忻然赴饒州;若爲進取計,則饒州之貶,猶爲輕典。季明以焞言爲然。"

先是,橫渠正蒙成,先生編次而序之,自謂最知其大旨。熙寧九年,橫渠過洛,與二程子論學,先生錄程、張三子語,題曰洛陽議論,朱文公表章之行於世,今刻二程全書中。

---

① 錄自中華書局本宋史卷四二八,標點署有改動。
② 錄自中華書局點校本馮從吾關學編卷一,標點署有改動。

游師雄史傳

游公墓誌銘①

張舜民

公諱師雄,字景叔,姓游氏,世居京兆之武功。曾祖永清,祖裕,皆潛德不仕;考光濟,始爲大理寺丞,贈朝請郎。公爲兒時,不妄戲笑,聞弦誦聲,則悅而慕之。授以書,如夙習,握筆爲詩,語已清拔。年十五,入京兆學,益自刻勵,蚤暮不休。同舍生始多少之,已而考行試藝,屢居上列,人畏敬,無敢抗其鋒。橫渠張載,以學名家,公日從之遊,益得其奧,由是名振一時。豪俊皆慕,與之交;宿望舊德,爭相引重。治平元年,鄉舉進士第一,遂中其科,授儀州司戶參軍。郡委公以學校,公徙而新之。士皆就業,其後登科者繼踵。丞相范公爲轉運使,聞而薦之,於是使者識與不識,爭薦其能。忠獻魏公在長安,遣公督芻糧,築熙寧寨,及使相視葉縈會胡盧河,定西三川之地,復中利病,魏公愛其才。蔡挺帥涇源,以公權管勾機宜文字。熙寧四年,遷德順軍判官。時初議役法,常平司以公相度秦鳳路,公條畫甚多,其後朝廷下陝西役法,悉用其說。韓康公爲宣撫,委公同提舉。常平劉瑎往鄜延,與主帥措議戰守之策。初,瑎欲自延州入安定黑水堡,過綏平寨地,逼賊境,公疑其有伏,請由他道。已而諜者至,言西夏嘗伏精騎數千於黑水傍,伺其過掩之,將詰以機事。瑎驚曰:"向非公,墮於虜矣。"趙卨帥延安,以公權管勾機宜文字。夏人將擾邊,時鄜延之兵與戰具,悉爲保安、囉兀二將所分據,自延州龍安以北,諸寨無屯備,卨患之。公爲謀發義勇以守,且聚石於城上以待寇。夏人聞其有備,乃引兵入麟州,襲荒堆、三泉而歸。韓康公嘗遣公按視囉兀,城撫寧和市。公言囉兀無井泉,撫寧在平川,皆不可守,康公然之。未幾,撫寧果陷賊中,囉兀終棄而不用。丁母艱,服除,充鄜延路經畧司勾當公事,復從趙卨之辟也。熙寧七年,河溢,壞永寧關寧和橋。商賈道絕,河東之粟,不入於鄜延,有詔治橋甚急。議者謂石岸險,用力多,非期以歲年不可就。公往經度,兩月而成,人皆服其神速。時旱甚,卨委公行諸壘振貸,公使弓箭手、漢蕃戶磨鎧運石。濬溝完壁。計口而授糧,人無殍亡,邊備因之以固。八年,王師征安南,趙卨爲宣撫招討副使,首辟公,舍於同文館。卨方迫奏稟,不暇省文檄,皆倚公以辦。

---

① 録自全宋文卷一八二〇張舜民游公墓誌銘,標點畧有改動。

王韶爲樞密副使,謂卨曰:"幕中得士,良可賀也。"軍將行,聞父憂,有旨給告百日,復赴軍。公丐以終喪,凡三被詔,懇辭乃免。卨之行,與主帥郭達議不協,公憂其無功,悉以書勉之。其後皆如所料。服除,陞潁州團練推官。秦帥呂大防辟充管勾機宜文字。朝廷命徐禧計議邊事,禧持議不同,大防遣公往條白,禧悅其言,留之數日,邊議始合。禧歎曰:"諸幕府如游君,復何慮!"元豐四年,王師問罪夏人,轉運副使李察辟公勾當公事。軍駐靈武,餽餉之計,公力爲多。陞忠武軍節度推官,充涇源路經制司勾當公事。未幾,以疾辭歸。趙卨帥慶陽,再辟公管勾機宜文字。環慶當用兵之後,扶傷補弊,師壯民安,皆公之贊畫。卨移延安,范丞相代之,留辟。事無巨細,一以付之。元祐元年,改宣德郎,除宗正寺主簿。朝廷以夏人久爲邊患,思有以懷來,欲以四寨歸之,未決。執政以公習知西邊事,召問之。公曰:"四寨,先帝所克,所以形勢夏人者也。上當守勿失,奈何輕以畀人? 且割地以紓邊患,不唯示中國之弱,將啟蠻夷無厭之求。四寨既予,瀘南、荊、粵,如有請者,亦將予之乎? 非特此也。若燕人遣一介之使,奉只赤之書,求關南十縣之地者,又將予之乎? 六諸侯割地以餌秦,當時猶以爲恥,安有以天下之彊盛,而棄地以悅夷狄者哉?"因進分疆語錄二卷。而主議大臣不聽,卒棄四寨。夏人夷其地而不有,侮慢加前。□年春,遷軍器監丞。夏四月,吐蕃寇邊,其酋長青宜結素號桀黠,熙寧中陷河州,踏白城,殺主將景思立者也。元祐以來,例行姑息,因乘間脅屬羌,結夏賊爲亂,謀分據熙河,朝廷患之。□可使者與邊臣措置,僉以公行。公奏以謂奉使絕塞,兵謀軍勢,間不容髮,俟中覆則失於機會,欲如古者大夫出疆之事。上允其請,許以便宜從事。公既至,諜知西夏聚兵於天都山,前鋒已屯通遠境上;吐蕃之兵,欲攻河州;鬼章又欲以別部出熙州。公將先發以制之,告於熙帥劉舜卿。舜卿曰:"彼衆我寡,奈何?"公曰:"在謀不在衆,鬪知不鬪力,此機一失,後將噬臍。儻不濟焉,願爲首戮。"議三夕而後從之。乃分兵爲兩道,姚兕將而左,破六逋宗城,斬首一千五百級。攻講朱城,斷黃河飛橋,青唐十萬之衆不得渡。种誼將而右,破洮州,擒鬼章及大首領九人,斬首一千七百級。餘衆奔潰,溺死者數千人,洮水爲之不流;遺鎧仗芻糧數万。於是奏捷曰:"臣聞憯天威,震皇武,所以討不庭也。今西夏授策而弗謝,輒陰援吐蕃、鬼章,結釁構姦,欲爲邊患。臣與宋帥合謀,將義兵,行天誅,賴陛下聖神,陷陣克敵,斬獲以萬計;生禽元惡,係送闕下,願戮尸藳街,蠻夷邸間,以示萬里。"書奏,百寮班賀,遣使告裕陵。朝廷欲厚賞公,而言者謂邀功生事,必開邊隙,甚則欲坐以擅興,遂薄其賞,止遷奉議郎,賜緋。先是,青唐酋長來告主帥,曰:"董氈死,阿里骨祕不發喪,詐以爲嗣當立,請封於朝廷;已而復殺董氈妻心牟氏,囚溫溪心部族首領,國人怨之。若中國以兵問罪於境上,當煞阿里骨以獻,願立董氈之後,以安國人。"主帥未納。公方始而聞之,喜曰:"此天贊我也。"以利害上於朝,且曰:"若遣趙醇忠於青唐,城依府州,折氏世受封爵,則西方可保百年無變矣。"會鬼章就禽,其事遂寢。出爲陝西轉運判官。行郡邑則首興庠序,過田里則親勸農桑。新驛轉四十餘區,輪奐之美,甲於天下。自周秦已來,古迹之埋沒者,皆表之以示往來。鑿故關山道爲坦途,便熙秦之飛輓。長安之北,涇陽、櫟陽,沃壤千里,而水不浸灌。公教民浚溝洫,引涇渭之流,於是溉田數千頃。自陝以西,水利之興者,復萬餘頃,民賴其惠。熙河地不種粟,粟由他道往來者,常高其直而後售;而馬亦病於無草。公以粟與農具給漢蕃□民,而教以耕種之法。不數年,所收富於內地;又課邊人種木,所在森蔚。其後公私材用,皆取足焉。五年,移秦鳳等路提點刑獄公事,遷承議郎,加武騎尉。完郡縣之獄,且授以唐張說獄箴,使置之坐右,朝夕省觀;盡心於聽訊,買書以給學者。開大散關路,利巴蜀之行人。自朝廷棄四寨之後,熙河與夏人分疆,至是未決,命公往視之,具利害以聞,由是形勢之地,皆爲我有。六年,夏賊寇涇原,復入熙河,殺掠甚衆。公上疏曰:"元豐以拓土爲先,故進築之議略;元祐以和戎爲務,故進築之議廢。今蘭州距賊境一里,而通遠軍不及百里,又非有重山複嶺爲之限障,犬羊之勢,得以潛窺而輕突,邊民不安其居者屢矣。宜自蘭州定遠城東,抵通遠軍定西城,與通渭寨之間,建汝遮、納迷結、珠龍三寨,及置護耕七堡,所以固藩籬,使寇至而不可犯:此邊防無窮之利也。"疏入不報,公又論土民之親,死而不葬,寓骨於佛舍,歲久暴露,於風教有傷,宜立法禁之。其貧而死於道路者,願委郡縣給閒田以聚葬,如周官墓大夫之法。又言州郡奏疑獄,下其案於刑部大理寺,往往歷歲時而不降,淹獄緩刑,宜有以督之。又上役法廿條,朝廷多行其說。七年,召拜祠部員外郎。言天下祠廟多頹弊,春秋薦享,牲瘠酒漓,非所以敬鬼神、嚴祭祀也,願申戒州縣。改工部員外郎。鄜延闕帥,上欲用公,御延和殿諭宰執,上三問不答,既而對以資淺,姑再使以待之。乃除公集賢校理,權陝西轉運副使。同列欲變民租爲錢,意在取羨餘以獻,公面折之,曰:"五路宿兵以待餉,反令輸錢,錢可食乎?借若帑藏盈積,而倉廩空虛,边陲有警,師徒霧集,君能任其責耶?"同列無以應。內州兩稅支移於邊者,民常以爲病,公爲奏曰:

"在昔邊士不耕,仰粟於內,故設支移之法。今沿邊之粟既多,糴之軍食自足,宜令內州稅戶,隨升斗計地里輸脚乘錢,以免支移之勞。既可以休民力,又可以佐邊用,公私便之。"九年,遷朝奉郎,加雲騎尉。以疾丐郡,有旨免按行以自養,猶上章堅請,乃召赴闕。上謂輔臣曰:"有自西方來者,言游師雄已安,旦夕當至矣。"輔臣初皆不如,及將陛見,班當第四,御筆陞班第一。既賜對,上顧謂曰:"知卿所苦已安,殊可喜也。"公方謝,上又曰:"洮州之役,可謂奇功,恨賞太薄耳。"公對曰:"平黠羌,執醜虜,皆上稟睿算,臣何力之有焉。叨被寵光,實已過其分矣。但當時將士,奮命力鬭,而其勞未錄,此爲可惜。"因陳其本末,又奏元祐中嘗議築汝遮等寨,上皆然之,復面諭公,將付以邊閫。公辭以疾,乃除衛尉少卿。上數問公邊防利害,公即具慶曆以來,邊臣措置之臧否,廟堂謀議之失得,及今捍禦之切務,凡一十六事上進,曰紹聖安邊策。紹聖二年,懇求外補,以公知邠州;未幾,改守河中府。時河中久旱,公入境,天即大雨,民皆歡謠;又自中條山下,立渠堰,引蒼陵谷水,注之城中,人賴其利。三年春,遷直龍圖閣,權知秦州,兼權發遣秦鳳路經畧安撫使,兼馬步軍都總管,加飛騎尉。方及境,被旨攝帥熙河。時夏賊寇延州塞門寨,諸路皆屯將兵於境上,以防不虞,久而未罷。公至,則命解嚴徹備以休士卒,已而虜亦不犯,人皆服其持重。西鄙自破洮州之後,如于闐、大食、拂林、邈黎等國,貢奉般次,道常不絕。朝廷憚於供賫,抑留於熙河,限二歲一進。公奏曰:"夷狄慕義,萬里而至,此太平之盛事,漢唐欲之而不得者。今抑之,使不卽朝於闕下,恐非所以來遠人也。"朝廷從之。於是異國之使,接踵於中都焉。夏五月,朝廷遣使與熙河、涇原、秦鳳之帥合謀以制夏國,使者銳於成功,意在討擊。公以謂宜且進築城壘,以爲藩衛,席卷之師,未可輕舉,因上疏論列,不報。而使者日持攻取之說以迫公,公度不可共事,乃三上章求引避。六月,被命還秦,再求內郡,移公知陝州。其後使者悟攻取之難,卒用修築之議。如建汝遮寨、金城關,皆公已陳之策也。四年,自陝及雍大旱,公日夕齋戒禱雨。已而霶霈,境內獨豐,民無流徙;而旁郡餓殍,相枕於溝瀆。陝當西道之衝,兵民繁夥,使傳旁午,爲守者憚之。公撫治有經,應接多暇,不見其勞。優居無事,時常親至學舍,執經講問,以勸諸生。七月六日,以疾卒於治,享年六十。公初寢疾,有星隕於州宅思邵堂下,光燄炯赫。不數日而終,人咸異之。公娶張氏,乘務郎程之女,封仁壽縣君,賢淑有婦道,先公六年卒。子八人:靖,前河南府左軍巡判官、管勾書寫秦鳳路機宜文字;竑、巖、竚、竦,皆舉進士;端、翊、邵奴,早夭;女一人,適前蔡州遂平縣尉李圭。孫男四人,孫女一人,尚幼。以其年十月丁酉,葬於京兆府武功縣西原鳳凰岡之先塋,以仁壽夫人祔焉。公有文集十卷、奏議二十卷,藏於家。公幼喪母東陽縣太君習氏,惸然悲啼,人不忍視。及待繼母江陵縣太君楊氏,尤以孝行著於里中。嘗侍疾,衣不解帶者累月。既執喪,毀瘠過制。朝請君歿於延安。公被髮徒跣,躬負其櫬而歸,行路爲之傷惻。友愛其弟師韓甚篤,嘗遇明堂推恩,不奏其子,而以師韓爲請,朝廷雖不從,而人皆義之。不喜聚貨財、廣田宅爲子孫計,獨以賙給親舊爲心。族人生無以贍、死無以葬者,皆公是賴。故卒之日,家無餘貲。從宦二十餘年,率常在邊塞,其蕃漢情僞,將佐才否,以至熟羌生界住坐,山川險易,種落族姓,靡不周知。撫循勞問,下逮孩幼,故遠蕃之人,莫不懷附。及攝鎮洮,羌人歡呼,爭迎於境土;比其去,漢蕃士卒,泣訴於走馬承受,曰:"爲我聞朝廷,使公且留此。"所至民尤愛戴;其歿也,陝民號慟,如喪其所親;而蒲人之哭奠者,相屬於路。羌酋邊卒,舊將故吏,多繪公之像而事之者。其後于闐之使入貢,必過公之墓而祭之。其得人心如此!公恢廓敦大,不事邊幅,翛然莫窺其涯。遇人接物,未嘗忤其意;至於論當世事,則毅然正色,辭勁而不撓。雖人主前,亦不阿合。左右方恐懼,而公言益亹亹;臨危難不顧其身。嗚呼!才猷器識,度量風槩,瑰奇卓絕如是,而不得盡所蘊焉,可不爲惜哉!銘曰:

游本姬姓,吉興於鄭。元魏靖侯,儒風聿修。悠悠千禩,典刑孰繼?嶷生陝州,文武之器。文則華矣,其武伊何?矢謀於軍,書勞實多。在昔熙寧,鬼章亢命,先帝不誅,以待嗣聖。嗣聖繼明,公初請纓。指蹤將士,機發雷霆。既破洮州,仍執醜虜。告慶廟陵,百寮蹈舞。窮髮鬼區,讋我皇武。桓桓奇功,焜耀海寓。乘軺關隴,剖竹蒲鹵。省曹卿寺,出入拖紳。忠以利國,仁以愛民。其所施設,同風古人。憬彼夏羌,屢鬭西境。公提將符,嶽立山挺。忽徙一邦,志不獲騁。乃令犬羊,尚保要頸。大動不遂,非公獨然。廉頗去趙,樂毅離燕。惟有令名,炯如星懸。刻名幽宮,萬世哀焉。

游師雄傳①

宋　史

　　游師雄字景叔,京兆武功人。學於張載,第進士。爲儀州司戶參軍,遷德順軍判官。鄜延將劉珪與主帥議戰守策,欲自延安入安定、黑水,師雄以地薄賊境,懼有伏,請由他道。既而諜者言夏伏精騎於黑水傍,珪謝曰:"微君言,吾不返矣。"

　　趙卨帥延安,辟爲屬。時夏人擾邊,戍兵在別堡,龍安以北諸城兵力咸弱,卨患之。師雄請發義勇以守,多聚石城上,待其至。夏人知有備,不敢入,但襲荒堆、三泉而還。歲饑,行諸壘振貸,計口賦糧,人無殍亡。運石瑩甲,深溝繕城,邊備益固。

　　元祐初,爲宗正寺主簿。執政將棄四砦,訪於師雄。師雄曰:"此先帝所立,以控制夏人者也。若何棄之,不惟示中國之怯,將起敵人無厭之求。黨瀘、戎、荊、粵視以爲請,亦將與之乎?萬一燕人遣一乘之使,來求關南十縣,爲之奈何?"不聽。因著分疆録。遷軍器監丞。

　　吐蕃寇邊,其酋鬼章青宜結乘間脅屬羌構夏人爲亂,謀分據熙河。朝廷擇可使者與邊臣措置,詔師雄行,聽便宜從事。既至,諜知夏人聚兵天都山,前鋒屯通遠境。吐蕃將攻河州,師雄欲先發以制之,請於帥劉舜卿。舜卿曰:"彼衆我寡,奈何?"師雄曰:"在謀不在衆。脫事不濟,甘受首戮。"議三日乃定,遂分兵爲二,姚兕將而左,种誼將而右。兕破六逋宗城,斬首千五百級,攻講朱城,斷黄河飛梁,青唐十萬衆不得渡。誼破洮州,擒鬼章及大首領九人,斬首千七百級。捷書聞,百僚表賀,遣使告永裕陵。將厚賞師雄,言者猶以爲邀功生事,止遷一官,爲陝西轉運判官、提點秦鳳路刑獄。

　　夏人侵涇原,復入熙河,師雄言:"蘭州距賊一舍,通遠不百里,非有重山複嶺之阻。宜於定西、通渭之間建汝遮、納迷、結珠三栅,及護耕七堡,以固藩籬,此無窮之利也。"詔付范育,皆如初議。

　　入拜祠部員外郎,加集賢校理,爲陝西轉運使。内地移粟於邊,民以輦儎爲病。師雄言:"往者邊士不耕,仰給於内,今積粟已多,軍食自足,宜令内地量轉輸致之直,以免大費。"報可。召詣闕,哲宗勞之曰:"洮州之役,可謂雋

---

① 録自中華書局本宋史卷三三二,標點署有改動。

功,但恨賞太薄耳。"對曰:"皆上稟廟算,臣何力之有焉。唯當時將士勳勞未錄,此爲欠也。"因陳其本末。拜衛尉少卿。哲宗數訪邊防利病,師雄具慶曆以來邊臣施置之臧否,朝廷謀議之得失,及方今禦敵之要,凡六十事,名曰紹聖安邊策,上之。

出知邠州,改河中府,進直龍圖閣、知秦州,未至,詔攝熙州。以夏人擾邊,詔使者與熙帥、秦帥共謀之。使者銳於討擊,師雄謂:"進築城壘以自蔽,席卷之師未應深入也。"上章爭之,不報。既而使者知攻取之難,卒用師雄策。

自復洮州之後,于闐、大食、佛林、邈黎諸國皆懼,悉遣使入貢。朝廷令熙河限其二歲一進。師雄曰:"如此,非所以來遠人也。"未幾還秦,徙知陝州。卒,年六十。師雄慷慨豪邁,有志事功,議者以用不盡其材爲恨。

种師道史傳

种師道行狀①

折彥質

公諱師道,字彝叔。其先河南人,曾祖隱君放者_{舊校云歸本云:曾叔祖放,隱居著書}。退居長安豹林谷,子孫因家焉。曾祖昭衍,贈太保;曾祖母徐氏,贈廣平郡夫人。祖世衡,贈太傅;祖母劉氏,贈晉甯郡夫人。父記,贈太師;母尹氏,贈永國夫人。伯父開封儀同三司諤,以郊祀恩補公三班奉職。

從破西夏米脂城,遷右殿直。用試換法入左選,任成州、甯州、鎮洮軍推官。開封公卽捐舘,幕屬徐勳輒用印作奏薦士。詔御史問狀,勳卽引朴爲證。朴,開府公之子也。公馳至京師,上書訴狀:"斬然在衰絰之中,豈復與聞他事?倘不獲免焉,似爲夏人報怨耳!"神宗皇帝卽日赦出之。陝西轉運使王欽臣聞而義之,辟以爲屬,罷爲熙州推官。帥司以並邊諸事莫急於羅買糧草者,遂以委公,盡除攬官弊,俾商買不病而價以平,事如期辦,使來取其法下諸郡。會同谷縣有猾吏,訟田逮繫凡七十人。再期不決,乃檄公權縣事。公至,取案牘閱之,窮日之力不可徧,然所訟止於母與兄也。公遽引吏,置之法。問曰:"母兄訟,常也。淹再期以擾鄉里,亦足矣。"吏服罪,闔境快之。由是二十八

---

① 錄自宋徐夢莘三朝北盟會編卷第六〇靖康中帙三十五。三朝北盟會編,上海古籍出版社,一九八七年。

保各繪一像而祝焉。改右宣義郎,知汾州新平縣。

哲宗皇帝方任章惇經理西事,辟充涇原路經畧司,主管機宜文字。其後城沒改作靡煙峽,秋進克川南牟會鹹泊口,獲六路統軍嵬名阿埋西壽,監軍昧勒都逋,百官入賀於紫宸殿,獻俘於宣德門,奏功於裕陵。西夏相繼請罪,納款,訖紹聖無復風塵之警,公贊畫之力爲多。累遷朝散郎,通判原州事。召對稱旨,特遷朝奉大夫、秦鳳等路、提舉常平。

徽宗皇帝用韓忠彥爲相,以"役法差募執便"於諸路,而公所陳忤曾布、蔡京,換莊宅使,知德順軍。言者論公訕誣先政,復換朝奉大夫,放罷,隸名奸黨。坐廢幾十年,始除主管華州西嶽。未幾,復換武功大夫、忠州刺史、涇原路兵馬都鈐轄、知懷德軍兼管內安撫使。

政和元年,夏國議畫疆界,使人焦彥堅以故地爲請,累數百言。公徐答曰:"凡若故地則漢唐以來皆是也,君之疆土亦蹙矣。"遽起,謝曰:"惟公命。"已私事干公。曰:"自公守境,國人受不擾之賜,恨不獲伸子姪之禮於下執事也。"詔乘驛赴闕,上顧問公邊事。公曰:"無爲可勝。來則應之,毋妄動以生事,此其大畧也。"朝廷方欲圖功於遠,陞右武大夫,俾還任,力請奉祠,除提舉西京嵩山崇福宮。

二年,再詔赴闕。內侍童貫浸用事矣,欲以諸路近裏弓箭手往實新邊。所招之數,以快上意。上諮於公,公曰:"臣恐勤遠之功未立,而近擾之患先及也。"上喜其忠直,特賜襲衣金帶,除秦鳳路提舉弓箭手。是時,五路皆置提舉官。入謝,上謂公曰:"唯卿,朕所親擢也。"貫病之。復除宮祠,然賚予甚渥,仍宣諭勿辭,留爲鄉里之費。四年,除涇原路兵馬都鈐轄,知西安州,兼管內安撫使。五年,築威川、飛泉兩寨,夏人侵定邊軍,築佛口谷爲城。名供下軍刪此四字。六年,以本路之兵初臨城,渴甚,公指山之西麓,曰:"是當有水。"命工求之,得水滿谷,至今夏人稱之以爲神。遷左武大夫、康州防禦使。上益知公爲可任矣,遂除龍神衛四廂都指揮使、洺州防禦使、涇原路安撫使、知渭州。八年,詔節制諸路兵往城席葦平,方授工而夏人坌至,據葫蘆河堅壁,欲老我師。公陳於河滸,若將決戰者,潛遣偏將曲克、趙樸,徑出橫嶺,俾諜者驟言"漢兵至矣"。賊方疑顧,而楊可武潛出其後,姚平仲率精騎前擊之。賊大潰,斬首五千,獲橐駝牛馬萬計,符印數百,魁首阿山兆精僅以身免。城成而還。上以夏國築藏底河爲成德軍,頗爲邊患,前者王師屢出無功,詔公率陝西河東七路之師,期以一旬剋之。六月,師薄城下,分晝夜以攻,虜守備甚。至我師益急,偏裨有據胡床以督役者,立押之,尸於軍門,令諸將曰:"今日城不下,視此。"俄而城潰,纔八日矣。上甚嘉,特遷侍衛親軍馬軍副都指揮使、應道軍承宣使,賜賫優渥。

宣和元年,以靖夏城失守,降授隴州防禦使。二年,童貫巡邊,殿前劉延慶、步軍劉仲武從行,二劉班秩皆在公上。及其謀帥也,上以公爲都統制,二劉副之。師出蕭關,而夏人畏公威名,棄永利、和踏而遁,兩城皆要衝也。師及鳴沙,無所見而還,拜保靜軍節度使。尋以衰病乞休養。御筆批諭:"卿之私謀,固云得計;朕之注意,殆將付誰?"六年,被旨徑詣宣撫司議事,時童貫、蔡攸已駐軍於雄州,俾公盡護諸將出境。公曰:"今日之事,譬如盜入鄰舍不能救,又乘之而分其寶焉。且夫師出無名,事故不成,發蹤之初,宜有所以。"貫等曰:"君第行勉旃,謀之不臧,不以罪也。"公請西州之兵素所服屬者,知雄州和詵在坐,盛稱"北人簞食壺漿欲迎王師久矣,濟師何爲?"貫等又出御筆,俾不得辭,仍命詵爲副。公乃曰:"彼或旅拒王師,亦將討乎?否也?"貫等曰:"直以文告,況有成命要功而擅殺者償死。"既過白溝,北人驟及,軍容甚整,詰曰:"爾之涉吾境也,何故?"前軍多傷,公夙戒人持一巨梃,賴此不大潰。貫等疾召軍還,登城北望,慨然而歎。別遣辛企宗用勝捷兵往挫其鋒,纔接刃又敗。北人遂至城下,使人請曰:"女眞之畔本朝,亦南朝之所甚惡也。捨此不圖,而欲射一時之利,棄百年之好,結豺改作虎狼之鄰,基他日之禍,謂之得計,可乎?使不獲已而罷歲幣,固所願也。或使歸其侵疆,亦云從也。唯是救災卹鄰,古今通義,望諒察焉。"既無訶折之,直麾令出。公遽白:"宜許之,爲吾之計,亦何善於此?"不聽,乃遣公見上,然已密啟劾公。畧曰:"天資好殺,臨陣肩輿,助賊爲謀,以沮聖意。"即有旨押赴樞密院問狀,知院事鄭居中又以勸公,公堅不從。宰相王黼聞之,甚怒,責授右衛將軍致仕,復用劉延慶,果敗績。而貫等出金帛,招散亡,以轉山迷道爲名用欺上聽,祖宗馭軍之法始壞矣。

七年,敘復憲州刺史、知環州。公之弟師中作守閱十有二年而後去,民未忘。聞公之來,甚愜,私爲之約,犯公之杖者有罰。公亦閉閣清淨,上下肅然。尋復請歸,詔還保靜軍,節旄致仕。八年,女眞畔盟,陝西漕臣王庶偶奏計在闕下,即見宰相,急召公。宰相猶疑之,而和詵奏至,亦言:女眞勢當長驅。國家承平日久,無知名之將,獨有起种師道爲帥,庶少寬朝廷之憂。宰相以示庶,庶曰:"詵言及此,豈非迫於公議乎?"乃遣使馳驛召公,而託以安危之意,見於宸翰,從刪此字,除檢校少傅、靜難軍節度使、京畿河北路制置使,聽用便宜,檄取兵食。公聞命即發,會姚平仲以騎兵二千、步兵一千更戍燕山未行,遂與之俱。

淵聖皇帝即位,又遣開封少尹田灝中使裴誼、陸舜舉促公。公比至西京,而斡离不改作斡里雅布屯於京城之北矣。或曰:"賊勢衆,而我首以輕兵犯之,成敗可見也。四方勤王之師遂將解體,不。若小駐汜水,以圖全勝。"公曰:"吾以數千之兵,遲回不進,形見情詘,祇取敗焉。賊孤軍深入,日慮援兵之至。今若徑去,彼此莫測,第使一騎到城門,則京師之氣自振,何患於賊?"淵聖聞公至,詔開安上門,遣尚書右丞李綱出迎。宰相李邦彦等請降,詔敕付師道,金人和議已定,敢言戰者,族。是夜,與宰執同見上於福寧殿。上曰:"今日之事,卿意如何?"公但刪此字曰:"女眞二字改作斡里雅布不知兵,使其知兵,豈有孤軍深入人境而善其歸乎?"上曰:"業已講好矣。"公曰:"臣以軍旅之事事陛下,餘非所敢知也。"即除公檢校少傅,同知樞密院事兼安撫使。

公因雄州之役,憂慮成疾,勉強到闕。恩許免拜,肩輿入朝,家人扶陛殿,仍免隨班。明日虜使王汭陛對,稍如禮。上顧笑曰:"彼爲卿故也。"自虜人渡河,諸門盡閉,市無薪菜,公請啟西壁南壁聽出入如常時,人情始安。又請緩給金幣,禁遊騎不敢遠掠,候彼惰歸,扼之於河,衆可殲也。

公素簡默,執政見其所陳止此,頗易之。前日舉朝是和議,獨李綱非之。,上以其書生,弗堅用也,至是與公意合,凡願有爲者皆奮袂縱臾。上亦以賊爲不足平也。山西望族,惟种與姚,而二家子弟每不相下。師中時爲秦鳳帥,平仲之父古爲熙河帥,皆以兵入援秦鳳之兵。次舍熙河,尚未至,平仲恐功名之會獨歸於种氏也,心忌之,乃以士不得速戰,有怨言達於上。公置司都城西驛,而平仲駐兵於金明池,因授旨:城外兵馬緩急盡聽姚平仲節制,而劫寨之策遂行。上一日遣使者五輩促公戰,公附奏曰:"陛下先以議和,又遣親王宰相爲質,又敕言戰者族,今戰勝負未可知也。他日諸公必以臣爲說願,詔執政大臣熟議可否?"乃與李邦彦、李綱及知樞密院事吳敏同對於福寧殿,亦命姚平仲入。邦彦等以爲可擊,無異詞。上問兵期,公請過春分節,是時相去七八日,上以爲緩。公平日未嘗詢日者之言,蓋欲俟師中之至,以付之耳。平仲探知其意,急欲成功,後數日用兵不利。上曰:"朕誤於聽用,非卿之罪。"乃獨黜綱焉,凡主和者稍復振。都堂晚聚,公曰:"勝敗,兵家之常。正當再擊耳!"諸公慧之,都人憤焉,羣噪於宣政門外。綱既復位,而知公初未嘗被逐也。乃已,自是和戰之論,搶攘衡決。斡離不改作斡里雅布。即歸,即罷公爲中天一宮使,俾五日一到都堂議事。靖康覃恩,遷檢校少師。少日,復除同知樞密院事,仍拜太尉鎮洮軍節度使,充河北路宣諭使。又改宣撫使,駐軍濟州,實未嘗有兵也。公請會山東、陝西、京畿之兵,屯於青滄濟衛之域,預爲防狄之計。諸公以金人重載初還,豈易再來? 不足自擾費也。即而,种師中死於榆次,姚古敗於盤陀,朝廷震,促召公還。上雖厚其恩禮,而執政方欲擠李綱使去,不復有用公之意。公亦失愛弟,力請退休,遂罷宣撫使,令二日一到樞密院。用李綱爲河北、河東路宣撫使,尋以敗績被罪,而太原亦相繼不守。復遣公以樞臣巡邊。蓋諸公新逐,李綱恐上有疑焉也。公實不可行,強之使去,駐於河陽。金使王汭至燕山,倨甚度。知虜情必大舉入寇,即疏,請駕幸長安以避其鋒,守禦戰鬭之事本非萬乘所宜,任責在將帥可也。朝廷以爲怯,復召還。至,不能入見。上遣中使挾醫,勞問無虛日。是年十月二十九日,薨於賜第之正寢,享年七十有六。上臨哭之慟,輟視朝五日,賜衣衾、棺槨、龍腦、麝臍以殮,贈開府儀同三司。今上即位,再贈太保。告詞署曰:"昔在燕山之役,每忤權臣;至於靖康之初,首陳善計謀。既沮於和議,功莫遂於戰。成飲恨而終,昌言猶在。太常諡議'忠憲',以心篤國家之念,材兼文武之資也。"建炎元年六月十五,葬於萬年縣神禾原。

公娶尹氏,贈宜春郡夫人。男浩,迪功郎;溪,保義郎,閤門祗候,皆已官而卒。孫彥崇、彥崧。彥崇死於兵,彥崧早夭。朝廷命其侄浤奉祀。公初名建中,避建中靖國年號,改師極;徽宗又特命名師道。

公色莊氣壯,顧視有威,寡言笑謹,許可量度闊遠,接物至誠,爲族黨鄉里推重,開府公每以公輔期之,識者不以爲過。少從橫渠張載學,多見前輩長者。練達事務,洞曉古今。故用之爲州縣,則吏畏民愛,善政可紀;用之爲監司,則百城聳畏,而不敢犯法;用之爲將帥,則朝廷尊長改作安,夷狄慴伏。不用則退處田間,雖畦丁耕叟皆得其歡心。蓋所學非徒爲章句,而所行不狥於流俗也。晚年既登樞路,天下之人想望風采,而公年已深矣。重以朝廷無事幾二百年,士夫無有畧知兵者,聞公之謀,笑且疑;而公精神已衰,又不能大振發之,使其退聽。此有志之士所以歎息至今而不能已也。天亦豈無意哉!

靖康之冬,粘罕改作尼堪、斡離不改作斡里雅布薦犯改作直逼宮闕,二聖北狩,百寮臣賊,而公從容牖下,晚節昭著。善乎! 始終不懋,遺一老俾壽,而康以中興於王室,此其難諶也。宣和八年冬,彥質被召,來自西路,與公相值於鞏,過鄭,乃聞朝廷許割三鎮之地,繼而有旨,俾勤王之師未得逼近都城。公得書,歎曰:"吾曹奔馳而來,朝廷有訝其緩"。援書者云云,命亟殺之。明日,過板橋,去京城纔數里,而虜人方知。其夜,令姚平仲屯兵於金明池岸聚焉。公曰:"蕞爾之兵,直行空曠之地,必爲敵所窺矣。此兵家之用巧,乃不得不爾。"其後,獲譯者,虜人亦稱其智焉。姚平仲敗,士民洶洶,見公顏色晏然若無事者,乃定。頃年,有客從公討賊,而二卒罷臥於道,見而問之。病既去,復命戮之。客以問公,公曰:"問爲誤也。不戮,則人相效不用命矣。"及其治民,惟恐其傷。童貫初欲平陝西物價,以低昂錢法。帥臣徐處仁、錢昂坐異議貶,民間哄然爲之罷市。公遽下令,議法未定,姑用金銀準折,由是涇原一路獨不失所。少日,部使者以錢通流約同刺奏,乃謝不可,曰:"吾邦蓋不爾也。"郡閣空虛,至閱數月,訟事至庭,取筆書牒尾,有罪即笞撻,若訓子弟。無涉時留禁者,胥吏告緩急事叢,或俾軍典以主之。築塞樂園於懷德之郊,春秋從賓客,鳴鼓吹笙,邦人攜酒肴羣坐,擇勝童兒騎竹馬以壽,使君熙熙然,不知其在窮邊極塞也。平涼士民相與起生祠,塑公像而事之。及聞公薨,作佛事,薦酒食,過期乃罷。虜人初入都城也,求吳敏、李綱、劉韐、折彥質與公,公既不可得,乃取公之姪承議郎洌。洌見韓昉。昉,虜中要人也。日頃,在雄州邂逅一見,樞密若用其言,斷無今日之事,燕山收復碑猶在,詆訾爲甚。今始知悉忠義矣。君亦何罪留此?時劉韐在旁,屢歎。虜人既退,洌等始奉公柩出都,三遇羣盜,皆列拜致奠而去,與之金幣不受,同行獲免者甚衆。易曰:"知微知彰,知柔知剛,萬夫之望。"於公見之矣,顧何施而不可哉!彥質嘗銘端孺之墓矣,今復獲狀公行,文字荒淺,不足以紀昆仲之盛德大節,然神明臨之,辭無愧焉者,或庶幾爾。從事於西州也,凡所施爲,而先人實同之。其後彥質復佐公幕府,識公最早,得公行事最詳云。謹狀。

种師道傳①

宋　史

師道字彝叔。少從張載學,以蔭補三班奉職,試法,易文階,爲熙州推官、權同谷縣。縣吏有田訟,彌二年不決。師道繙閱案牘,窮日力不竟,然所訟止母及兄而已。引吏詰之曰:"母、兄,法可訟乎。汝再期擾鄉里足未?"吏叩頭

---

① 錄自中華書局本宋史卷三三五,標點畧有改動。

服罪。

通判原州,提舉秦鳳常平。議役法忤蔡京旨,換莊宅使、知德順軍。又謂其詆毀先烈,罷入黨籍,屏廢十年。以武功大夫、忠州刺史、涇原都鈐轄知懷德軍。夏國畫境,其人焦彥堅必欲得故地,師道曰:"如言故地,當以漢、唐爲正,則君家疆土益蹙矣。"彥堅無以對。

童貫握兵柄而西,翕張威福,見者皆旅拜,師道長揖而已。召詣闕,徽宗訪以邊事,對曰:"先爲不可勝,來則應之。妄動生事,非計也。"貫議徙內郡弓箭手實邊,而指爲新邊所募。帝復訪之,對曰:"臣恐勤遠之功未立,而近擾先及矣。"帝善其言,賜襲衣、金帶,以爲提舉秦鳳弓箭手。時五路並置官,帝謂曰:"卿,吾所親擢也。"貫滋不悅,師道不敢拜,以請,得提舉崇福宮。久之,知西安州。

夏人侵定邊,築佛口城,率師往夷之。始至渴甚,師道指山之西麓曰:"是當有水。"命工求之,果得水滿谷。累遷龍神衛四廂都指揮使、洺州防禦使、知渭州。督諸道兵城席葦平,土賦工,敵至,堅壁葫蘆河。師道陳於河滸,若將決戰者。陰遣偏將曲充徑出橫嶺,揚言援兵至,敵方駭顧,楊可世潛軍軍其後,姚平仲以精甲衷擊之,敵大潰,斬首五十級,獲橐駝、馬牛萬計,其酋僅以身免。卒城而還。

又詔帥陝西、河東七路兵征臧底城,期以旬日必克。既薄城下,敵守備甚固。官軍小怠,列校有據胡床自休者,立斬之,屍于軍門。令曰:"今日城不下,視此。"眾股栗,諜而登城,城卽潰,時兵至纔八日。帝得捷書喜,進侍衛親軍馬軍副都指揮使、應道軍承宣使。

從童貫爲都統制,拜保靜軍節度使。貫謀伐燕,使師道盡護諸將。師道諫曰:"今日之舉,譬如盜入鄰家不能救,又乘之而分其室焉,無乃不可乎?"貫不聽。既次白溝,遼人諜而前,士卒多傷。師道先令人持一巨梃自防,賴以不大敗。

遼使來請曰:"女眞之叛本朝,亦南朝之所甚惡也。今射一時之利,棄百年之好,結豺狼之鄰,基他日之禍,謂爲得計可乎?救災恤鄰,古今通義,惟大國圖之。"貫不能對,師道復諫宜許之,又不聽,密劾其助賊。王黼怒,責爲右衛將軍致仕,而用劉延慶代之。延慶敗績於盧溝,帝思其言,起爲憲州刺史、知環州,俄還保靜軍節度使,復致仕。

金人南下,趣召之,加檢校少保、靜難軍節度使、京畿河北制置使,聽便宜糧兵食。師道方居南山豹林谷,聞命即東。過姚平仲,有步騎七千,與之俱北。至洛陽,聞斡離不已屯京城下,或止勿行曰:"賊勢方鋭,願少駐汜水,以謀萬全。"師道曰:"吾兵少,若遲回不進,形見情露,祇取辱焉。今鼓行而前,彼安能測我虛實?都人知吾來,士氣自振,何憂賊哉!"揭榜沿道,言种少保領西兵百萬來。遂抵城西,趨汴水南,徑逼敵營。金人懼,徙砦稍北,斂遊騎,但守牟駝岡,增壘自衛。

時師道春秋高,天下稱爲"老种"。欽宗聞其至,喜甚,開安上門,命尚書右丞李綱迎勞。時已議和,入見,帝問曰:"今日之事,卿意如何?"對曰:"女眞不知兵,豈有孤軍深入人境而能善其歸乎?"帝曰:"業已講好矣。"對曰:"臣以軍旅之事事陛下,餘非所敢知也。"拜檢校少傅、同知樞密院、京畿兩河宣撫使,諸道兵悉隸焉。以平仲爲都統制。

師道時被病,命毋拜,許肩輿入朝。金使王汭在廷頡頑,望見師道,拜跪稍如禮。帝顧笑曰:"彼爲卿故也。"京城自受圍,諸門盡閉,市無薪菜。師道請啓西、南壁,聽民出入如常。

金人有擅過偏將馬忠軍者,忠斬其六人。金人來訴,師道付以界旗,使自爲制,後無有敢越佚者。又請緩給金幣,使彼惰歸,扼而殲諸河,執政不可。

种氏、姚氏皆爲山西巨室,平仲父古方以熙河兵入援。平仲慮功名獨歸种氏,乃以士不得速戰爲言達於上。李綱主其議,令城下兵緩急聽平仲節度。帝日遣使趣師道戰,師道欲俟其弟秦鳳經略使師中至,奏言過春分乃可擊。時相距纔八日,帝以爲緩,竟用平仲斫營,以及於敗。既敗,李邦彦議割三鎭,師道爭之不得。

李綱罷,太學諸生、都人伏闕願見种、李,詔趣使彈壓。師道乘車而來,衆褰簾視之,曰:"果我公也。"相率聲喏而散。

金師退,乃罷爲中太一宮使。御史中丞許翰見帝,以爲不宜解師道兵柄。上曰:"師道老矣,難用,當使卿見之。"令相見於殿門外。師道不語,翰曰:"國家有急,詔許訪所疑,公勿以書生之故不肯談。"師道始言:"我衆彼寡,但分兵結營,控守要地,使彼糧道不通,坐以持久,可破也。"翰嘆味其言,復上奏謂師道智慮未衰,尚可用。於是加檢校少師,進太尉,換節鎮洮軍,爲河北、河東宣撫使,屯滑州,實無兵自隨。

師道請合關、河卒屯滄、衞、孟、滑,備金兵再至。朝論以大敵甫退,不宜勞師以示弱,格不用。既而師中戰死,姚古敗,朝廷震悚,召師道還。太原陷,又使巡邊。次河陽,遇王汭,揣敵必大舉,亟上疏請幸長安以避其鋒。大臣以爲怯,復召還。既至,病不能見。十月,卒,年七十六。帝臨奠,哭之慟,贈開府儀同三司。

京師失守,帝搏膺曰:"不用种師道言,以至於此!"金兵之始退也,師道申前議,勸帝乘半濟擊之,不從,曰:"異日必爲國患。"故追痛其語。建炎中,加贈少保,諡曰忠憲。

李復史傳

李復史料[①]

危　素

公諱復,字履中,世家開封之祥符。其先人累官關右,遂爲京兆人。公年十有六取國學解。自以年少,十年不試禮部,方刻苦學問。元豐二年登進士第,不就制舉。宋用兵靈夏時,相誘公爲侍從,公毅然卻之。邊臣請造戰船、戰車,公又力疏其非,役乃罷,其節概之粗見者若此。

李復史料[②]

錢大昕

蓋以元豐二年登進士,歸里,五年攝夏陽令,又嘗爲耀州教授,元祐、紹聖間官於潞州。元符二年,以朝散郎管句熙河路經畧安撫司機宜文字。熙寧初,累遷直秘閣熙河轉運使。三年,改知鄭州,又改陳州,四年移冀州。其秋除河東轉運副使,其後嘗爲刑部郎官奉祠。又嘗知夔州,再任提點雲臺觀,終於集賢殿修撰。其撰范恭人墓誌云:"熙寧二年,予生十八,計其生年當在壬辰,而集中又有賀皇太子等寶位表,則靖康丙午歲履中尚無恙。其壽已七十有五,不知終於何年也。履中家於長安而自題趙郡,蓋舉郡望而言。又或自題東蒙,則未詳其故矣。

---

① 錄自元危素潀水集序,文淵閣四庫全書本。
② 錄自清錢大昕十駕齋養新錄卷十四,嘉定錢大昕全集本,江蘇古籍出版社,一九九七年。

修撰李潏水先生復[①]

宋元學案

　　李復字履中，長安人也。雲濠案：先生世居開封祥符，以父官關右，遂爲長安人。朱子語錄稱爲閩人，蓋傳寫之誤。學者稱爲潏水先生。以進士累官中大夫、集英殿修撰。先生於呂、范諸子爲後輩，然猶及橫渠之門。紫髯修目，負奇氣，喜言兵事。於書無所不讀，亦工詩。崇寧中，邢恕爲涇原經畧使，謀立邊功以洗誣謗宗廟之罪，因納許彥圭之說，請用車戰法及造舟五百艘，將直抵興、靈，以控夏國。時先生方爲熙河漕使，詔下委之，先生奏云："奉聖旨，令本司製造戰車三百兩。臣嘗覽載籍，古者師行固嘗用車，蓋兵不妄動，征戰有禮，不爲詭遇，多在平原廣野，以車可行。今盡在極邊，戎狄乘勢而來，雖鷙鳥飛驀，不如是之迅。下寨駐軍，各以保險爲利。其往也，車不及期；居而保險，車不能登；歸則敵多襲逐，爭先奔趨，不暇回顧，安能收功？非若古時之可用也。臣聞此議出於許彥圭，彥圭因姚麟而獻說，朝廷遂然之，不知彥圭劇爲輕妄。唐之房琯嘗用車戰，大敗於陳濤斜，十萬義軍無有脫者。畿邑平地且如此，況今欲用於峻阪溝谷之間乎？又戰車比常車闊六七寸，運不合轍，牽拽不行。昨來兵夫典賣衣物，自賃牛具，終日方進五七里，遂致兵夫逃亡，棄車於道，大爲諸路之患。今乞便行罷造。如別路已有造者，乞更不牽拽前來。"又乞罷造船，奏云："經畧使乞打船五百隻，於黃河順流放下，至會州西小河內藏放。有旨專委臣監督，一年了當。契勘本路只有船匠一人，須乞於荊、江、淮、浙和雇，又釘線物料亦非本路所出。觀恕奏請，實是兒戲！且造船五百隻，若自今工料並備，亦須數年。自蘭州駕放至會州，約三百里，北岸是敵境，豈可容易！會州之西小河鹹水，闊不及一丈，深止一二尺，豈能藏船？黃河過會州入韋精山，石峽險窄，自上垂流直下，高數十尺，船豈可過？至西安州之東，大河分爲六七道，水淺灘磧，不勝舟載，一船所載，不過五馬二十人，雖到興州，又何能爲？又不知幾月得至。此聲若出，必爲夏國侮笑。臣未敢便依指揮擘畫，恐虛費錢物，終誤大事。"疏上，徽宗感悟，罷之。已而卒以議邊事不合罷官。久之，金人犯關中，先生已老且病，高宗以舊德強起之，知秦州，空城無兵，卒死於賊。修。

　　祖望謹案：宋史不爲先生立傳。洪文敏公特載二疏於隨筆中，稱其忠鯁，

[①] 錄自中華書局本宋元學案卷三一呂范諸儒學案，標點有改動。

然似未知先生之死事者。若知之,則宋史曾經文敏之手,不應但附見之邢恕傳中也。予讀樓宣獻公集,始得之。先生論孟子集義養氣之旨,謂:"動必由理,故仰不愧,俯不怍,無憂無懼而氣自充。捨是,則明有人非,幽有鬼責,自歉於中,氣爲喪矣,故曰'無是餒也'。"朱子稱其能得大旨。所著有潏水集,今無傳。予從三舘中得見永樂大典,則先生之集在焉,雲濠案:潏水集四十卷,乾道間刻於饒郡,即朱子所謂信州本。後多散佚,今存十六卷,其間有經解、易象、算術、五行、律呂及所上奏議、詩則失傳久矣。大喜,欲鈔之,而予罷官,遂不果。

梓材謹案:宋有兩李復,一即先生,一字信仲,見水心集。謝山答臨川雜問云:"潏水是關中之李復,在元祐、紹聖時極稱博學,關中之有文名者也。信仲與之同名,時之相去則甚遠。"

張舜民史傳

張舜民傳[①]

宋　史

張舜民字芸叟,邠州人。中進士第,爲襄樂令。王安石倡新法,舜民上書言:"裕民所以窮民,強內所以弱內,辟國所以蹙國。以堂堂之天下,而與小民爭利,可恥也。"時人壯之。元豐中,朝廷討西夏,陳留縣五路出兵,環慶帥高遵裕辟掌機宜文字。王師無功,舜民在靈武詩有"白骨似沙沙似雪",及官軍斫受降城柳爲薪之句,坐謫監邕州鹽米倉;又追赴鄜延詔獄,改監郴州酒稅。

會赦北還,司馬光薦其才氣秀異,剛直敢言,以舘閣校勘爲監察御史。上疏論西夏強臣爭權,不宜加以爵命,當興師問罪,因及文彥博,左遷監登聞鼓院。臺諫交章乞還職,不聽。通判虢州,提點秦鳳刑獄。召拜殿中侍御史,固辭,改金部員外郎。進祕書少監,使遼,加直祕閣、陝西轉運使,知陝、潭、青三州。元符中,罷職付東銓,以爲坊州、鳳翔,皆不赴。

徽宗立,擢右諫議大夫,居職才七日,所上事已六十章。陳陝西之弊曰:"以庸將而御老師,役饑民而爭曠土。"極論河朔之困,言多剴峭。徙吏部侍郎,旋以龍圖閣待制知定州,改同州。坐元祐黨,謫楚州團練副使,商州安置。復集賢殿修撰,卒。

舜民慷慨喜論事,善爲文,自號浮休居士。其使遼也,見其太孫禧好音

---

① 録自中華書局本宋史卷三四七,標點畧有改動。

樂、美姝、名茶、古畫，以爲他日必有如唐張義潮挈十三州來歸者，不四十年當見之。後如其言。紹興中，追贈寶文閣直學士。

潘拯史傳

潘康仲先生拯①

宋元學案

潘拯字康仲，關中人。嘗問："人之學，非願有差，只爲不知之故，遂流於不同。不知如何持守？"程子言："且未說到持守。持守甚事？須先在致知。致知，盡知也，窮理格物便是致知。"參程氏遺書。

梓材謹案：此條見遺書卷十五入關語錄，關中學者所記伊川先生語，或云明道先生語。又案伊洛淵源錄龜山誌銘辯云："凡公卿大夫之賢者，於當世有道之士，莫不師尊之，其稱先生有二義：一則如後進之於先進，或年齒居長，或聲望早著，心高仰之，故稱先生。若韓子之於盧仝、歐陽永叔之於孫明復是也。其一，如子弟之於父兄，居則侍立，出則杖屨，服勤至死，心喪三年，若子貢、曾子之於仲尼，近世呂與叔、潘康仲之於張橫渠是也。"據此，則先生之事橫渠可知矣。

田腴史傳

田腴史料②

呂本中

田腴，誠伯，篤實之士，東萊公與叔父舜從之交遊也。嘗從橫渠學，後從君行遊。誠伯每三年治一經，學問貫通，當時無及之者。深不取佛學。建中靖國間，用曾子開內翰，薦除太學正。崇寧初，被罷去。誠伯叔父明之亦老儒也，然專讀經書，不讀子書，以爲非聖人之言不足治也。誠伯以爲不然，曰："博學而詳說之將以反說約也。如不徧覽，非博學詳說之謂。"

---

① 錄自中華書局本宋元學案卷三一呂范諸儒學案，標點署有改動。
② 錄自呂本中童蒙訓上，文淵閣四庫全書本。

太學田誠伯先生腴①

宋元學案

田腴字誠伯,安丘人也,後徙河南。從橫渠學,而與虔州宿儒李潛善。每三年治一經,學問通貫,當時無及之者。尤不喜佛學,力詆輪迴之說,曰:"君子職當爲善。"建中靖國間,以曾子開薦,除太學正。崇寧初,罷去。先生之叔明之,安定先生高弟也,其學專讀經書,不治子史,以爲非聖人之言皆不足治。而先生不以爲然,曰:"博學詳說,然後反約。如不徧覽,非博學詳說之謂也。"先生嘗言:"近世學者無如橫渠先生,正叔其次也。"蓋其守關學之專如此。右丞呂好問兄弟嚴事之。補。

邵清史傳

邵清史料②

福州府志

邵清字彥明,古田人。元祐間,爲太學生,時太學有"十彥"之號,清其一也。執經於橫渠張載,講易崇觀間。還家,遂不復出,築室於舘崎先塋之側,聚書千卷,角巾鶴氅,徜徉其間。有故人爲河南尹歸閩,使人召之。清曰:"是子欲以富貴驕我耶?"卒不見之,其行義如此。故鄉里無賢愚皆知敬憚,不敢以名字稱。邑宰帥守舉應八行科。晚年頗好觀道家書,年八十四而卒。

太學邵彥明先生清③

宋元學案

邵清字彥明,古田人。元祐間太學諸生有"十奇士"號,先生與焉。嘗從張橫渠學易,遂不復出。有故人任河南尹,召之,先生曰:"子以富貴驕我邪?"卒不往。參姓譜。

---

① 録自中華書局本宋元學案卷三一呂范諸儒學案,標點署有改動。
② 録自明王德、葉溥、張孟敬纂修福州府志卷二九,海風出版社,二〇〇一年版。
③ 録自中華書局本宋元學案卷三一呂范諸儒學案,標點署有改動。

薛昌朝史傳

殿丞薛先生昌朝①

宋元學案

薛昌朝字景庸，横渠門人。嘗爲御史，論新法。程子嘗曰："天祺有自然德器，似箇貴人氣象，只是卻有氣短處，規規太以事爲重，傷於周至，卻是氣局小。景庸只是才敏。須是天祺與景庸相濟，乃爲得中也。"陳古靈嘗薦先生於朝，曰："才質俱美，持法端直，可置臺閣。"時先生爲殿中丞，充秦鳳、熙河路勾當。補。

劉公彦史傳

劉君俞墓誌銘②

李　復

士莫不知有學矣，然求之未明，得之亦莫之行，非學之難也，士亦有罪焉。予之蒙憫狃俗，居常求不陷於罪，其有資於予友焉。予友諱公彦，字君俞，姓劉氏，高密諸城人也。少從學於横渠子張子，刻勵修潔，篤於孝友，恭謹恂恂，不妄言動。其於學也務明辨深造而力行之，常曰："善無待於外也，明於己而已，道未能行於遠也，施於家而已。苟誠立於中，必有形於外。"拳拳焉，雖造次顛沛，未嘗少違。其器高茂而心期嗜進，又不止於如此也。人但見其溫醇深厚，猶良玉出璞而圭角未露，心率愛之，有道者加以雕琢，光輝不可掩，將以禮天地神祇而致特達之用焉。居貧欲仕，繽食四上，卒無所就。或勸其文章與時異，則曰："文不可以畔道也，命不可以不俟也，安能言不由中，戾吾素學以輕悦於人哉！"竟不少易。始予見其顛連窮困，以爲天之於善人陰必相之，將欲張之者必先翕之也，今遂窮以死，吁，可哀也已。元豐二年七月二十三日，以疾終，享年三十。曾祖大理寺丞，祖國子博士，父未仕。娶杜氏，一男曰文孫，一女曰安孫。其年九月二十八日葬於長安縣善政鄉中臺村。趙郡李復誌而銘其墓曰：

---

① 録自中華書局本宋元學案卷三一呂范諸儒學案，標點署有改動。
② 録自李復潏水集卷八，文淵閣四庫全書本。

形雖往矣,志或存焉。壽雖嗇矣,善無憾焉。其畀之,其奪之,莫之爲而莫之致也。徒動恒化之情矣,皆莫可以訊焉。

徵引書目

張子年譜,武澄,宋明理學家年譜第一册,北京:北京圖書館出版社,二〇〇五年。

橫渠先生年譜,歸曾祁,儒藏史部本,成都:四川大學出版社,二〇〇七年。

張子全書,載合刻周張兩先生全書,徐必達輯,明萬曆三十四年徐必達刻本。

張子全書,張載,清光緒十七年清麓叢書本。

張載集,張載撰,章錫琛點校,北京:中華書局,一九七九年。

張載,黃秀璣,東大圖書股份有限公司,一九八七年。

張載——中國十一世紀中國唯物主義哲學家,張岱年,武漢:湖北人民出版社,一九五六年。

張載關學,姜國柱,西安:陝西人民出版社,二〇〇一年。

張載評傳,龔傑,南京:南京大學出版社,一九九六年。

張載思想研究,朱建民,北京:文津出版社,一九八九年。

張載哲學思想及關學學派,陳俊民,北京:人民出版社,一九八六年。

虛氣相即——張載哲學體系及其定位,丁為祥,北京:人民出版社,二〇〇〇年。

宋集珍本叢刊,舒大剛主編,北京:綫裝書局,二〇〇四年。

全宋文,曾棗莊、劉琳主編,上海:上海辭書出版社、合肥:安徽教育出版社,二〇〇六年。

皇朝文鑑,呂祖謙,呂祖謙全集本,黃靈庚、吳戰壘主編,杭州:浙江古籍出版社,二〇〇八年。

國朝二百家名賢文粹,佚名,宋慶元三年刊本。

二程集,程顥、程頤著,王孝魚點校,北京:中華書局,二〇〇四年。

景文集,宋祁,文淵閣四庫全書本。

胡正惠公集,胡則,清鈔本。

道統録,張伯行,清同治間正誼堂刻本。

林和靖先生詩集,林逋,清季錫疇鈔校本。

河南集,穆修,清鈔本。

文莊集,夏竦,清乾隆間鈔本。

范文正公文集,范仲淹,宋刻本。

范仲淹全集,范能濬編輯,薛正興點校,南京:鳳凰出版社,二〇〇四年。

孫明復先生小集,孫復,清鈔徐坊校跋本。

武溪集,余靖,明成化九年刻本。

河南先生文集,尹洙,明鈔本。

宛陵先生文集,梅堯臣,明正統四年刻本。

徂徠石先生文集,石介撰,陳植鍔點校,北京:中華書局,一九八四年。

鐔津文集,契嵩,元刻本。

欧阳文忠公集,歐陽修,四部叢刊本。

歐陽先生文粹、遺粹,歐陽修,明嘉靖二十六年郭雲鵬刻本。

樂全先生文集,張方平,清鈔本。

蘇學士文集,蘇舜卿,清康熙三十七年刻本。

安陽集,韓琦,明刻本。

直講李先生文集、外集、年譜,李覯,明正德刻本。

嘉祐新集,蘇洵,南宋紹熙刻本。

洛陽九老祖龍學文集,祖無擇,清鈔本。

宋端明殿學士蔡忠惠公文集,蔡襄,清雍正十二年刻本。

周敦頤集,周敦頤著,陳克明點校,北京:中華書局,一九九〇年。

藍田呂氏遺著輯校,陳俊民輯校,北京:中華書局,一九九三年。

古靈先生文集,陳襄,南宋刻本。

新刻石室先生丹淵集,文同,明萬曆刻本。

公是集,劉敞,清光緒間刻本。

都官集,陳舜俞,清康熙翰林院鈔本。

臨川先生文集,王安石,宋刻元明遞修本。

三蘇全書,曾棗莊、舒大剛主編,北京:語文出版社,二〇〇一年。

蘇軾資料彙編下編,四川大學中文系唐宋文學研究室編,北京:中華書局,一九九四年。

南豐先生元豐類稿,曾鞏,明隆慶五年刻本。
蘇魏公文集,蘇頌,清鈔本。
靖江三孔集,孔文仲、孔武仲、孔平仲撰,傅增湘校補豫章叢書本。
廣陵先生文集,王令,明抄本。
王魏公集,王安禮,文淵閣四庫全書本。
太史范公文集,范祖禹,清鈔本。
西塘先生文集,鄭俠,明萬曆刻本。
山谷全書,黃庭堅,清乾隆三十四年緝香堂刻本。
豫章先生遺文,黃庭堅,清影宋鈔本。
曾文昭公集,曾肇,清康熙六十一年刻本。
姑溪居士文集、後集,李之儀,清鈔本。
寶晉英光集,米芾,清鈔本。
後山先生集,陳師道,明弘治十二年刻本。
游廌山集,游酢,清鈔本。
劉左史文集,劉安節,清乾隆四十四年古歡堂鈔本。
劉給諫文集,劉安上,清同治十二年刻本。
和靖尹先生文集,尹焞,明嘉靖九年刻本。
豫章羅先生文集,羅從彥,明刻本。
宛丘先生文集,張耒,清康熙呂無隱鈔本。
鄖溪集,鄭獬,清乾隆翰林院鈔本。
范忠宣公文集,范純仁,元刻明修本。
劉忠肅集,劉摯,文淵閣四庫全書本。
司馬溫公集編年箋註,司馬光,李之亮箋註,成都:巴蜀書社,二〇〇九年。
文潞公文集,文彥博,文淵閣四庫全書本。
東萊紫薇師友雜誌,呂本中,上海:商務印書舘,一九三九年。
胡宏集,胡宏著,吳仁華點校,北京:中華書局,一九八七年。
晦菴先生朱文公集,朱熹,朱子全書本,上海:上海古籍出版社、合肥:安徽教育出版社,二〇〇二年。
淮海集、後集、長短句,秦觀,宋紹熙重修本。
淮海集箋注,秦觀撰,徐培均箋注,上海:上海古籍出版社,一九九四年。

潏水集,李復,文淵閣四庫全書本。
王徵全集,王徵撰,林樂昌編校,西安:三秦出版社,二〇一一年。
震川先生集,歸有光,上海:上海古籍出版社,一九八一年。
張舜民詩集校箋,李之亮校箋,哈爾濱:黑龍江人民出版社,一九八九年。
司馬光日記校註,李裕民校註,北京:中國社會科學出版社,一九九四年。
十駕齋養新錄,錢大昕,嘉定錢大昕全集本,南京:江蘇古籍出版社,一九九七年。
正誼堂文集,張伯行,清同治間刻本。
宋會要輯稿,徐松,北京:中華書局,一九五七年。
歷代名臣奏議,黃淮、楊士奇,臺北:臺灣學生書局,一九八五年。
國朝諸臣奏議,趙汝愚輯,臺北:文海出版社,一九七〇年。
宋大詔令集,佚名,北京:中華書局,一九六二年。
玉海,王應麟,文淵閣四庫全書本。
宋史,脫脫等,北京:中華書局,一九七七年。
東京事略,王偁,臺北:文海出版社,一九七九年。
宋本皇朝編年綱要備要,陳均,臺北:成文出版社,一九六六年。
皇宋十朝綱要,李埴,臺北:文海出版社,一九八〇年。
宋史全文,佚名,李之亮點校,哈爾濱:黑龍江人民出版社,二〇〇四年。
宋史翼,陸心源,北京:中華書局,一九九一年。
續資治通鑑長編,李燾,北京:中華書局,一九九三年。
續資治通鑑長編拾補,黃以周等,北京:中華書局,二〇〇四年。
資治通鑑長編紀事本末,楊仲良,臺北:文海出版社,一九八七年。
續資治通鑑,畢沅,北京:中華書局,一九五七年。
名臣碑傳琬琰集,杜大珪,臺北:文海出版社,一九六九年。
琬琰集刪存,洪業等輯,宋代傳記資料叢刊本,北京:北京圖書館出版社,二〇〇六年。
宋朝事實,李攸,臺北:文海出版社,一九六七年。
宋儒碑傳集,楊世文選輯,儒藏史部本,成都:四川大學出版社,二〇〇五年。
太平寶訓政事紀年,佚名,臺北:文海出版社,一九八一年。
太平治蹟統類,彭百川,臺北:成文出版社,一九六六年。

三朝北盟會編,徐夢莘,清光緒三十四年刻本。

宋人軼事彙編,丁傳靖,北京:中華書局,一九八一年。

宋大事記講義,呂中,文淵閣四庫全書本。

邵氏聞見錄,邵伯溫,北京:中華書局,一九八三年。

編年考,沈坤山,故宮珍本叢刊本,海口:海南出版社,二〇〇一年。

儒宗理要,張能鱗,清順治間刻本。

道學名臣言行外錄,李幼武,載宋名臣言行錄外集,清麓叢書本。

道命錄,李心傳,臺北:文海出版社,一九八七年。

理學備考,范鄗鼎撰,李元春增輯,青照堂叢書本。

理學宗傳,孫奇逢,清康熙五年刻本。

諸儒學案,劉元卿,明萬曆年間劉慶璧補修本。

宋元學案,黃宗羲著、全祖望補,陳金生等點校,北京:中華書局,一九八六年。

宋元學案補遺,王梓材、馮雲濠,儒藏史部本,成都:四川大學出版社,二〇〇五年。

伊洛淵源錄,朱熹,朱子全書本,上海:上海古籍出版社、合肥:安徽教育出版社,二〇〇二年。

關學宗傳,張驥,西安:陝西教育圖書社,一九二一年排印本。

關學編附續編,馮從吾撰,陳俊民、徐興海點校,北京:中華書局,一九八七年。

聖門人物志,郭子章,明萬曆二十二年趙彥刻本。

聖學宗傳,周汝登,明萬曆三十三年王世韜等刻本。

古今紀要,黃震,文淵閣四庫全書本。

古今源流至論,林駉、黃履翁,文淵閣四庫全書本。

歷代道學統宗淵源問對,黎溫,明成化間刻本。

大成通志,楊慶,康熙間刻本。

建炎以來繫年要錄,李心傳,臺北:文海出版社,一九八〇年。

新編中國哲學史,勞思光,桂林:廣西師範大學出版社,二〇〇五年。

宋明理學史上冊,侯外廬等主編,北京:人民出版社,一九八七年。

二十史朔閏表,陳垣,北京:中華書局,一九六二年。

中國歷史紀年表修訂本,方詩銘,上海:上海人民出版社,二〇〇七年。

二晏年譜,夏承燾,臺灣:世界書局,一九六七年。

范文正公年譜,樓鑰,四明叢書本。

程子年譜,池生春、諸星杓,清咸豐五年刻本。

司馬太師溫國文正公年譜,顧棟高,求恕齋叢書本。

王安石年譜三種,詹大和等,北京:中華書局,一九九四年。

王深寧先生年譜,錢大昕,嘉定錢大昕全集本。

元遺山全集年譜,施國祁,清道光二年刻本。

湛然居士年譜,張相文,一九三五年鉛印本。

宋仁山金先生年譜,徐袍,清光緒十三年補刻本

定宇先生年表,陳嘉基,清康熙三十五年刻本。

楚國文獻公雪樓程先生年譜,程世京,一九二九年鈔本。

臨川吳文正公年譜,危素,清乾隆二十一年刻本。

虞文靖公年譜,翁方綱,清嘉慶十一年刻本。

洪昇年譜,章培恆,上海:上海古籍出版社,一九七九年。

陳乾初先生年譜,吳騫,清抄本。

歷代人物年里碑傳綜表,姜亮夫,北京:中華書局,一九五九年。

中國歷代人物年譜考錄,謝巍,北京:中華書局,一九九二年。

疑年錄集成,北京:北京圖書館出版社,二〇〇二年。

歷代名人年譜,吳榮光,上海:上海書店,一九八九年。

歷代名人生卒錄,錢保塘,北京:北京圖書館出版社,二〇〇二年。

中國歷代年譜總目,楊殿珣,北京:書目文獻出版社,一九八〇年。

中國歷史人物生卒年表,吳海林,哈爾濱:黑龍江人民出版社,一九八一年。

宋明元清儒學年表,今關壽麿,北京:北京圖書館出版社,二〇〇二年。

宋元理學家著述生卒年表,麥仲貴,新亞研究所,一九六八年。

明清儒學家著述生卒年表,麥仲貴,臺北:台灣學生書局,一九七七年。

中國學術思想編年,李似珍,西安:陝西師範大學出版社,二〇〇六年。

宋元方志傳記索引,朱士嘉編,北京:中華書局,一九六三年。

宋人傳記資料索引,昌彼得等編、王德毅增訂,北京:中華書局,一九八八年。

宋人傳記資料索引補編,李國玲,成都:四川大學出版社,一九九四年。

宋史考證,顧吉辰,上海:華東理工大學出版社,一九九四年。
宋史藝文志考證,陳樂素,廣州:廣東人民出版社,二〇〇二年。
現存宋人著述總錄,劉林、沈治宏,成都:巴蜀書社,一九九五年。
中國叢書綜錄,上海圖書館,上海:上海古籍出版社,一九八二年。
中國叢書綜錄補正,陽海清,揚州:江蘇廣陵古籍刻印社,一九八四年。
中國叢書綜錄續編,施廷鏞,北京:北京圖書館出版,二〇〇三年。
中國叢書廣錄,陽海清,武漢:湖北人民出版社,一九九九年。
中國歷代書目叢刊第一輯,許逸民、常振國,北京:現代出版社,一九八七年。
郡齋讀書志校證,孫猛,上海:上海古籍出版社,一九九〇年。
直齋書錄解題,陳振孫,上海:上海古籍出版社,一九八七年。
四庫全書總目,永瑢等,北京:中華書局,一九六五年。
遂初堂書目,尤袤,北京:中華書局,一九八五年。
文獻通考經籍考,馬端臨,上海:華東師大出版社,一九八五年。
陝西著述志,李正德,西安:三秦出版社,一九九六年。
陝西通志,沈青崖修、吳廷錫纂,清雍正十三年刊本。
續陝西通志稿,宋伯魯、宋聯奎等纂,一九二四年刊本。
西安府志,舒其紳等修、嚴長明等纂,清乾隆四十四年刊本。
長安志,張聰賢修、董曾臣纂,地方志人物傳記資料叢刊本,北京:北京圖書館出版社,二〇〇〇年。
鳳翔縣志,韓鏞修纂,清雍正十一年刻本。
鳳翔府志,達靈阿修、周方炯、高登科纂,清乾隆三十一年刻本。
武功縣志,康海撰、孫景烈評注,清光緒十三年張世英刻本。
武功後志,沈華修、崔昭等纂,清雍正十二年刻本。
武功縣志重校續志,張文熙纂、康呂賜校補,地方志人物傳記資料叢刊本,北京:北京圖書館出版社,二〇〇〇年。
邠州新志稿,趙晉源纂修,臺灣:成文出版社,一九六九年。